Artemio Baigorri (coord.), Mar Chaves, Ramón Fernández, Domingo Barbolla, Manuela Caballero, Santiago Cambero, Miguel Centella, Georgina Cortés, Pedro García, María José López

El corazón de la diáspora

(Vidas de emigrantes extremeños)

La Ciencia de la Sociedad

2023

Artemio Baigorri, Mar Chaves, Domingo Barbolla, Manuela Caballero, Santiago Cambero, Miguel Centella, Georgina Cortés, Ramón Fernández, Pedro García, María José López

ISBN: 9798875680786

La colección transeditorial LA CIENCIA DE LA SOCIEDAD pretende difundir investigaciones sociales de calidad que contribuyan a una mejor comprensión del mundo en que vivimos.
https://lacisoc.blogspot.com

Índice

Presentación

Artemio Baigorri

El origen de este libro es complicado. En su mayor parte el texto *tiene una edad*, visto en el contexto de la investigación académica, aunque en el caso de las Ciencias Sociales el "envejecimiento" de los productos de la investigación no sea tan importante como en las Ciencias de la Naturaleza; antes al contrario, los *productos* más antiguos suelen tener más calidad que los recientes.

Este libro deriva de una investigación realizada a lo largo de 2008 y 2009, sobre emigración y retorno en Extremadura. Fue un proceso complejo, uno de esos proyectos de investigación aplicada obtenidos por concurso público, adjudicado por una mesa de contratación (formada básicamente por técnicos funcionarios), pero en el que el equipo adjudicatario (nuestro grupo de investigación en la Universidad de Extremadura) no consigue quitarse la sensación, tras la adjudicación, de que no era el equipo deseado por los responsables políticos de la parte contratante.

La consecuencia suele ser lo que en este caso fue: un proceso complicado, tortuoso, incluso en ocasiones conflictivo, que derivó en falta de apoyo por parte del organismo, limitaciones, torpedeo de la publicación y difusión de los resultados. De forma que el grueso de los resultados de la parte cuantitativa de la investigación, basada en un conjunto de encuestas y análisis de datos secundarios, se difundieron en un volumen sin siquiera ISBN, del que por tanto no hay constancia bibliográfica alguna, y con muy pocos ejemplares repartido no se sabe cómo. Si bien años más tarde lo recuperamos en (Baigorri, Chaves et al, 2015), no respondía plenamente al principio de transparencia que debe guiar la investigación pública, pues en su momento se había bloqueado la publicación del componente cualitativo de la investigación (a pesar de que en los numerosos grupos de discusión realizados, habíamos prometido a los participantes que verían sus palabras recogidas en una publicación), por lo que esta parte volvió a quedar en el limbo. Algún día, nos dijimos.

Creemos que ese día ha llegado. Hurtar a los estudiosos, y a los sujetos protagonistas objeto de la investigación, si es que llegan a verlo, este material, es un atentado a la Ciencia Social. Y ocultar investigaciones financiadas con fondos públicos es un atentado a los principios de Transparencia que actualmente rigen en las Administraciones Públicas de la meta-nación europea. Pues creemos que el material, del que somos meros recolectores y transmisores, que se recoge en el libro, es una rica fuente de datos, tanto para la investigación para la que se utilizó como para futuras investigaciones sociológicas o antropológicas sobre la emigración. Más aún cuando incluye una parte que nos parece, metodológicamente, novedosa: el conjunto de microhistorias de extremeños repartidos por el mundo, tanto en España como en el resto de Europa y en América, que componen un tapiz de una riqueza histórica enorme, extraídas de las presentaciones que se hacían en los grupos de discusión realizados.

Por otra parte, recolectamos también un buen número de historias de vida según formato canónico, a partir de los contactos establecidos en los grupos de discusión, o a través de otras redes de conocimiento. Son historias de vida escritas por las propias personas migrantes, en algún caso grabadas por ellas mismas, salvo algunos casos en que han sido reconstruidas, a partir de entrevistas, por los investigadores. También se incluyen dos historias recogidas en formato de entrevista, en ambos casos a personas cuya pulsión migrante es totalmente atípica: emigraron no por tanto por voluntad propia como por *designio divino*, en tanto cumplen el dictado de sus respectivas órdenes religiosas.

Se ha estructurado pues el contenido en cuatro

apartados claramente diferenciados que siguen ese mismo esquema metodológico.

Presentamos en primer lugar una aproximación metodológica a la biografía como herramienta de investigación, por su utilidad especialmente para la investigación de determinados procesos, como el de las migraciones que nos ocupa.

La segunda parte hace un balance de las principales aportaciones que en su día obtuvimos tras el análisis de todo el material recogido. Para una revisión más en profundidad de lo que llamamos la diáspora extremeña, remitimos el libro citado que recoge la investigación, en el que sí se incluyeron estas conclusiones.

La tercera parte recoge las microhistorias de vida extraídas en el curso del análisis de contenido de las transcripciones de los grupos de discusión, y a su vez se ha estructurado en tres apartados: historias procedentes de inmigrantes al resto de España, emigrantes al resto de Europa, y emigrantes a América. Pero más allá de este orden básico, por cuanto encontramos diferencias en muchos aspectos de los procesos migratorios según el lugar de destino, se presentan ordenadas por orden alfabético de las ciudades en las que se ha realizado el trabajo; hemos preferido ese orden alfabético antes que otra agrupación geográfica o de cualquier otro tipo, pues nos ha parecido que ese índice caleidoscópico es mucho más expresivo de la multiplicidad de tipos humanos que tuvieron que salir y adaptarse a espacios sociales, geográficos y culturales a su vez tan distintos.

Estás biografías no alcanzarían a ubicarse, metodológicamente y según veremos, ni siquiera en el concepto aceptado de Microbiografías. Son, en cierto modo, un subproducto, podríamos llamarlos *Bosquejos Biográficos*. Pensemos que la historia de vida, con la que (Thomas & Znaniecki, 1958) dieron a la luz esta técnica, ocupa todo un volumen de más de 400 páginas, de los 5 que componían su investigación[1]. Nuestros bosquejos apenas ocupan unas líneas, transcripción de unos minutos en los que los participantes en los grupos hacían su presentación.

Finalmente, la cuarta parte recoge las historias de vida propiamente dicha según esa expresión canónica a que hemos hecho referencia; incluyendo dos entrevistas realizadas en Montevideo a religiosos.

Todo el material se presenta tal y como fue grabado y transcrito, sin modificación alguna ni siquiera de estilo. El lector "escuchará", tal y como se expresaron en ese momento (entre 2008 y 2009, no olvidemos que en plena crisis económica) los emigrantes extremeños.

A la hora de hacer público este material biográfico, nos enfrentábamos a una disyuntiva: o respetar los principios metodológicos que enarbolamos, y anonimizar a todos nuestros informantes, o respetar la voluntad de muchos y muchas de aparecer. pues en todos los casos estaban orgullosos de su recorrido vital y querían aportar sus nombres, por más que hubiese sido muy duro el proceso migratorio en algunos casos.

Pero ciertamente no podemos proclamar en los manuales metodológicos, o en nuestras clases de Métodos y Técnicas de Investigación, el principio de la anonimización, y luego no practicarla. Así que hemos optado por limitar al nombre de pila las Microbiografías, y añadir las iniciales de los apellidos en aquellos casos de historias de vida que llegaron firmadas, de forma que todos ellos puedan encontrarse a la vez visibles, si dan con esta obra, pero protegidos.

La investigación originaria, originada según se ha dicho por un contrato adjudicado a la Universidad de Extremadura (obtenido y gestionado por el grupo

---

[1] ¿Puede imaginar alguien, dado el estado actual de las Ciencias Sociales, que se publicase una investigación en 5 volúmenes, más 3000 páginas, sobre u tema tan concreto? Sí, inimaginable.

de Investigación GIESYT[2]), dirigida por Artemio Baigorri y coordinada por Mar Chaves, incluía en el equipo de investigadores a Miguel Centella, Santiago Cambero, Georgina Cortés, Ramón Fernández, Pedro García, María José López y Domingo Barbolla, todos ellos profesores de la Universidad de Extremadura, así como la colaboración de Francisco Serrano y Silvia Hernández. El Grupo ITEM fue subcontratado para la realización de las encuestas telefónicas a emigrantes cuyos resultados se recogen en la publicación inicial del informe. Manuela Caballero ha colaborado en la preparación de este volumen, así como ha participado en la realización del capítulo metodológico.

Pero nada hubiera sido posible sin la participación colaborativa de una extensa red de emigrantes extremeños que nos permitieron conectar con nuestros informantes. Por ello debemos agradecer a las asociaciones y casas regionales extremeñas de Gijón, Santurce, Inchaurrondo, Logroño, Pamplona, Alsasua, Santa Coloma de Gramanet, Barcelona, Zaragoza, Valencia, Mallorca, Sevilla, Toledo, Leganés, Paris, La Plata, Rosario, Basilea y Lucerna, que nos prestaron su apoyo para la organización de grupos de discusión y recolección de datos, así como las Federaciones de Asociaciones de Cataluña y País Vasco, emigrantes de A Coruña, Sant Feliu de Guíxols, Montevideo, Bruselas, Madrid, Oficina de Asuntos Extremeños en Bruselas, Asociación de Retornados de Badajoz (ABER), Consulado de España en Montevideo, y a todos los emigrantes y retornados que con su participación en grupos de discusión, entrevistas, historias de vida y encuestas, nos aportaron toda su experiencia vital.

---

[2] El Grupo de Investigación en Estudios Sociales y Territoriales (GIESYT) fue la primera denominación del grupo de investigación Análisis de la Realidad Social (ARS): https://ars-sociologica.blogspot.com/

1 Las historias de vida como técnica de investigación sociológica

Artemio Baigorri y *Manuela Caballero*

Las historias de vida son una técnica de investigación cualitativa que consiste en la recopilación y análisis de relatos autobiográficos de personas que han vivido experiencias significativas en un contexto social determinado. Se trata de una técnica que permite acceder a la subjetividad de los sujetos, a sus vivencias, significados y percepciones, o al proceso mediante el cual han construido su identidad. Tienen una larga tradición en las ciencias sociales, siendo utilizadas por sociólogos, antropólogos, psicólogos, pedagogos[3] y otros investigadores. Y se utilizan no sólo como método de observación empírica, sino incluso como método terapéutico de intervención social (Escudero Espinalt, 2014). De ahí que (Bertaux, 2005) proponga tres funciones de los relatos de vida: la función de exploración, la función analítica y la función expresiva.

En cualquier caso, como técnica tiene un origen claramente sociológico. En el campo de la sociología, las historias de vida han sido utilizadas para estudiar una amplia gama de temas, como la migración, la pobreza, la delincuencia, la educación, la salud, etc.

Aunque autores de referencia obligada sean muy críticos con la técnica, pues

> *"la historia de vida es una de esas nociones del sentido común que se ha introducido de contrabando en el mundo científico; primero,*

---

[3] Una búsqueda en Dialnet nos muestra que la mayor parte de las referencias en español son de investigaciones pedagógicas.

el hecho cierto es que se ha consolidado en la tradición sociológica, en absoluto "recientemente" (pues desde la primera Escuela de Chicago está presente como técnica fundamental), ni tampoco como dice Bourdieu "a bombo y platillo", sino sencillamente como una más de las herramientas de que disponemos para intentar comprender la realidad, especialmente cuando ésta consiste en recorridos, tramos vitales. Y en particular cuando queremos conocer cómo ha sido sentida esa realidad por los sujetos que constituyen el universo estudiado.

Las historias de vida fueron aplicadas por primera vez por el Departamento de Sociología de la Universidad de Chicago, núcleo irradiador de la disciplina en los Estados Unidos durante casi medio siglo. William Isaac Thomas y Florian Znaniecki publicaron en 1918, tras ocho años de investigación, la obra *The polish peasant in Europe and América* (Thomas & Znaniecki, 1958) cuya principal novedad fue justamente la metodología empleada, basada en materiales autobiográficos, correspondencia familiar, facturas y otros documentos personales (no siempre recolectados de una forma legítima) poniéndose el énfasis en los aspectos interpretativos de los componentes simbólicos del actor

Este enfoque se convertiría de hecho en una de las características definitorias del principal constructo epistemológico de la Escuela de Chicago: el interaccionismo simbólico (Rock, 1979, p. 5). Esta obra clarificó el marco y espacio intelectual en el que esta disciplina puede observar y explorar (Arjona & Checa, 1998).

La historia de vida se puede definir por tanto como un relato autobiográfico, obtenido por el investigador mediante entrevistas, que narra los acontecimientos significativos de la vida de una persona. Tienen las siguientes características:

Son relatos autobiográficos: son relatos contados por los propios sujetos, desde su propia perspectiva. El investigador no interviene en la narración, sino que se limita a escuchar y registrar el relato.

Se centran en los acontecimientos significativos: se centran en los acontecimientos significativos de la vida de las personas. Estos acontecimientos pueden ser positivos o negativos, y pueden tener un impacto importante en la trayectoria vital de las personas.

Son relatos contextualizados: se sitúan en un contexto social y temporal determinado. El investigador debe tener en cuenta dicho contexto, en el que se desarrollan los acontecimientos narrados por los sujetos estudiados.

Como herramienta de investigación, las historias de vida tienen una serie de ventajas evidentes, siendo la más importante sin duda el acceso a la subjetividad de las personas que constituyen la muestra. Permiten acceder a sus vivencias, significados y percepciones.

Por otra parte, permite una reconstrucción de la trayectoria vital esas personas, desde su nacimiento hasta el momento actual si es una historia de vida completa, o en relación con el periodo vital estudiado (tiempo de formación, desplazamientos vitales como migraciones buscadas o forzadas, periodos de encarcelamiento o situación de empleo, o desempleo, etc.)

Pero dichas ventajas pueden tornarse en desventajas o limitaciones, empezando por la Subjetividad. El investigador debe tener en cuenta esta subjetividad a la hora de analizar los datos, que no *representan* una situación social dada, sino cómo esa persona concreta la ha vivido. Las historias de vida no son representativas de una población determinada, pues

> *"asunto espinoso en el análisis de los documentos biográficos es trazar las diferencias entre la vida relatada y la realmente experimentada"* (Jimenez Díaz,

2012)

Ello implica, según veremos, la necesidad de seleccionar cuidadosamente a los sujetos de estudio para que sean lo más representativos posible de la población que se desea estudiar.

Aunque no tienen las dificultades y costes económicos, en personal y logística, de otro tipo de técnicas, como las encuestas presenciales o la observación participante, hay que tener en cuenta que requieren un tiempo y esfuerzo considerables, para su recopilación y análisis.

Variantes

Naturalmente, no todas las historias de vida (y las que se presentan en este trabajo son un claro ejemplo de ello) tienen las mismas características, ni requieren los mismos medios. Pues existen distintas variantes de las historias de vida, en función de los objetivos de la investigación y de las características de los sujetos de estudio. O, como en el caso que presentamos, pueden incluso surgir de forma "oportunista" en el marco de una investigación en la que se están utilizando técnicas distintas, como en nuestro caso fueron los grupos de discusión. Entre la diversidad tipológica, podemos encontrar al menos:

Historias de vida individuales: son las más comunes, y se centran en la vida de una sola persona.

Historias de vida colectivas: se centran en la vida de un grupo de personas, que forman parte de un determinado colectivo. Pueden ser relatos autobiográficos de un grupo de personas o relatos colectivos, en los que los miembros del grupo narran sus experiencias de forma conjunta. Es prácticamente el modelo que desarrollamos en este trabajo.

Historias de vida contextualizadas: Las historias de vida contextualizadas se sitúan en un contexto social determinado. El investigador puede utilizar distintas técnicas de investigación cualitativa complementarias, no sólo en términos de triangulación sino para contextualizar las historias de vida, como son la observación participante, la entrevista cualitativa o el análisis de documentos.

Microbiografías: son una variante menos conocida, pero utilizada con diversos objetivos de investigación. La hemos visto utilizada en los denominados Estudios de la Memoria, sea para captar historias de represaliados de la guerra civil o la postguerra mediante un simple cuestionario on line (*Microbiografías archivo*, 2020), lo que puede plantear dudas sobre la fiabilidad de los datos recogidos, o con la de la represión, más cercana y comprobable, en la dictadura chilena (del Valle Orellana et al., 2017), estudio en el que, como en nuestro caso, se persigue "reconstruir una microhistoria del sujeto a través del habla y la escucha".

Metodología de trabajo

En los últimos años se han multiplicado los manuales que recogen y desarrollan el método biográfico, con mayor o menor atención a su diversidad de expresiones. Desde el ya clásico libre de lecturas según método docente tradicional (*readings*) elaborado por Jorge Balán con trabajos de Angell, Becker, Brownning, Jelin, Lindzler, Langness, Marsal, Nash y Wilkie (Balán, 1975), ha sido abundante la oferta de aproximaciones, sin duda consecuencia de esa enorme diversidad de campos en los que la Historia de Vida es hoy de utilidad. Sin duda los más citados son el breviario de (Pujadas, 1992) y los capítulos dedicados a estas técnicas en el también ya clásico manual de técnicas cualitativas de (Vallés, 1999), así como la obra de (Bertaux, 2005), pues la circulación de versiones escaneadas en Internet ha facilitado la conversión de estas obras en omnipresentes, además de suficientes para abordar cualquier proyecto de investigación basado en Historias de Vida. Pero además de otras monografías individuales, cabe citar también los dos volúmenes monográficos coordinados por (Lulle et al., 1998) o la compilación de (Sautu, 1999).

Por otra parte, asistimos a una gran diversidad metodológica, pero pese a ello podemos establecer una estructura de síntesis sobre el proceso, resumido en los siguientes pasos:

1. Selección del Participante: Se trata de identificar a los participantes cuyas historias de vida se van a documentar. Pueden ser individuos con experiencias únicas, representativos de ciertos grupos demográficos o con relevancia en un contexto específico. Debe buscarse diversidad, para capturar una variedad de perspectivas en función de distintas características sociodemográficas.

2. Establecer Objetivos: Esto es definirlos claramente. ¿Buscamos comprender un período histórico particular, explorar cambios en la vida de los participantes, o analizar factores que han influido en sus experiencias vitales? Establecer metas claras ayudará a guiar el proceso de recopilación y análisis de datos, porque en una técnica como la que nos ocupa la dispersión es muy fácil y probable. Acotar bien los objetivos ayudará a acotar la información recogida y evitar trabajo inútil.

3. Diseño de la Entrevista: Con ello nos referimos a una guía de entrevista, por supuesto que flexible pero que estructure y aborde aspectos clave de la vida del participante. Puede incluir preguntas sobre su infancia, educación, relaciones, desafíos superados, momentos significativos, etc. Dejando también espacio a que la narrativa fluya de manera natural, dando tiempo para que se explaye en detalles y reflexiones.

4. Obtención del Consentimiento: A veces se olvida que antes de iniciar las entrevistas, es esencial obtener el consentimiento informado de los participantes. Hay que explicar claramente el propósito de la investigación, asegurar la confidencialidad de la información y el uso que se ha previsto hacer de los resultados.

5. Realización de Entrevistas: Aunque la Historia de Vida también puede escribirse privadamente por parte del sujeto (especialmente si se trata de narrar un proceso muy concreto, o con especiales aspectos que puedan resultar incómodos en interacción), lo habitual es realizar entrevistas. Hay que conducirlas de forma empática, creando un ambiente de confianza, animando a los participantes a compartir sus experiencias con sinceridad. Conviene utilizar preguntas abiertas, para fomentar respuestas detalladas, y permita que la conversación fluya naturalmente.

6. Transcripción y Análisis de Datos: Más que conveniente, es imprescindible transcribir las entrevistas para facilitar el análisis. Para ello contamos actualmente con herramientas digitales e incluso telemáticas, a través de aplicaciones, que facilitan enormemente esa tarea, otrora pesada.

A la hora de analizar los datos disponemos de distintos métodos cualitativos para identificar patrones, temas recurrentes y momentos clave en las historias de vida. Categorizando la información comprenderemos mejor la narrativa global. Contamos actualmente con software especializado en muchas de las tediosas tareas.

Las historias de vida deben ubicarse en el contexto histórico y social relevante. Para ello debemos explorar de qué forma los distintos eventos externos han influido en las experiencias individuales y cómo estas, a su vez, han impactado (si es el caso de entrevistas de actores de determinados procesos sociales) en el entorno circundante.

8. Presentación de Resultados: Elabore una narrativa coherente que refleje las historias de vida de manera respetuosa y precisa. Utilice citas significativas para dar voz a los participantes. Acompañe la presentación con análisis reflexivos que destaquen conexiones y temas emergentes.

9. Y luego...: Debemos mantener la confidencialidad de la información recopilada, respetando la privacidad de los participantes. Habrá que obtener, si es el caso, aprobación ética de las instituciones pertinentes, según establezcan las diversas normativas de investigación. Por otra parte, ya durante el proceso, y a posteriori, cabe reflexionar sobre el propio papel como investigador, considerando (según la temática y el objeto de la investigación) si es precisa una retroalimentación de los participantes.

Uno de los campos en los que más aplicación ha tenido en el caso de la Sociología y la Antropología ha sido precisamente en el que por primera se utilizaron: las migraciones. Podemos citar, entre la producción local sobre el tema, el pionero trabajo de (Checa y Arjona, 1997) sobre la utilidad para el estudio de los emigrantes españoles, o el de (Prat, 2007), quien dentro de un proyecto más general sobre migraciones latinoamericanas a Catalunya dirigido por Pujadas, las utiliza para el análisis de migraciones españolas a América y Centroeuropa. Por su parte (Pino & Verde, 2006) abordan el fenómeno del retorno, y (Quintero, 2021) el caso de los inmigrantes de origen latinoamericano. Pero la bibliografía sobre ello es ya muy extensa.

2 Qué nos cuentan: un balance

Artemio Baigorri

Con independencia de que este rico material permitirá extraer otros muchos elementos a otros investigadores en el futuro, ahora mismo podemos extraer ya una serie de elementos comunes. En cierto modo nada nuevo, nada que no sepamos o podamos intuir de los procesos que envuelven al hecho migratorio; pero es importante confirmar todo eso mediante la investigación científica que este material posibilita. En este sentido, la validación que estas narraciones, a veces microscópicas, otras a vista de pájaro, en unos casos sumamente detalladas, en otros en una síntesis superficial y urgente, nos ofrece, es ya interesante e importante en sí misma.

El lector que se adentre en estas aproximadamente 130 historias, va a encontrar sobre todo vida, mucha vida: aventura, dolor, emociones (a menudo imposibles de plasmar en las transcripciones técnicas), alegrías, éxitos, fracasos, idas y venidas, retornos, padres, hijos, novios y novias (incluidas algunas preciosas historias de amor mucho más impresionante es que las que podamos ver en el cine), hermanos que se arrastran el camino, emprendedores y consigue llegar a donde no podían ni haber soñado en sus pueblos de Extremadura, incautos que esperaban encontrar el mismo El Dorado que buscaran sus ancestros 500 años atrás. Vida. Pero además va a encontrar, como decíamos, elementos recurrentes. Elementos con los que podrá construirse un conocimiento mejor de la diáspora. Señalemos algunos de esos elementos.

La emigración no es un juego

Aunque como veremos inmediatamente

encontramos tipologías muy variadas entre los emigrantes, y veremos así cómo aparecen algunos pocos casos en los que se pone de manifiesto una pulsión de salida a la ventura, la inmensa mayoría de quienes han emigrado lo han hecho porque no les quedaba otro remedio. Se emigra porque se necesita hacerlo, no es un juego. Incluso entre aquellos que lo han hecho por ser de aventura, veremos cómo en realidad también lo hacían de forma portada porque no encontraban aquí las posibilidades de realización personal o de crecimiento cultural que precisaban.

El proceso migratorio es duro desde el momento mismo en que se toma la decisión

Muchas de las historias nos muestran esa dureza: la dificultad del acuerdo con los padres en ocasiones, el miedo a lo desconocido, las complicaciones administrativas, el maltrato desde algunas de estas instancias, etc. Los emigrantes o hijos de emigrantes más antiguos a América nos hablarán por ejemplo de largos meses navegando por el océano, tras recorrer miles de kilómetros, a menudo sinni siquiera saber leer. Malas condiciones en los viajes, malas condiciones en el alojamiento en muchos de los destinos... y a veces, como ocurría sobre todo en algunos casos de la emigración transoceánica, una expectativas que tenían poco que ver con lo esperado, pero ya sin posibilidad de vuelta atrás.

Casi nunca el primer destino es el destino definitivo del emigrante

Vemos en muchas de las historias como (sobre todo en el caso de salidas hacia Europa) el primer destino se hacía a veces demasiado duro, o las barreras lingüísticas asustaban demasiado. Otras veces simplemente ocurría que una vez fuera, llegaba la noticia de un hermano, un primo, un amigo del pueblo informando de mejores posibilidades de trabajo en otra ciudad, y cuando uno ha empezado la ruta, poco importa modificar el rumbo.

La emigración implica un choque cultural

Con independencia de que hayan sido mejor o peor aceptados, casi todos los emigrantes han sufrido choques culturales muy intensos, normalmente más intensos cuando ha existido de por medio una barrera lingüística, y más intensos aún cuando la emigración era al extranjeroy. Muy a menudo ese choque ha ido más allá, y los emigrantes se han sentido agredidos o al menos estigmatizados por su condición de emigrantes, o de españoles, o de extremeños... o simplemente de castellanoparlantes. Han pasado los años y casi nadie insiste en ello, pero a poco que se ahonde los rescoldos se encienden, porque hubo mucha gente que sufrió mucho.

Se emigra en familia

Las más de las veces, la emigración se produce de toda la familia. Tarde o temprano todos terminan reuniéndose, aunque normalmente ese reagrupamiento se produce de forma escalonada. El padre, o el hermano mayor, son los que realizan el primer viaje; y si encuentran buena acogida y posibilidades de empleo van llamando al resto de la familia.

El efecto llamada es una constante en los procesos migratorios

Y ese hoy denostado efecto llamada no parece depender, a la luz de las historias, tanto de las normativas o mayor o menor permeabilidad de las fronteras, como el hecho simple y manifiesto de que haya posibilidades de empleo.

Por duro que haya sido, al final se consigue

La mayoría de los emigrantes consiguieron superar las dificultades de la partida, la crudeza de los viajes, los choques culturales, el desprecio a menudo, y se han integrado en su destino definitivo. Les haya ido mejor o peor, pocos se arrepienten de haber emigrado.

El que se va, se va

El retorno es un fenómeno en sí mismo que analizamos en profundidad en otros apartados de la investigación, y puede seguirse mejor sus anexos que recogen las transcripciones completas de los grupos de discusión. Pero estos apuntes biográficos aquí recogidos los muestran ya como aquellos emigrantes que han establecido lazos familiares en el lugar de destino, y tienen descendencia, es improbable que se planteen nunca el retorno.

También en la emigración hay clases

De siempre han existido, especialmente en regiones como Extremadura, tipologías muy diversas de emigrantes. Ya hemos hecho referencia a alguna, veámoslas ahora con más detenimiento, a la luz de las historias

Emigrantes de subsistencia, que salen empujados por el hambre física, la exclusión o la persecución política.

Emigrantes emprendedores, originarios de familias con recursos para sobrevivir, pero cuya orientación hacia la la movilidad social vertical les empuja a emigrar en busca de mejores condiciones de trabajo, formación, etc.

Emigrantes aventureros: a menudo procedentes de familias con recursos suficientes, pero que tras una primera salida, normalmente por el servicio militar, se ven impedidos a la búsqueda de espacios nuevos, de una vida distinta, de culturas desconocidas. No son los más abundantes entre nuestros emigrantes, pero tampoco son pocos.

Emigrantes involuntarios: normalmente familiares directos de otros emigrantes a quienes ha ido bien, o que simplemente necesitan apoyo familiar en el lugar de destino. Muchos padres y sobre todo madres de emigrantes y hermanos pequeños se dieron en esa tesitura.

Emigrantes por designio superior: son aquellos que simplemente en razón de su profesión (ejército, guardia civil, funcionarios, religiosos, etc.) emigran no en respuesta necesariamente a un impulso propio (en muchos casos también es así, buscando un ascenso), sino por necesidades del servicio en la institución u organización a la que pertenecen.

Emigrantes Absentistas: era el destino tradicional de los hijos de los grandes propietarios; al salir a estudiar fuera, en muchos casos iniciaban ya un camino de no retorno.

3 Pinceladas (microhistorias de vida)

Artemio Baigorri, Domingo Barbolla, Santiago Cambero, Mar Chaves, Miguel Centella, Georgina Cortés, Ramón Fernández, Pedro García, María José López

Emigrantes al resto de España

A Coruña (Galicia)

Florencio:

Soy natural de Malpartida de Plasencia, al lado de Plasencia, llevo en Galicia desde el 9 de febrero de 1972 y vine aquí porque hice unas oposiciones al Estado y me mandaron de funcionario, quiero decir, quiero matizar un tema importante, en los tiempos en que hice yo las oposiciones al Estado no te daban opción a elegir una ciudad, te dejaban elegir provincias y en la oposición donde estaba yo éramos 92 y bueno, los sitios donde se necesitaba gente, eran Canarias y Galicia fundamentalmente. En Extremadura me dijeron porque yo hablé con gente de Extremadura antes, que en Badajoz había una plaza y en Cáceres otra, mientras que en Galicia había 25 y en Canarias otras tantas, cuento esto porque yo creo que... había muchos valencianos y yo entonces no tenía un handicap, yo tenía una novia, la que es hoy mi mujer, que había conocido en Madrid que es compañera mía, compañera de estudios y, bueno, la verdad que pedí Cáceres y Badajoz y luego puse La Coruña, Orense, Lugo y Pontevedra así por el orden geográfico. La zona número 1 era Coruña y ya el primero que quedó fue a mí me mandaron a Carballo, por cierto, entonces vine para acá, he estado aquí trabajando, me casé aquí, tuve a mis hijos. Tengo que decir que entre el año 77 y el 81 intenté irme a Cáceres, el problema era que no quería lo que me habían ofertado, Valladolid y Toledo; Badajoz no me lo ofertaron nunca, también me hubiera ido... pero bueno, yo estaba en irme a Cáceres. Eran tiempos en que algunos puestos se daban a dedo y bueno, había que tener muy buenos amigos y tampoco ibas a ir en cualquier condición, yo ya era un profesional dentro del funcionariado y tampoco iba a ir en cualquier condición; mis hijos entonces eran pequeños y no decían nada en contra, quiero decir que estaban encantados, y, de hecho, mis hijos tengo que decir que conocen mejor Extremadura que yo. Nacieron aquí, si, si. Quiero decir que cada vez que vamos nos dedicamos a recorrer Extremadura.

Luego ya después de ese tiempo no volví a intentar absolutamente nada, bueno sí, una cosa ahí en Madrid, pero ese es un tema político que no tiene absolutamente nada que ver. Siempre tuve un sentimiento, lo digo cada vez, quizá por estar desplazado que ese es un tema que, quizás, nos pase un poco a todos, por estar desplazado siempre tuve un sentimiento más de extremeñidad, aunque eso no existía, yo creo que en Extremadura siempre estuvimos un poco cogidos por gente de fuera, por Madrid, Salamanca; la parte de Badajoz por Sevilla, yo de los amigos de compañeros, los que estudiaban en Sevilla, los que estudiaban en Salamanca y los que estudiaban en Madrid, digo yo, hablo desde el punto de vista de estudios.

Desde el punto de vista de trabajo, yo tengo un hermano, por ejemplo, viviendo en San Sebastián de los Reyes, este emigró porque dejó de estudiar y se puso a trabajar y tal, y es más, hay una concejala en Fuenlabrada que es de Valdecaballeros y me decía el alcalde de Fuenlabrada que los más "abertzales" que había en Fuenlabrada eran los extremeños, o sea que el sentimiento que tenían... que cada vez que los invitaban, los invitaban siempre a comidas típicas y tal, que allí no entraba esposa que no fuera extremeña del propio hogar de Extremadura, que era un tema tremendo, y entonces me preguntaba a mí y yo le decía que nosotros nos hemos dado cuenta que todos los demás tienen su propia identidad, nosotros siempre hemos estado divididos en esos temas y yo creo que ha llegado un momento que siempre hemos tenido esos sentimientos porque al final nos hemos dado cuenta que al principio los libros de geografía al uso solo hablaban de las bellotas, los cerdos y el alcornoque, esto es así...

Las Hurdes al final ese tema de las bellotas es un... porque al final a todo el mundo le gusta el jamón, que se ha puesto ahora de moda y tiene otra categoría, pero el tema de los que salimos fuera de Extremadura de pequeños, de estudiantes. Yo estudié en Salamanca y en Madrid pues siempre éramos... pues eso, lo que llevamos ahora con mucha honra, que yo al menos llevo, de ser castúo, bellotero, pues entonces era un desprecio enorme, era algo increíble, se metían con nuestra manera de hablar, yo mismo he perdido muy poco el acento a propio intento, mi padre y mi madre siempre me decían: pues fulano o fulana está estudiando en Salamanca y viene con unas eses y con unas jotas que no veas y yo le decía a mi madre: a mí es que eso no se me pega. Pero siempre lo he hecho con una cierta intención de reivindicarme en ese sentido. No quiere decir que ahora no esté muy integrado, con una mujer y unos hijos gallegos, decían hace poco en una revistilla que editan en mi pueblo y que mandé un artículo que, por cierto, sentó muy mal porque me metía con Madrid y decía precisamente que me sentía extremeño de vecindad gallega y muy europeo.

Yo tengo 62 años, estuve hablando en el mes de julio con Fernández Vara en el congreso del PSOE y le propuse una solución que a mí me parecía muy buena y él dijo: bueno, ya lo hablamos un día, me pones un email y un día que vengas por Extremadura, si tienes un hueco, ya charlamos por aquí, ¿no? Le propuse crear una especie de consejo, de gente que estamos fuera de Extremadura, un consejo... sin remuneración, solamente con los gastos que genere y tal que nos permitiera a todos acercarnos un poco más a Extremadura de vez en cuando. Bueno, yo tengo que decir que tengo la casa de mis padres en el pueblo, la mantengo, para ir tres veces al año. Tengo un hijo en Barcelona, mi hija ahora está aquí pero también ha estado en Barcelona y en Madrid y, entonces, pues ya sabes lo que pasa con estas cosas, ¿no? que vas a... yo siempre me propongo no faltar nunca en Semana Santa, una semana en verano y en Los Santos. Y lo hago porque como soy un hombre del campo en el fondo, lo hago por temporada, por ejemplo, el tema de los santos es porque voy a madroños, aún queda algún membrillo de alguien que ha quedado en el membrillero, bueno, voy un poco al campo y en Semana Santa, en primavera voy a espárragos siempre, eso es un poco por resumir.

Purificación: soy de Montánchez, marché de allí a los 18 años, porque no me gustaba demasiado el pueblo, tampoco tenía trabajo, entonces marché a Madrid, donde conocí aquí al señor, nos casamos y como buen gallego hizo que viniéramos para aquí, tuvimos dos hijos en Madrid y, bueno, no hay mucho más que decir de allí. Tengo mis padres allí, viven en Extremadura todavía, tengo un hermano que no está allí, pero va con mucha frecuencia. Nosotros solemos ir de vez en cuando, dos veces al año, no mucho más, pero bueno que aún mantenemos allí la casa, los padres, tenemos allí relaciones.

Rocío: vine aquí en el 99 cuando me casé con Víctor, mi marido, que es de La Coruña y bueno, tuve aquí a 2 niños, un niño y una niña, el mayor nació en Badajoz, pero bueno porque era el primero y estaba aquí un poco como así... y nada, me llamaron para ser interina en la Xunta de Galicia en

Orense y llevo 5 años en Orense. La verdad es que perdí mi extremeñidad, ahora vuelvo aquí a Coruña y, la verdad, es que ya me siento más extremeña que gallega, me pasa un poco como a Florencio, que soy extremeña por dar por saco. Soy de Badajoz, pero mi padre es de Montijo y mi madre es de Valverde del Fresno.

Alsasua (Navarra)

José: soy José Herrera Tiburcio, nacido en Montijo, criado porque me fui de 7 años a Villar del Rey, mi padre puso allí un negocio y allí vivimos. En Villar del Rey me crie hasta los 18 años, mejor dicho hasta que me fui a la mili, fue mi vida aquella.

A los 18 años hice una oposición y entré en la justicia municipal, luego para la mili. Se crearon entonces los juzgados comarcales y yo al licenciarme estaba en Villar del Rey y me destinaron a Alsasua que yo no sabía dónde estaba Alsasua, me monté en el tren en Madrid y me mudé. Vine aquí y ya no me volví a marchar. Cuando los juzgado comarcales desaparecieron me destinaban a Alcoy o por ahí pero yo me quedé aquí, había plazas en la delegación comarcal de sindicatos que era lo mismo que lo que yo tenía pero auxiliar administrativo y me quedé aquí, pero perteneciendo a la justicia municipal y de aquí como aquello desapareció, la justicia municipal, cogí y volví a ingresar otra vez; y entonces me destinaron a Badajoz. Si, sí, sin pedirlo.

Me destinaron a Badajoz, yo era técnico de administración civil del Estado y allí estuve en Badajoz 6 años, de allí pedí traslado porque me interesaba y me vine a Logroño porque estaban todos aquí, toda la familia estaba aquí menos mi mujer, pero Alsasua siempre me ha llamado porque estuve aquí toda la vida y luego volví otra vez a Alsasua. Llegué a ser alcalde de Alsasua por las circunstancias de la vida, me nombraron y como era funcionario no tenía más remedio que admitir lo que te decían y no me pesa, yo creo que lo hice, a mi manera, lo mejor que pude, sin irme ni a un lado ni al otro si no cumplir con mi obligación. Luego ya me vine a Logroño.

Rocío: cuando vino mi marido (José) todavía éramos novios ya y cuando se colocó nos casamos y éramos felices aquí, 4 hijos, todos de aquí, hemos estado contentos aquí también. Yo nací en Mérida y luego los dos sin saber nos fuimos allí al mismo pueblo, nos conocimos, nos enamoramos, fue casualidad.

El día que nos casamos nos costó 3 días llegar desde Badajoz por las combinaciones. Luego volvimos a los 2 años, ya con hijos y feliz; hemos sido felices, 4 hijos. Cuando nos trasladaron a Badajoz no estaba a gusto aunque era nuestra tierra porque los hijos eran de aquí; 2 se casaron y empezaron a tener hijos y yo allí sin ver a los nietos y a los hijos y yo no quería estar y ya para trasladarme, lo más cercano era Logroño pues a Logroño, pero Logroño todos los viernes cuando él salía de trabajar ya tenía yo la maleta preparada, a Alsasua, siempre viajando. Así que al retirarse, derecho a Alsasua y bien, hemos vivido bien.

Pepi: soy de Extremadura, de Alcántara, me vine aquí en el 73 por razones de novio, estaba aquí mi novio, me vine con 18 años pero estoy muy contenta en Alsasua.

Pilar: soy de Alcántara. Mi prima se vino primero porque se vinieron sus padres, yo me vine a pasar unas vacaciones aquí, estuve todo el mes de agosto y a raíz de ahí fui conociendo Alsasua. Mi padre trabajaba de pastor en Alcántara, entonces las cosas estaban un poco chungas, mis padres se vinieron a trabajar a Alsasua y estuvieron aquí hasta la jubilación y les han ido muy bien. Yo conseguí aprender el oficio de bordadora. Toda la gente me conoce, conseguí bastante fama, bastante trabajo en Alsasua y muchas amistades también. Y en cuanto a la vuelta, pues sí, en tiempo lo estuve pensando, pero sinceramente ahora no volvería, no volvería porque yo ya tengo aquí un trabajo y mucho que poco, siempre tengo algo.

Me vine en un año malísimo, me vine en el año 75, justo al mes de morir Franco, me ha tocado ver de todo. Fue un año de muchísima revolución porque fue morir Franco y empezar a revolucionar todo, toda la revolución laboral, de las leyes, todo eso me tocó vivir aquí. Luego encima el ambiente que había en Alcántara, por lo que yo recuerdo, de demasiada tranquilidad, mientras que aquí fue toda la explosión, el día que no había manifestación por un lado pues lo había por otro, vamos que completamente la revolución.

Juan Pedro: nací en Medellín. Cuando hice la mili ya tenía pensamientos de marcharme del pueblo. Yo trabajaba en casa porque nosotros, gracias a dios, vivíamos de la agricultura y, bueno, a mí no me hacía falta emigrar pero era joven y yo no quería estar en casa y dije, yo me marcho. Entonces, en una de las ofertas que venían de trabajo de Alemania, hablo del año 68, pues bueno, yo por eso entonces pillé, me fui a buscar trabajo, me fui a la capital, no quería campo. No, no, no lo quería y pasé reconocimiento una de las veces, lo cual, como dice Pepe, mandaba el sindicato que era el que te apuntaba para la oferta de trabajo.

Una de las veces mis padre dijeron que no me avisaran porque no me hacía falta marcharme a ningún país y, total, que los mismos que fuimos pues resulta que digo: pero bueno, ¿cómo es esto que a ellos los han avisado y a mí no? y digo: bueno, pues alguna cosa pasa aquí, o que me han sacado algo de enfermedad o algo pasa y me voy al sindicato, fui y dije: ¿qué pasa con mi nombre que los compañeros se van y yo...?, y me dijo un señor: yo no sé nada, ya te diré algún día lo que pasa.

Entonces, a la siguiente me apunté otra vez, pasé reconocimiento otra vez y sí me avisaron, entonces este señor me dijo: ¿sabes lo qué pasó por entonces?, que tus padres no querían que te marcharas fuera. Entonces yo me marché, estuve casi 4 años en Alemania y luego, parte de la familia de mi mujer estaban aquí en Alsasua y cuando me enamoré de la mujer fue la que me trajo aquí porque si no yo no me vengo y hemos vivido bien aquí, hombre hemos tenido que trabajar mucho porque en aquellos años que yo vine aquí había que trabajar, bueno y ahora también, pero entonces había más. Yo la verdad no estaba a gusto, yo me quería marchar a Extremadura y todavía fíjate, hice una casa porque teníamos terrenos en el casco urbano, la vendí por 154.000 pesetas estaba en bruto y luego he hecho otra mejor en un terreno de mis padres, que mis hermanos lo llevaban muy mal porque me habían dado un terreno y había cogido otro.

Bueno, hice una oferta para marcharme otra vez al pueblo y después de preparar todo para marcharme luego ya me empecé a enfriar y digo ya no me voy y aquí sigo.

La verdad yo de Extremadura me acuerdo muchísimo, yo de ir a Extremadura, ahora mismo no, pues tenemos los problemas de los nietos, entonces ese es el tema, entonces yo le digo a mi mujer, cuando se quite este problema de los nietos yo me voy a marchar allí por lo menos, 2 ó 3 meses al año, porque tengo una gran casa allá y no la disfruto, tengo el terreno también de mis padres que me tocó a mí que son de regadío. Yo no renuncio a Extremadura. Estoy muy contento de vivir aquí en Alsasua porque llevo muchos años, pero aquí es diferente, la polémica de aquí, aquello es más tranquilo que esto, aquí hay más política, mas... y bueno, pues aquí sigo.

Aurelio: yo nací en Piedras Albas, en un término que le llamaban Los Calderones, que está cerca del Tajo, del puente romano. Mis padres eran pastores, eran de La Zarza, de otro pueblo más hacia Moraleja, entre Piedras Albas y Moraleja, pero como eran pastores, allí, pues ya sabes, ponían los huevos donde le venían. 2 hermanos nacimos allí en Piedras Albas, otra hermana que está en Zumárraga ahora y nosotros.

Nosotros vinimos aquí en el año 49. Sin mi padre, ya había muerto, en el año 44 nos quedamos sin padre y en el 46 vinieron los hermanos de la guerra y de la mili, ya sabe lo que pasaba antes, en esos años, pues pasaban 3 años, del 46 al 49, 3 años pasaron los hermanos. Nos vinimos todos. Había venido ya otro hermano y yo con la madre y dos hermanas. Vinimos 2 chicas y 2 chicos y la madre, vinimos 5, el año 49. Nos costó venir desde Brozas hasta aquí, 3 días. Sí, sí, 3 días porque venía por Salamanca en aquellos trenes. Aquello era el colmo, si llegaban aquí a Alsasua y no subían las maquinas, unas máquinas pequeñas y ahí se quedaban.

Bueno pues así, seguimos así. Después la vida pues hemos luchado, unos en un sitio, vas aquí, vas al otro lado, yo joven pues anduve por aquí de pastor, de criado en un lado o en otro mientras podíamos sacar la vida. Después en el año 61 me casé, ya hice aquí la casa y aquí pusimos los huevos y aquí estamos, primero 10 años en Zumárraga viviendo, luego de Zumárraga aquí y aquí estamos, desde el 70. Me he atado a esto.

Yo, como extremeño, no voy a decir ni que deshonro aquello ni que lo honro, no es eso, lo que yo más quiero es esa cosa del corazón extremeño, porque hay un corazón que se llama... no sé, de un buen ambiente... un esquema que se dice corazón de Extremadura, de los extremeños. No sé cómo puedo valorarlo, pero eso sí, yo me siento, pues eso...

Isabel: soy de Piedras Albas, yo sé que nací por la plaza de arriba pero ya no lo sé, me enseñó mi madre la casa, pero no me acuerdo. Nací en el 53 y para el 55, 56 me trajeron mis padres ya para aquí, sé que mi madre dijo que vinimos en fiestas, yo no me acuerdo, la verdad.

También sé que mi madre me dijo que mi padre sí que tenía trabajo, que era capataz en una dehesa o en un cortijo, que tenía un trabajo bueno, que estaba como de secretario pero que él buscaba algo más para sus hijos y no veía posibilidades allá y entonces empezaron a hacer la doble vía de Alsasua a Araya y vino muchísima gente de Extremadura a trabajar en la vía y fue cuando mi padre vino. Ya habían venido algunos tíos míos y mi padre era muy hermano de sus hermanos y se vinieron arrastrando unos a otros. Mi madre no quería venir, la verdad es que sufrió muchísimo, siempre ha estado muy triste porque ella no quería, el ambiente de Alsasua no le gustaba, pero bueno como tenía que venir con el marido y con 3 hijas que tenía ya entonces, pues nada, se vino.

Aquí vivimos en 3 sitios, empezamos a vivir en El Coto, más o menos, como viven ahora los ecuatorianos o la gente emigrante que viene que coge un piso, una habitación con derecho a cocina y a baño y esas eran nuestras condiciones. Luego en San Juan, después ya pasamos a la Plaza. A mi padre le pilló el tren en la doble vía, se quedó inválido, con una minusvalía de una pierna. Le dieron un puesto de conserje en las escuelas y ya hemos estado allí todos estos años hasta que las han tirado porque no se podían usar.

Mis mayores recuerdos empiezan en la calle San Juan y algo de la plaza pero de lo que más recuerdos tengo es de las escuelas, de intentar hacer amigas y no poder porque la zona donde yo vivía era una zona toda de gente de Alsasua y era muy difícil encontrar amigas del mismo pueblo porque no nos querían, esa es la verdad. Nos ponían motes: extremeñas, patas, muertas de hambre, patas de alambre, cosas de esas nos solían decir continuamente, y luego como mi padre tenía la minusvalía de la pierna pues tambíen a veces había mofa de mi padre.

Recuerdos tengo bonitos porque las escuelas eran todas para nosotros, podíamos disfrutar de todas las aulas y de todo, una vez que se cerraban las clases nosotros hacíamos allí nuestras cosicas y sí que tengo buenos recuerdos de eso, de las escuelas en sí pero no de las amistades de mi juventud. Hasta los 18 años, prácticamente, no pude encontrar amigas que fueran de aquí, de Alsasua porque hasta entonces nos relacionábamos solamente con las de Extremadura, con las hijas de las madres que habían venido de allá, esa era nuestra relación, y luego ya sí he tenido verdaderas amigas de aquí de Alsasua y sigo teniendo amigas de aquí.

¿Volver a Extremadura? pues no lo sé porque acabo de empezar a tener nietas y ya te ata, la familia te ata un montón, mi padre se fue con la pena de no volverse a Extremadura porque se murió prácticamente al año de jubilarse y ya se jubiló con 70 años en unas condiciones de salud muy malas, pero él siempre quiso irse y de hecho tenemos una casa allí en Piedras Albas. No estamos empadronados, mi madre no quiere irse nunca para allí fijo, a temporadas sí pero fija no.

Alejandro: soy de Alsasua, hijo de extremeños y llevo yendo a Extremadura, prácticamente, desde que nací, nací en enero y en abril ya estaría allí. Tengo 15 años y siempre que he tenido alguna oportunidad para ir al pueblo o así, enseguida, a bajar. Porque este no es un pueblo como allí, allí te sientes para andar como más libre, tienes más cosas para ver, también.

Julia: nací en Extremadura en un pueblecito que está entre Alcántara y Piedras Albas, se llama Estorninos, es muy pequeñito, no sé si tendrá ahora 30 o 40 habitantes. Ahora ya es como un barrio de

Alcántara, eso dicen los alcantareños, que ya es un barrio de Alcántara. He ido 2 veces a verlo por curiosidad porque yo ya no tengo familia allí, en Extremadura, se vinieron... vine con 2 años en el 55.

Mis padres se vinieron porque ocurrió que donde iban los hermanos pues querían ir todos juntos, entonces se vinieron sus padres y todos los hermanos aquí, unos casados, otros sin casar y todos aparecieron aquí, en Alsasua, que por cierto, la primera vez que vine desde Extremadura me pareció que teníamos muchísimos sitios donde podíamos habernos quedado por el camino, ¿por qué pensaron tan lejos?, y claro, tenían el tema de las vías que estaba haciendo aquí el ferrocarril en ese momento y que estaba dando muchísimo puesto de trabajo con el tema de las vías y se vinieron por ese motivo.

Llevamos desde el 55 aquí, siempre hemos estado aquí, no hemos vivido en ningún otro sitio. Mi familia no ha sido nunca mucho de ir a Extremadura, ellos tienen historias que no les gusta recordar, lo pasaron muy mal y no han sido muy de visitar Extremadura. A mí me creo una curiosidad el oírles cómo vivían en el pueblo, las penas y penurias que pasaron, pues esa curiosidad me hizo ir a conocerla.

La primera vez fui con 14 años y después he ido por visitar, por conocer, porque sí que me llevé una gran impresión por lo que oía: Extremadura es muy pobre, muy rústica; y luego una gran sorpresa porque es una tierra muy diversa, tanto de regadío como de seco y luego unas partes tan diferentes de otras, pero todas preciosas, muy bonitas. Me siento muy extremeña.

Yo creo que por mucho intento o por mucho que hemos querido integrarnos, sentirnos de Alsasua, siempre había algo que te lo impedía, no nos han dejado integrarnos, no sé qué pasaba. Nos veíamos abocados a tener que reunirnos entre nosotros, éramos las amigas extremeñas y las cuadrillitas de navarras por allí y luego, pues claro, no podíamos hacer novios mixtos porque aquello era una pelea, pero peleas grandes, estaba muy mal visto que un navarro y una extremeña tuvieran relaciones.

Sí, claro que empezaron a haberlas y se casaron y demás pero fue muy difícil poder acceder a ese matrimonio mixto. Yo al ser la mayor de 10 hermanos no tuve la oportunidad de trabajar, he trabajado de niñera en una casa, en fábrica, de cocinera, que es el que tengo ahora, he estado 12 años de concejala en el ayuntamiento, vivo bastante bien, tengo 3 hijos, 2 hijos y 1 hija, 3 nietos y veo difícil, por mucho que me guste aquella tierra y que me sienta extremeña, veo muy difícil que yo un día vuelva definitivamente a Extremadura.

Barcelona (Cataluña)

Elías: vine con 33 años, del Casar de Cáceres, yo soy de donde las tortas famosas, y estuve trabajando en el puerto de Barcelona 33 años.

¿Qué por qué me vine?, pues lo que hacen las mujeres, tirar de los hombres, resulta que se vinieron mi suegra y mi suegro, mis dos cuñadas solteras y las dos casadas y, bueno, el poderío que tienen las solteras... Que la mía quedaba sola pues tiró del marido, yo con 33 años, mi hijo de cinco y mi niña de un mesecito, mi mujer llegó aquí con 41.

Yo llegué al puerto de Barcelona porque mi cuñado estaba allí trabajando y he estado allí 31 años, me ha ido bastante bien, ha habido de todo, más y menos, pero he trabajado bastante en Barcelona, que nadie me diga que me han regalado nada en Barcelona, no, he trabajado hasta 15 y 16 horas para pagar el piso que tenemos. Estuve en TECISA trabajando, en las cámaras a 23º y 24º bajo cero y después del puerto trabajaba de noche, limpiando coches, los coches de las casas de los oficiales... y mucha historia que contar.

Manuel: llevo aquí 34 años, cuando vine aquí no me vine por necesidad precisamente, yo había estado previamente 2 años en Alemania, después me vine a España a hacer el servicio militar y me vine a Barcelona porque tenía aquí amigos y cosas de esas, pero no fue por necesidad porque yo estaba trabajando con tractores y entonces no tenía todo el mundo carné de tractores y ya tenía entonces también carné de primera, quiero decir con eso que con eso podía trabajar también con camiones pero me vine porque tenía aquí amigos.

Me ha ido bien aquí, entré provisionalmente en una empresa en la que todavía estoy para irme a otro sitio, sin embargo, sigo trabajando donde estoy. Me casé con una catalana, aunque sus padres son de Andalucía, pero ella ya nació aquí, tengo dos hijas y estamos muy bien en Cataluña, eso no quita para que yo vaya cada año a Extremadura. Voy en la primavera y en el verano. Yo soy de El puerto de Santa Cruz, que está entre Trujillo y Miajadas. Vamos como mínimo 2 veces al año y cada vez que tenemos ocasión vamos y nos gusta ir. Una vez que me jubile pienso ir allí largas temporadas. Definitivamente no porque son pueblos muy pequeños y en el invierno te ves negro para dar los buenos días a alguien, entonces es preferible irse largas temporadas y cuando me canse de estar allí venirme aquí, hacer un poco eso.

Dolores: Yo llevo aquí por lo menos 30 años. Me trajeron cuando tenía 14 ó 15 años, yo no quería venirme, a mí me costó muchísimo, a mí y a mi padre. Él era de la guardia civil y le trasladaron, supongo que él pediría, por nosotros, él tenía 3 niños pequeños.

A mí me costó muchísimo adaptarme aquí a Cataluña. A nosotros nos mandaron a un sitio que era muy catalán, mucho, mucho, la parte de Berga y Vich, allí antes de que muriera Franco todo el mundo hablaba catalán, obligatorio hablar catalán si no ellos no te contestaban. Me casé con un catalán, no me fue muy bien... me costó mucho ya te digo. Estoy divorciada, tengo dos hijas.

Yo no soy de las que volvería, porque tengo aquí a mi madre, mi padre ya ha muerto, pero tengo muy presente Extremadura, he inculcado muchísimo a mis hijas Extremadura. He trabajado muchísimo, por supuesto, ahora han querido jubilarme pero yo no he querido, he pedido trabajar en otro sitio... pero trabajar, lo mío es trabajar...

Yo nací en Santa Amalia y he vivido en Valencia de Alcántara, en Aceña la Borrega, Valverde del Fresno y vinimos de Villamesías aquí, y yo tengo mi corazón entre Santa Amalia y Villamesías, porque en Santa Amalia nací, tengo allí a mis tíos, mis primos... y Villamesías es lo más bonito que yo he vivido en Extremadura en aquella edad tan bonita, es lo mejor que recuerdo de toda mi vida que fueron siete u ocho años.

Yo llevo muchos años ya metida, llevo 10 u 11 años en este tema de Extremadura. Y a mis hijas siempre les he inculcado que soy de Santa Amalia, no somos de la gente que va cada año, eso lo tengo que decir pero que ellas tienen presente que su madre es extremeña. Yo ya era activa allí igual que aquí, allí hacía comedia, siempre bailando, reuniones con jóvenes y aquí ya he hecho una película, me la he montado por ordenador y eso está todo ahí, es la vena artística de la familia porque mis hermanos también hacen. No he dejado que se muera, es una llamita que procuro que siga ardiendo. Soy vocal del grupo de Coros y Danzas

Andrés: soy el vicepresidente de la asociación extremeña y, bueno, soy catalán, nací en Cataluña ya, y al revés que mis compañeros yo sí que intentaría irme allí porque entiendo que es otra calidad de vida. Mis padres son de Medina de las Torres, y a mí me gustaría irme allí a vivir y luego desplazarme a trabajar a Zafra o a otro pueblo más grande. En verano cuando vamos allí hay más gente y todo es muy bonito pero en invierno hay menos gente, pero si se facilita el retorno y se va llenando de gente pues sería más ameno... y a ver si puede ser algún día.

Felanitx (Mallorca)

Quintín: nací en Cáceres hace 69 años y como en el pueblo no había trabajo me marché fuera de Extremadura a buscar un futuro mejor.

Primero estuve en Madrid, junto con mi mujer Petra pero no nos gustó y nos marchamos. He trabajado en el sector de la construcción desde el año 1971, cuando llegamos a Mallorca. Nos vinimos un grupo de personas jóvenes de nuestro entorno con la esperanza de vivir mejor en esta isla. Nos vinimos casados y con una hija de 2 años que nació en Extremadura.

Cada 3 ó 4 meses vamos a Extremadura para visitar a nuestros parientes mayores, pues aún necesitan de nuestra atención y cariño, aunque nuestros hermanos se ocupen de ellos. La tierra siempre tira, pero aun así no creemos que regresemos a Extremadura definitivamente, pues aquí tenemos a nuestros hijos, nietos y casa familiar.

Petra: nací en Almoharín hace 57 años. Siempre que vamos a nuestras localidades de origen sentimos una alegría para ir, y una tristeza al regresar.

Juan Antonio: nací en Almoharín hace 57 años y a través de un amigo me vine para 3 meses, y llevo 39 años viviendo en Mallorca, donde conocí a mi mujer (mallorquina). Apenas tenía 18 años cuando me vine a Felanitx.

Vamos a Extremadura cada año; tras el fallecimiento de mi padre, no voy tanto por esas tierras. No creo que vuelva a mi pueblo (Almoharín), porque aunque me siento muy extremeño también soy mallorquín y creo que este es un sentimiento compartido por todos. Sólo me quedan primos lejanos en Extremadura, pero sigo en contacto con la región. Consumo productos extremeños y cocino comidas al estilo extremeño. Nos hemos acomodado aquí, vamos de vacaciones a Extremadura, pero mis hijos quieren continuar viviendo en Felanitx.

Encarnación: nací en Orellana la Vieja hace 61 años. Salí de Orellana la Vieja en el año 1967, para ir a Madrid donde trabajé en Galerías Preciados y en una casa de una familia importante en el ámbito político de entonces. También estuve viviendo en el País Vasco, pero opté por marchar a Mallorca por cuestiones de seguridad personal.

En 1979 me vine a Mallorca a trabajar en la hostelería, pues tenía una hermana que ya vivía aquí. Con el tiempo llegué a tener 3 restaurantes de negocio propio. Al principio nos ha costado mucho adaptarnos al hecho de vivir en Mallorca, pues todo supone un sacrificio personal y familiar. No es grato dejar a tus familiares en Extremadura, hay demasiada distancia geográfica, aunque algunos hemos salido por inquietud más que por necesidad. Me considero una mujer emprendedora y esta es una tierra de oportunidades para quien quiera trabajar duramente

Fui Consejera de Emigración del Gobierno Balear (2005-2007) a petición del Presidente Jaume Matas. Hoy soy diputada en el Parlamento Balear (por el Partido Popular) y estoy al frente de distintas Comisiones parlamentarias. En Orellana la Vieja había 7.000 habitantes hace 30 años y ahora hay apenas 3.500 habitantes. Muchos se encuentran fuera de nuestro pueblo, tuvieron que emigrar por las malas condiciones de vida hace décadas. Cuando voy a mi pueblo, me llaman la "forastera de Palma". Dicen que somos los embajadores de Extremadura, pero después se olvidan de ello. Muchos hemos generado un sentimiento de extremeñidad compartido entre todos los emigrantes. Hemos transmitido Extremadura a toda la población de Felanitx.

Extremadura, sus instituciones deben ser más receptivos con sus emigrantes. La reciprocidad debe ser positiva para Extremadura, puesto que los emigrantes hemos dado más a nuestra región, de lo que se recibe en contraprestación de servicios y recursos. Todavía hay emigración. Hay jóvenes extremeños que vienen a Mallorca a trabajar en la hostelería. Algunos se gastan lo que ganan, mientras otros saben ahorrar para su formación profesional. Cuando me jubile quiero estar aquí y allí, en Extremadura y en Baleares. Mucha gente regresaría a Extremadura si tuviera un mejor desarrollo, pues no vamos a dejar lo conseguido en Baleares tras tantos años de trabajo.

Antonio: nací en Orellana la Vieja hace 49 años. Cuando acabé el servicio militar no tenía trabajo en Orellana la Vieja, tuve que emigrar. Primero estuve trabajando en la hostelería, en un hotel durante una temporada, gracias a mi tía. Después me pasé a la construcción debido a la demanda en los años ochenta. Durante 22 años hemos vivido en Felanitx. Tengo 2 hijos nacidos en Extremadura. Vamos a Extremadura, en concreto a Orellana, todos los años en agosto o septiembre, especialmente durante la celebración de la fiesta del Cristo (fiesta local), incluso 2 veces al año.

Vicente: nací en Orellana la Vieja hace 61 años. Me vine con 18 años, al acabar la mili. Llevo 39 años viviendo en Mallorca junto a mallorquines, con los que tengo buenas relaciones personales. Constituí mi propio negocio de carpintería del que he vivido en todos estos años aquí en Felanitx.

Me gusta mucho Extremadura, pero cuando llevo

15 días me gusta regresar a Felanitx. Tengo un sentimiento encontrado, pues cuanto estoy en Extremadura me quiero volver a Mallorca, y cuando estoy aquí sueño con mi tierra de origen.

Felipe: en Extremadura vives los mejores años de tu vida. Cuando llegas aquí a Mallorca, vienes a trabajar y solo a trabajar, y por eso quieres regresar por tantos buenos recuerdos de tu infancia y juventud. Hasta que no pasa un tiempo aquí no empiezas a disfrutar de vivir en esta isla.

Mi mujer y mis hijos son mallorquines, pero yo tengo claro que siempre seré extremeño, aun estando vinculado a Mallorca. Todos tenemos familia directa o indirectamente en Extremadura, y por eso en este pueblo hacemos la matanza extremeña para recordar nuestras costumbres populares.

En la actualidad, soy concejal del Ayuntamiento de Felanitx (por el Partido Popular). Me quejo del excesivo conformismo que observo en las gentes de Extremadura.

Intxaurrondo (Guipúzcoa)

Julio: soy natural de Miajadas, me vine aquí en el año 60 con 17 años. Toda la familia por parte de mi padre eran albañiles. Yo vine aquí pues a trabajar en la construcción a los 17 años. Allá estuve 3 años en una empresa que se llamaba Los Tellos, de Miajadas.

Ahora estoy escribiendo un libro, una biografía colectiva de lo que yo me encontré aquí cuando llegué en el año 60 a San Sebastián, el choque de culturas, lo que nunca nos habían dicho allí en

Extremadura. Éstas eran las provincias Vascongadas, las tres provincias Vascongadas: Guipúzcoa, Vizcaya y Álava y yo creí que todo sería igual que en Miajadas, o sea trabajar mucho, ganar todo el dinero que se pudiese y punto, entonces hubo un choque de culturas, supongo que los demás cuando expliquen ellos, más o menos tendrán que decir cómo ellos encontraron esto y que era esto en aquellos tiempos, mucho trabajo, empezar a hacer amigos y una de las cosas que yo observé es que la juventud aquí, bueno concretamente me ciño ya a San Sebastián que es donde llevo los 48 años, pues que ese tipo de juventud pues éramos los coreanos, éramos los manchurrianos, éramos una gente que había venido aquí con distinta cultura y que poco a poco fuimos observando a ver qué era esto y nos adaptamos o yo creo que nos adaptamos enseguida porque en aquellos momentos eran más bonitas que las nuestras.

Allí dejamos atrás el despotismo y la forma en que nos trataban en Extremadura. Nosotros creíamos que era una cosa normal, hasta que uno se da cuenta que no, pero ha sido luego después de investigar qué ocurrió.

Aquí como casi a todos fue venir la madre a ver sus hijos donde estaban, una hermana mía y yo que vinimos y como estábamos, de patrona, hasta que encontramos una habitación para dormir todos en ella, éramos 5 de familia, pero mi madre lo que quería era alquilar un piso, de los que había en aquellos tiempos, cuando llegué a Alza, que es el barrio más popular de San Sebastián, pues había un barrio terminado y lo poquito de lo que hoy es San Marcial, que es la iglesia, diríamos, con unas casitas alrededor que hoy es el distrito de Alza, el barrio Santa Bárbara y luego ya se fueron haciendo los otros barrios que hoy conocemos que son más nuevos y tal, y en aquel momento pues mi madre alquiló un piso de los recién hechos porque no se podía comprar en aquel momento ya que no se había vendido nada de allí, de Extremadura, lo poco que teníamos allí.

Luego me fui a la mili, me fui por la caja de reclutas de Guipúzcoa en vez de por la de Cáceres, quien vino conmigo se fue a la caja de reclutas de Cáceres. Me tocó al desierto 16 meses en el Sáhara y volví a San Sebastián y empecé a tomar contacto con las empresas en las que había trabajado en la construcción. De pronto yo empecé a sentir... 7 años estuve sin ir a Extremadura, pero a los 7 años como que me entró algo que me picaba, no es porque estaba aburrido de estar aquí ni mucho menos, el clima ya sabéis, el clima en aquellos tiempos, hace 40 años era chirimiri, chirimiri, chirimiri.

Tomé contacto con los primeros extremeños asociados, que luego lo dirán, Santiago, Santi, Gil Tellos y no sé si conoceréis un tal Manchas que son de Guareña, y me fui a los bajos del ayuntamiento, ellos fueron muy valientes, ¿eh? Fue la primera exposición que yo vi algo de Extremadura en San Sebastián y empecé a tomar contacto con ellos y llevo 19 años en el centro.

Empecé a analizar: bueno yo he tenido que venir aquí pero la familia, parte de la familia que se fueron de Miajadas a Cáceres también, unas tías y eso y unos primos y tal, y empecé a tener más contacto y me encontré pues con otros emigrantes, castellanos, gallegos... los que estábamos aquí, ¿no?, los que más, extremeños, gallegos y castellanos y me casé con una castellana de Burgos, y había muchas miajadeñas también pero no cuajó aquello, total que nos metimos en el centro, nos hicimos socios.

Tuvimos antes un local abajo en la calle Castizano de aquí de San Sebastián muy pequeñito, de unos 100 m², allí en un sótano. Luego se fueron fundando otros centros extremeños en Andoain y en el resto de Euskadi, somos 16 ó 17 centros y era todo trabajar por Extremadura, hemos dado a conocer Extremadura aquí en Euskadi, los de Cataluña a Cataluña, Andalucía, etc.

Aquí lo pasamos, hasta que ya mis padres

compraron el piso, yo me eché esa novia, la juventud aquí era igual que en Madrid y en muchos sitios; todo lo pasado no lo aceptábamos, queríamos ser algo nuevo, ser en lo que ha derivado esta España que tenemos hoy.

Javier: nací aquí en San Sebastián y mi primer contacto con Extremadura hasta que me fui allí a vivir con 18 años fue los veraneos con la familia materna y poco más. Me siento extremeño y vasco y no he nacido en Extremadura, entonces mis contactos con Extremadura era lo que hablaba con mi madre, todo lo que me decía mi madre de Cáceres, ella es de Cáceres capital y los veranos que hacía allí.

Luego fue por una cuestión personal, me fui a estudiar allí, hice la carrera allí, terminé la carrera, estuve trabajando y estuve allí 15 años, hasta que hace tres años, por falta de trabajo pues me tuve que volver aquí a San Sebastián.

Mi madre es extremeña y mi padre de un pueblo de aquí, de Rentería, de aquí al lado. Y nada, es que tampoco es mucha más historia, estuve allí 15 años, fenomenal, más a gusto porque siempre me ha gustado Extremadura, y nada, por cuestiones de trabajo es imposible quedarse allí, es el problema.

Manuel: nací en Miajadas, emigré aquí al País Vasco en el 1970 porque estuve allí la época de la escuela y luego empecé en un tallercillo allí en el pueblo, pero no había forma de subsistencia porque cobrabas poco, yo cobraba 600 pesetas, era poco y yo miraba un poquitín más hacia delante porque, bueno, veía gente mayor que yo y que estaba mejor que yo y, yo veía el País Vasco, veía Cataluña y tenía aquí una hermana de mi madre. Entonces yo cogí y me vine con la chavala, con la que es hoy día mi mujer y me vine aquí al País Vasco.

Hablé con mi tía, mi padre no quería, mi madre y

la hermana que tengo pues tampoco querían que me viniese solo aquí pero al final me vine, me vine con la chavala a vivir donde mis tíos; yo le pagaba un alquiler por lavarme la ropa y ponerme de comer. Yo cobraba 1.500 pesetas a la semana e intentaba mandarles a mis padres algo de dinero para que vieran que no era un gastoso. Estuve un tiempo y les empecé a calentar la cabeza a mis padres para que se vinieran, que había mejor forma de subsistir aquí que allí en el pueblo, que sería mucho mejor para todos, que sería una casa de alquiler o un piso y estar todos juntos ya es importante. Conseguí que se vinieran mis padres y mi hermana, estuvimos aquí en un piso de alquiler y las cosas iban mucho mejor, yo encontré un trabajo estable.

Después empecé a trabajar aquí, no en un principio, no conocía el centro este concretamente, yo trabajaba con asociaciones de vecinos... en fin, siempre he sido una persona que he estado metida en cosas, hasta que conocí el centro y, la verdad, supercontento por la gente que hay.

También he estado siempre metido en carnavales, he sido uno de los dirigentes de comparsas y demás y la verdad, como ya digo, estoy supercontento porque es una maravilla, hay gente que vale la pena, gente que merece la pena trabajar aquí y el dar a conocer Extremadura, somos unos embajadores cojonudos referente a toda Extremadura. Vamos una vez al año a Extremadura, vamos bien a un sitio o bien a Miajadas concretamente, que estamos hermanados con ellos.

Me casé aquí, tuvimos 2 hijas que son una maravilla y estoy muy contento de estar aquí, la verdad. Fallecieron mis padres, yo tenía una casa allí, y voy un poco menos porque yo era ir todos los años, aquí había autobuses que iban directamente de aquí a Miajadas...

Mis padres también estuvieron aquí, pero al jubilarse, lo típico, tenían una casa y se fue al pueblo. No se daban cuenta de que iban a ser mayores y ahí es donde estaba luego la pega porque al ser mayores: Manolo, ven a por mí que estoy fastidiado, y, bueno, yo era el que siempre estaba, les traje aquí un tiempo, estuvieron aquí bastantes años pero cuando se fueron, se recuperaban aquí cuando estaban enfermo, les recuperaba y otra vez allí, estaban otro poco de tiempo y así sucesivamente hasta que han fallecido. La casa del pueblo la vendimos porque para ir una vez al año no es rentable, mi suegra tiene otra casa en Miajadas porque ella también es de Miajadas, entonces como tenemos casa para ir pues nos deshicimos de la mía.

Santiago: yo vine en el año 71, vine a vivir a Rentería porque teníamos unos tíos allí y la verdad es que Extremadura, no solo en los años esos si no en los años anteriores, tuvo una sangría humana que eso no es comparable... eso fue un desastre universal, o como cuando le hacen una transfusión de sangre a uno que todos estaban chupando de Extremadura, ¿eh?, chupando la sangre.

Entonces la mano de obra venía barata, tanto aquí al Norte, como a Cataluña, como a Madrid. Las empresas o los capitalistas extremeños invertían aquí porque el dinero de Extremadura no se quedaba allí, venía y aquí en las empresas vascas venía el capital y esa empresa ya tenía unos ingresos desde ese momento que invertía, por ejemplo, a la papelera.

Ahora el Grupo Gallardo ha comprado "Papelera Rentería", bien pues eso, eso hacían los empresarios o los terratenientes o los que tenían capital en Extremadura, cogían ese dinero lo metían en PAPESA, la empresa esta papelera y al siguiente año recibían 100 millones de pesetas de beneficio, porque si tenían que montar la fábrica en Miajadas, un año para montar la fábrica, otro año hasta que empezaba esto, entonces no recibían un duro, entonces invertían todo el capital... y luego la mano de obra que éramos nosotros que veníamos a

trabajar a esas empresas de Cataluña, Madrid,.....
Eso por un lado, esa sangría humana que hubo ahí,
eso que no vuelva a ocurrir jamás, eso es lo principal,
que no vuelva a ocurrir.

Aparte de todo esto, nos íbamos colocando en las
empresas, no había ningún problema de trabajo,
había trabajo a punta pala porque aquí estaba la
industria, estaba hecha y solamente había que
engrasar la cadena, como una bicicleta; tú si tienes
una bicicleta y no funciona bien le engrasas la
cadena y si es una moto le echas gasolina y anda,
pero si no tienes bicicleta y no tienes la moto pues
tienes que ir andando, eso era lo que pasaba en
Extremadura que allí íbamos andando y aquí íbamos
en bicicleta.

Nosotros, los trabajadores, los extremeños la
verdad es que éramos unos currantes natos, todos
estábamos en punta de todos los trabajos, en las
luchas obreras de convenios, no nos echamos para
atrás nunca y a partir de ahí los que éramos un poco
más inquietos veíamos que esa relación que
habíamos tenido allí en el pueblo pues ¿por qué no
la podíamos tener aquí, aunque uno viviera en un
barrio y otro en el de al lado? De ahí salió que nos
juntábamos periódicamente, pero bueno, era
periódicamente desde Irún que está en la frontera
hasta Mondragón que está cerca de Vitoria; nos
juntamos toda esa gente y veíamos que teníamos
que fundar algo para que todo eso que teníamos no
se rompiera y, entonces, dijimos: pues sí vamos a
fundar una casa de Extremadura, un centro
extremeño o lo que sea. Y en el año 75 abrimos el
primer centro extremeño en Cantizano, en Bros,
abajo donde la Zurriola.

Luego sí, luego a partir de ahí porque en ese
momento la gente curraba, la gente se movía, y
Lasarte, Andoain, Tolosa, fueron haciendo su centro
extremeño.

Este centro es diferente, es diferente a los otros,
este centro compone, no sé cuántos kms son pero

abarca de Irún a Urnieta, pasando por Hernani, Rentería y Lasarte. La gente viene cuando puede, otros vienen y solo colaboran con la cuota, que hacen bastante los hombres, que colaboran con la cuota.

Cuando el centro empezó a florecer vimos que abajo había 110 metros cuadrados, era un centro pequeño, vimos la necesidad de cambiar. Vimos locales en los barrios altos, porque tenías que venir a los barrios altos, abajo no podías. Vimos este local de 450 metros cuadrados y lo cogimos e inauguramos en 1992, hemos estado hipotecados hasta ahora.

Nuestra función siempre ha sido dar a conocer Extremadura, esa Extremadura que era la gran desconocida cuando llegamos aquí, que ahora no es la gran desconocida, yo creo que mucha gente ya la conoce, la conoce por todas estas jornadas culturales que hacemos: vamos con el folclore extremeño, con la gastronomía, con las migas extremeñas que se hacen en la plaza de la Constitución que es la plaza más importante de la parte vieja de Donosti. Todos los años el día de la Behobia hay una carrera que sale de aquí de Behobia y llega a San Sebastián, corren 12.000 atletas con toda la familia que van a verle y demás, luego se pasan a comer las migas extremeñas a la plaza de la constitución. En Irún hacemos una semana cultural.

La labor nuestra de los centros extremeños es la de dar a conocer nuestra cultura aquí, nuestra gastronomía, de que la gente extremeña que vive aquí si quiere ver un grupo folclórico no tiene ningún problema porque lo puede ver, el grupo nuestro está actuando en todos los sitios, no tiene ningún problema. Y luego la gastronomía también la puede degustar si se viene por el bar del centro. Quiero decir que es un escaparate importante.

Eliseo: vine aquí con 15 años, desde Alcollarín.

Allí no había nada, nada, nada, nos vinimos mi padre y yo para aquí y luego pues, al cabo de 2 o 3 meses trajimos a la madre y a las hermanas. Y, bueno, el primer trabajo me tocó en Pasajes, abriendo zanjas para las tuberías de agua y tal y luego después de unos años me metí a aprendiz de linternero, estuve allí también unos años. Estuvimos en un bajo viviendo 5 matrimonios con los hijos. Había un solo wáter para 15 ó 20 personas. Luego nos fuimos a un piso alquilado.

Yo me metí a la construcción de peón y luego me metí en fábricas y en la carretera, pero claro, todo eso por mi cuenta. Me casé aquí con una extremeña también, ya hicimos nuestra vida aquí con nuestros hijos, tengo 3 hijas también. Vamos, que todo lo que tengo lo hice aquí, pero también aquella tierra... cuando voy por ahí, cuando voy por la carretera, voy por ahí, se me abre el alma y en vez de estar una hora estoy 5 ó 6, si puedo, vamos que aquello no se me olvida. Cuando voy a Extremadura, ¡Ah! ya cambio de persona.

Diego: no soy extremeño, nací en Huelva pero mis padres eran de Extremadura, de Badajoz, claro yo no conocía Extremadura hasta no meterme en este centro. Vine aquí muy chaval, con 17 años, estuve trabajando en la construcción también hasta que me he jubilado y ahora con este centro que estoy aquí pues ya conozco algo de Extremadura. He estado viendo el pueblo de mis padres que antes no lo conocía, he estado un par de veces o tres ahí, bueno he estado en pueblos que antes no conocía y estoy encantado de seguir en este grupo, otra cosa no puedo decir porque no conozco más de aquello.

Mis padres eran extremeños y yo estoy muy orgulloso de ello, eran personas muy buenas y, a pesar de todo, ya te digo que no he estado en ningún centro andaluz si no que me he metido en un centro extremeño, mi mujer es de Cuenca y también está encantada

Julio: mi familia, tanto paterna como materna nacieron en Miajadas, son extremeños, como después de 100 años, como un americano que dice: mi origen es irlandés o inglés pero yo ya llevo 200 años aquí en Estados Unidos, ¿qué me siento? Yo digo: no, esa no la voy a borrar, lo que pasa que ahora se me viene encima una cuestión, a ver, mis hijos han nacido aquí, me casé con una castellana, ya tengo 2 nietos que nacieron aquí, que sus padres ya nacieron en San Sebastián también, pero yo me seguiré sintiendo extremeño y, como la grulla, hasta que me muera, luego lo que ocurra después ya no lo sé, entonces ahí es donde yo estoy pensando mucho para saber qué puedo hacer para que las raíces todavía continúen frescas y tengan agua, y ese es el asunto, ahora eso es una cosa muy personal.

Leganés (Madrid)

Isabel: tengo 78 y nací en Salvaleón (Badajoz). Salí de mi pueblo hace 42 años, porque mi marido ya estaba en Alemania, con mis hijas porque no quería que ellas cosieran como yo, quería que ellas estudiaran.

Primero me fui a Madrid (Carabanchel) y después a Leganés. Cuando se casaron mis hijas me fui a vivir con él a Alemania. A la pequeña me la traje con 5 años y a la mayor con 13.

Cuando mi marido murió lo enterramos en el pueblo, pero yo sigo viviendo en Leganés, aunque cuando me muera quiero que me entierren en Salvaleón junto a mi marido.

Yo tengo casa en Salvaleón y vamos algunas veces, la que más va es mi hija Beni. Aprovechamos los viajes y nos traemos cosas de allí, sobre todo de la matanza.

Flor: soy de Herguijuela (Cáceres), me vine en el año 69, por circunstancias murió mi madre. Me vine con mi padre y 2 hermanos a trabajar aquí, a Madrid, me casé con otro extremeño, en este momento estoy separada. Tengo 4 hijos, ya se han casado aquí, tengo 2 nietos, ya están situados.

Yo voy algo al pueblo pero poco porque no tengo allí donde ir... sí tengo donde ir porque voy a casa de mi hermana, con mis sobrinos y la verdad que bien, pero en otros aspectos no tengo nada. Mis amigas ya salieron todas, emigraron todas y no hay prácticamente ninguna. Gente de mi edad hay poca en el pueblo porque la mayoría son mayores y vamos, que voy poco. Creo que no tengo opción a volver porque por circunstancias..., estoy separada y no sé, no creo, a lo mejor si mis hijos me llevan puede ser, pero no creo, yo, por mí, ahora mismo no.

Dolores: tengo 74 años, soy de Herguijuela, provincia de Cáceres y me vine en el año 67 y me vine por lo que se vino todo el mundo; mi marido estuvo en Alemania porque no tenía trabajo, se vino de Alemania y seguía sin tener trabajo, entonces nos vinimos aquí, con 2 niños, mi Pedro tenía 3 ó 4 años y el otro 5 y los otros 3 que nacieron aquí.

Yo voy a mi pueblo, tengo mi casa allí, aparte que mi pueblo está a 17 kilómetros de Trujillo y tengo allí a un hijo casado y a mis dos nietos y voy a verlos.

A mí en mi pueblo me llamaron forastera y me dolió un montón. Nuestros pensamientos, los de mi marido y míos, eran volver cuando él se jubilara, pero se murió hace 12 años y ya le tengo enterrado allí y yo volver no creo, vamos, volver, mientras mis hijos me lleven sí, pero yo volverme a ir allí no, ¿cómo me voy a ir yo?; además en Extremadura no luchan, no luchan, porque a Trujillo le hace falta un hospital y no luchan por él. Yo sé que hay muy buenas bodegas en Extremadura y no se conocen, y sé que los pimientos de la Vera van con otro nombre a Navarra,... Muchas cosas van con otro nombre a fábricas de Navarra ¿Quién vende la burra de Extremadura? los extremeños que estamos fuera de Extremadura

Pedro: me trajeron en el año 67 y me vine a Carabanchel, en una huelga... Nosotros fuimos los primeros que vinimos y mi tío Pedro, que vinimos a Carabanchel, luego vino mi tío Benito ya a Leganés.

La verdad es que me gusta ir al pueblo en cuanto puedo y, más que nada, ir a ver a mi hermana, el cacho huerto que nos gusta a todos, a mí más que a ninguno y, sobre todo, la pesca que es algo que aquí no podemos hacer, más que nada por cuestión de trabajo y allí como a 20 kilómetros a la redonda... otra cosa no tenemos, pero en Extremadura agua toda la que queramos.

No creo que vuelva definitivamente al pueblo, por mi hermano el que vive allí sé que el trabajo está peor que aquí; la gente de mi pueblo que trabaja en empresillas del pueblo trabaja todavía los sábados hasta las 5 ó 6 de la tarde. El empleo allí sigue siendo tercermundista. Las circunstancias, tanto de trabajo como de vida, yo creo que están mejor aquí con muchísima diferencia y no creo que lo tengamos aquello en condiciones, aparte del trato que se nos da también. Yo llevo aquí, como quien dice, toda la vida pero somos, como ellos dicen," los madrileños", que parece vamos allí de más listos que ninguno y dicen: ¡bah! Cuando volvamos lo haremos con los pies por delante.

Lo que me encanta de allí es que vamos con mucho estrés, yo por lo menos, hablo por mí, y vas allí, ves la gente tranquila, relajada... y al final te haces a ello, claro.

En Extremadura se habla de cooperativismo, pero no se habla de industrias, realmente deben faltar infraestructuras y servicio allí. Por eso digo que igual que en su momento el dinero de los extremeños se invirtió en Cataluña que ahora el dinero de los catalanes se invierta en Extremadura.

Verónica: tengo 25 años, nací en Madrid, soy la 3ª de 3 hermanas, mis padres se fueron de Extremadura a Francia. Mi padre es de Bohonal de Ibor y mi madre de Valdehúncar. No se fueron casados, se conocieron allí, allí nacieron mis 2 hermanas mayores, por circunstancias se volvieron a España pero se quedaron aquí en Madrid, no volvieron a Extremadura.

Yo, aunque no he nacido en Extremadura me siento extremeña, y yo me iría porque tengo amigos que viven allí y tienen hipotecas que ¡Dios! ojalá tuviera yo esa hipoteca con el mismo sueldo. Su nivel de vida es más tranquilo, no hay que echar tantos números y están más a gusto, están en la naturaleza. A mí si me dieran facilidades de poder montar allí algo, que no me pusieran ninguna traba yo con los ojos cerrados me iba para allá porque sé que trabajo hay. Que la gente me dice: ¡mira la de Madrid que se ha venido!, a mí que más me da, yo me meto en mi casa y a mí me da igual lo que digan, yo tengo mi trabajo, estoy a gusto, pero eso sí, con esas condiciones porque si no es muy difícil.

Voy mucho, todos mis amigos de aquí son de allí, los amigos que tengo aquí en Leganés son los mismos del pueblo. Me gusta estar allí y en un futuro si todo esto cambiase tengo planes de irme a vivir allí, y montar una escuela infantil, porque he hecho allí balance de la situación, pero si es difícil aquí en Madrid, allí es el doble de difícil, es imposible, allí lo que me frena es el tema de cómo crear lo que quiero hacer porque por vivienda no tengo problema. Pero he pedido como empezar y si aquí lo tengo difícil, allí lo tengo el doble, que yo creo que debería ser un poquito más fácil, ya que lo que quieren fomentar es el retorno pues si no hay trabajo no hay retorno, o sea si aquí lo tengo chungo allí lo tengo negro. A mí sí que me gustaría volver, pero no puedo.

Valoro muchísimo el día que mi madre hace

tortilla de patatas que el fin de semana anterior ha ido al pueblo y ha traído los huevos del pueblo, la ensalada, todo, todo, los chorizos que compras en la tienda a los chorizos que haces tú de tu matanza, jamón, vamos, yo no he nacido allí, pero por eso me quiero ir allí porque ni punto de comparación, es muy fuerte que el tabaco lo plantes en Extremadura y sea de otro, el tomate, los espárragos, todo, o sea Chistu Navarra, no

Esperanza: tengo 53 años, nací en Tornavacas (Cáceres), el valle del Jerte, y me vine con mi madre cuando tenía 9 años a vivir a Carabanchel, después ya nos movimos hacia Leganés, a los 4 ó 5 años, mi vida se ha desarrollado aquí. Tengo 2 medias casas, mi madre que tiene casa y mi marido que tiene casa. Voy con bastante frecuencia, me encanta ir al Valle del Jerte, en otoño voy varias veces. Me gusta andurrear la ruta de Carlos V, subir a los Pilones, ir a las cerezas, que solemos ir a cogerlas también, mi marido tiene todavía unas tierras, de mi parte también nos queda una finca, y solemos ir a disfrutar de la fruta y del paisaje. Tengo bastante familia allí, bastantes hermanos de mi madre y los otros 2 hermanos que tengo pues viven aquí en Madrid.

No tengo perspectiva de volver al pueblo definitivamente, ir de visita sí aunque tenemos tierras para iniciarse un poquito de nuevo allí pero a mi marido no le gusta el campo, lo cual denegado. Mis hijos sí les he acostumbrado a ir pero están ahora en una etapa que todavía no les apetece, han ido de pequeños, pero ahora están con "novietas" y demás.

Y en cuanto al tema del rechazo, yo allí en Tornavacas formamos una comisión de fiestas para la convivencia, porque se buscó un modo para que no hiriese a la gente de allí del pueblo, en el tema de que no se sientan discriminados, se les abrió para que ellos participasen con nosotros en el acto de la fiesta de la convivencia, todos los años se hace un homenaje a una persona de allí del pueblo, o bien alguien importante o alguien que nos haya trasmitido algo desde la infancia y, realmente, la gente no participa, nos pusieron hasta un apodo, los de los gusanitos porque el primer año pusimos un aperitivo con el que invitamos al pueblo y pusimos patatas fritas además de jamón, queso y demás viandas pues pusimos gusanitos y allí son muy ingeniosos y nos llaman los de los gusanitos. Les cuesta mucho allí abrirse, nos llaman los chorizos porque cuando ibas el fin de semana pues ¿qué te traías?, pues viandas, chorizos y unos apaños para no tener que ir al mercado aquí que sabes que no sabías lo que te iban a dar.

Y el regresar, pues ellos se van cerrando cada vez más entre todo su círculo, ya no hay la vivencia esa que había del pueblo de las puertas abiertas, eso de ir a casa de la vecina a tomar un cafecito con ella, quien dice café dice una charla o asar unas castañas, puesto que allí hay épocas de las castañas, al río ya tampoco se puede ir a lavar pues no hay esa convivencia, entonces pues un poco se va cerrando todo el círculo entre ellos y ellos y los demás llegamos y somos los chorizos. Nos piden que retornemos, retornemos y luego te ponen todas las trabas posibles

Jesús: soy de Bohonal de Ibor, tengo 67 años. En el año 1963 el pantano de Valdecañas echó a la mayoría de la juventud de la zona, ese pantano inundó las mejores tierras, no quedaron más que los cerros, hubo una emigración forzosa, no quedaron más que los 4 viejos. Me vine a Madrid, lo pasé muy mal. Con 40 pesetas tenía que comer, pagar a la patrona y mandar algo a mis padres, porque somos 6 hermanos y yo soy el mayor, tenía que ayudar en mi casa, en lo que pudiera, las pasé bastante mal, pasé bastante hambre en aquellos tiempos.

Ahora voy mucho a Bohonal, pertenezco al

consejo rector de una cooperativa de aceite, pero aún hoy encuentro mucho rechazo a los emigrantes. Bastante rechazo porque cuando llegamos allí nos tachan de madrileños, digo madrileños pero lo mismo le dicen a los que trabajan en el País Vasco o Cataluña. Para el retorno, que tanto interés tiene la Junta, no se encuentra mucho apoyo para los emigrantes, deberían tener un poco más de apoyo. Los nativos o los ayuntamientos, hablo de mi pueblo, a los emigrantes quieren que vayamos allí a hacer obras, a gastarnos el dinero en el bar, el que vaya, pero siempre nos tachan de madrileños, o sea siempre somos madrileños. Aquí somos extremeños y allí madrileños.

Nosotros a Extremadura creo que la queremos mucho más que los que viven allí, mucho más. También tengo que decir que nos dijeron que nos hiciésemos el carné de extremeñidad, y que eso es mentira, lo llevé al ayuntamiento porque decían que nos hacían un descuento en el recibo de la luz, lo enseñé en el ayuntamiento y dijeron: eso tíralo, que eso no vale para nada. Yo ahora mismo sí quiero volver y mi hijo está estudiando en Trujillo la forma de meternos más porque la construcción en las grandes capitales está a cero y creo que en las zonas rurales va a haber más trabajo, pero ¿qué pasa? Pues que no se encuentra apoyo de la Junta, si quiero montar un taller allí, me cuesta más la electricidad a pesar de tener allí la central nuclear.

Los emigrantes no encontramos apoyo de ninguna clase por la Junta de Extremadura, en general, ni por los ayuntamientos; si quieres que te ayuden tienes que empadronarte allí, si quieres hacer una obra y que te den una subvención, tú no puedes estar empadronado en Leganés y pedir una subvención porque no te la dan. Yo me pregunto ¿dónde me dirijo para cosas que yo pueda solicitar? En las casas regionales la Junta debía tener más información, pienso. Yo siempre digo que empezamos a ser extremeños, siempre lo he dicho, cuando pasamos la Casa Posta que está en El Gordo, cuando pasas la Casa Posta para acá empiezas a ser extremeño, empiezas a sentir el negro, blanco y verde y cuando entras en Extremadura ya nadie quiere saber nada de... porque aquí es donde realmente se sienten los colores, digo aquí o en cualquier sitio concreto fuera de Extremadura. Yo la mayor parte de los productos que utilizo son de allí.

Jesús: tengo 37 años, yo nací aquí en Madrid, mis padres son de Bohonal de Ibor, se conocieron allí y emigraron en el año sesenta y pico. Soy el mayor de 3 hermanos, tengo 2 hermanas más. Mis padres están muy arraigados con aquello y eso a mí y a mis hermanos nos lo han inculcado desde muy pequeño, el amor a Extremadura y nos han ido llevando allí desde bien pequeños pues íbamos al pueblo, vacaciones, semana santa, verano... terminábamos el colegio y a nosotros nos mandaban allí con mis abuelos, todos los años. Ahora ya ha venido a menos, pero de pequeños lo hemos vivido también como los que son del mismo pueblo, la recolección de la aceituna, pues desde que he sido pequeño me ha tocado ir y seguimos yendo. ¿Qué quiero decir con eso? pues que eso te va entrando poco a poco, las mejores amistades las tengo allí, de gente que vive allí y gente que vive aquí, hijos de emigrantes y es una vinculación muy especial la que tenemos con ellos, tengo amistades en Madrid pero la vinculación que yo tengo con mis amigos del pueblo es muy especial y es diferente porque aunque nos veamos ahora poco no pasa nada, o sea tenemos un vínculo común como es el pueblo que nos ha unido tanto de pequeños, desde chicos, que nos hace inseparables.

Oro factor muy importante para mí de amor a Extremadura es la Casa de Extremadura en Leganés, mi padre fue uno de los fundadores y desde pequeños nos ha inculcado el amor a Extremadura, entré en el grupo de coros y danzas y todavía sigo, después a nivel de lectura siempre he estado muy interesado en temas de lectura de Extremadura, de historia, guerra civil, en fin, de mil circunstancias.

Yo, desde luego, tengo muchísima vinculación personal.

El establecerme en Extremadura por mis perspectivas laborales pues ahora mismo no me lo planteo, a corto o medio plazo. ¿Posibilidad de ampliación de negocio porque nuestro negocio aquí se pueda quedar un poquito corto y podamos ampliar perspectivas allí? bien, si no tenemos rechazo, que se nos acepte de alguna manera, pero insisto, posibilidad de irme allí, de cambio de residencia, pues muy mal se tienen que poner las cosas para que me tenga que ir para allá, sinceramente, y casa tengo y demás, en ese sentido no hay problema pero para vivir a día de hoy no me lo planteo.

Si la Junta tiene interés en que retornen no solo los que emigraron, sino los hijos de ellos, pues debería difundir el tema este de la Marca Extremadura, darle más publicidad y más fomento para que si hay gente que tiene necesidad de trabajo pueda irse allí, ser emprendedor y demás. Hay un problema ahí de falta de ser emprendedores, porque tienen la materia prima, van los vascos allí y se la llevan, ¿por qué no la trabajan en Extremadura?

Oviedo (Asturias)

Francisco: nací en Jaraicejo, mi motivo de la emigración fue porque era hijo de agricultores, mi padre murió cuando yo tenía trece años, me tuve que dedicar al campo yo sólo. Con la yunta no daba mucho de sí porque era pequeño, y luego al cumplir los 18 años pues me salió la oportunidad de marchar a trabajar ya al Pantano de Alcántara en Cáceres.

Y bueno, allí estuve unos años con una hermana que tenía allí casada. Mi hermana marchó de allá, quedé solo, luego marché para Salamanca, para el pantano de Almendra de Salamanca. Y de allí por medio de una novia que había dejado en Alcántara volví otra vez para Alcántara.

Allí estuve otros meses, luego ya marché para Barcelona, donde estaba mi hermana, porque ya me tenía que ir a la mili y estuve un mes allí de vacaciones con mi hermana y marché a la mili. Me licencié y me vine para acá a trabajar, que estaba esto en construcción la ENSIDESA y eso, y entré a trabajar ahí en la construcción, y luego quedé ahí fijo en la empresa, en ENSIDESA y me eché novia asturiana, me casé con una asturiana, tengo tres hijos asturianos. Tuve que traerme a mi madre y a mi hermana para acá antes de casarme porque allí no tenían forma de subsistir y las tuve aquí conmigo, manteniéndolas, tenía que mantenerlas yo desde aquí como desde Salamanca y ayudarlas a sobrevivir allí en el pueblo.

Y una vez que nos casamos pues ya mi hermana marchó con su marido para otra zona, que se casaron aquí también, nos casamos un mes de diferencia entre los dos, y yo me quedé aquí. Y aquí tengo tres hijos que son asturianos y estuve bastantes años luego sin aparecer por Extremadura, por mi pueblo porque mi madre estaba con mis hermanas y no estaban en el pueblo.

Entonces claro, estaría 15 ó 20 años sin aparecer, pero una vez que fuimos la primera vez ya empezamos a tomar gusto otra vez a lo que era, porque aunque quieras que no de joven te tira quizás un poco menos que una vez que ya agarras una edad de 30 ó 40 años, ya a mí me empezó a tirar mucho más Extremadura, porque yo la verdad es que cuando vine aquí este clima y este ambiente era... para mí es caérseme el cielo encima. Yo esto de llegar y estar... tirarte quince días lloviendo y orbayando y que no veías el sol, y que no conocía a nadie, yo que era un poco tímido también. Esto se me caía y no marché de aquí de milagro, no pedí la cuenta yo de ENSIDESA y marché de aquí de milagro, porque me retuvo mi hermana y me dijeron: ¿qué haces?

Me fui habituando, una vez que empezaron a nacer los chiquillos pues ya no hubo más remedio que quedarse aquí porque tenía un puesto de trabajo regularcillo, estuve trabajando a turnos 35 años, que eso es matador, y con los chiquillos pues ya pues sí, empezamos a ir bastante al pueblo, se arregló... arreglamos entre los hermanos la casa vieja que teníamos y fue el motivo para que nos acercáramos dos o tres veces o cuatro veces al año allí ya durante un período largo.

Ahora últimamente los chavales ya son mayores, ya no quieren ir, y es lo que pasa, y hasta allá nos atan algo para podernos acercar hasta allá, pero no porque no haya ganas, porque ganas sí que hay de si se pudiera retornar con algunas condiciones, incluso con algún hijo que no anda bien en el trabajo, que no tiene trabajo, un trabajo bueno, si hubiera por allí algo, pero por allí me da la impresión que el trabajo ande muy folgado.

Entonces pues estamos aquí aguantando, ya estoy jubilado y aguantaremos aquí lo que nos queda de vida, haciendo algún viaje que otro que haremos para allá, con todas las ganas del alma que tiene uno de ir y esperemos que para este año que viene poder echar dos o tres viajes, que es lo que a mí me interesa y me encantaría.

Pedro: nací en Montijo, me vine a la edad de 22 años, el 15 de marzo de 1978, una fecha que no se me olvidará en la vida; el motivo fue porque estuve haciendo la mili, me licencié y me ofrecieron un puesto de trabajo aquí en Asturias, me vine, me gustó y aquí estoy. Mi mujer es extremeña, nacida en Puebla de la Calzada y a los nueve meses de haberme venido para acá me entró un gusanillo de casarme, quería estar con ella, y nos casamos, hasta ahora. Mis hijas son... tengo dos hijas, son asturianas.

Trabajé en la construcción y de la construcción al pluriempleo para sacar un poquitín la familia hacia delante, y estuve así once años. Luego me metí de comercial y hasta ahora. El pueblo, ¿qué quiere que le diga?, está mi familia y el resto, la familia de mi mujer también está por allá, y vamos una vez, dos y más porque no podemos.

Antonio: soy de Navalvillar de Pela, y como casi todos o como todos los extremeños que vinimos para aquí, pues emigré por motivos de trabajo, porque allí el poco trabajo que había, además de ser poco estaba muy mal pagado.

Vine para acá en el año 56, estuve trabajando... Vine a los 19 años. Estuve trabajando unos meses en la construcción y después me metí a trabajar en la mina... En Extremadura estuve trabajando de pastor también, sí, y un poco también de agricultor. Sí, ahí trabajé eso, de pastor. Primero de "fragado", que es el ayudante del pastor y luego pues a trabajar en el campo, por ejemplo, de labrador para un amo, para el terrateniente.

Estuve 20 años en la mina, y después estuve otros 14 años trabajando en la metalurgia. En esos intervalos me casé, tengo dos hijos, una hija y un hijo, mi mujer es asturiana, y estamos pues aquí ahora, como digo yo, ya en una edad en la que yo digo que estamos en la prórroga.

Y de ese intervalo en el que he vivido hasta llegar aquí pues me ocurrió en Extremadura y un poco aquí también lo mismo que le ocurría a Extremadura. Extremadura históricamente ha sido muy maltratada porque casi todos los extranjeros que vinieron de afuera, o sea, las invasiones que hubo, vinieron a parar a Extremadura. Cartagineses, fenicios, árabes, romanos, todos. Pero hete aquí que lo que venían era a llevarse la riqueza, y a Extremadura la dejaron abandonada. Incluso después de marcharse los árabes han hecho lo mismo, digamos los españoles, los mismos españoles que fueron a trabajar a Extremadura o a invertir a Extremadura, la riqueza se la llevaron fuera dejándola abandonada a Extremadura.

Entonces eso para mí es sinónimo de maltrato, de maltratar a Extremadura. Yo en Extremadura fui muy maltratado socialmente, no me trató mal Extremadura, me trataron los que gobernaban Extremadura, porque el poco trabajo, como decía antes, que había era mal pagado, incluso estabas amenazado de perder aquel poco trabajo también y quedarte sin nada.

Y después aquí en Asturias me ocurrió un poco, no igual que en Extremadura, pero un poco como en Extremadura, que tenía trabajo, pero que era un trabajo también muy mal pagado, de ahí surgió que hubo que luchar para conseguir las condiciones sociales en las que me vi involucrado, obviamente para conseguir unas mejoras salariales, y tuve que participar en huelgas, manifestaciones y todas esas cosas, lo que conllevó a tener que ser perseguido por el sistema que había.

Y de esa forma conseguimos algunas mejoras en las que los extremeños también tuvimos nuestra parte, por supuesto, y a partir de ahí pues ya digamos que fuimos formando esa familia que hoy tengo yo, y prácticamente tenemos todos, y llegar hasta aquí, hasta esta edad, como le digo yo, que estamos en la prórroga. Mientras tanto fue cuando surgió esta asociación. Y surgió porque Extremadura a los emigrantes que emigramos de Extremadura, los extremeños emigrados no nos trató mal, nos trataron mal las condiciones sociales y buscamos otras condiciones sociales, y porque Extremadura nos duele y la queremos porque nos duele.

Y cuando se juntan dos extremeños o tres extremeños y hablan de Extremadura, y surge la idea de hacer una asociación se enciende una luz precisamente por eso, porque queremos a Extremadura. Y ahí surge una asociación que afortunadamente este año cumplimos diez años y por ello tengo que dar las gracias a todos los que se asociaron, a todos los que ayudaron a esta casa, a todas las juntas directivas, socios que ayudaron con su trabajo a ello también, y que podamos llegar aquí, de convivencia, con dimes y diretes, y con errores y con aciertos, pero trabajando por Extremadura y para Extremadura, que al fin y al cabo es trabajar para nosotros.

Roberto: soy de Navalmoral de la Mata, entré en Madrid a los 12 años, a los 15 me llevó el mismo cura de carpintero y estuve allí 20 años, hasta que me casé. Luego nos vinimos para acá, para Asturias. Bueno, estuve un año o dos en Segovia y luego aquí en otra empresa, otros 17 años.

Traje tres hijos, dos mellizos y uno con cinco años. Y resultó que no había trabajo, de un lado para otro y así. Y aquí me jubilé. Y Extremadura me gusta, pero murió mi madre que es lo único que tenía allí y no he vuelto nada más que un par de veces al año.

Lucía: me vine a Asturias de Puebla de la Calzada. Tenía un novio, yo tenía un buen puesto de trabajo allí en Extremadura, y el novio decidió venirse aquí y me tuve que venir. Nos casamos y nos vinimos. Me casé con 20 años, llevo ya aquí 30, tengo dos hijas, vamos mucho al pueblo, cada vez que podemos. Mis niñas pues cuando eran pequeñas se iban cuando les daban las vacaciones con mis padres y luego íbamos nosotros y las recogíamos. Entonces son unas crías que les tira mucho Extremadura.

Tengo casi toda la familia allí, tanto la mía como la de mi marido, mis padres ya murieron, pero tenemos una casa y vamos todos los veranos en agosto, vamos a pasar unos días allí.

Belarmina: nací en Santa Marta de Magasca pero me crie en Talayuela porque mis padres en mi pueblo no había nada de trabajo, y marcharon para Talayuela. Mi padre plantaba trigo, cebada, todo eso, pero luego eso no daba nada, y estábamos plantando tabaco, que es lo que daba. Trabajé en la tierra en el tabaco.

Después ya mi hermana se casó y se vino para acá, y luego fue de vacaciones ella, yo tenía novio allí y mi novio se vino para acá. Mi padre enfermó y entonces mi madre y yo quedamos allí. Cuando murió mi padre nos vinimos.

Y aquí me casé, vine con 19 años, a los 20 me casé, tengo una hija. A mi hija le gusta muchísimo ir para allá, de hecho siempre hemos ido, porque la familia de mi marido está allí, un hermano también lo tengo allí. Y hemos ido muchísimo, a mi marido le gustaba muchísimo ir, porque yo soy viuda, y mi a hija le encanta. Está casada, tiene dos niñas y nada más que puede va también.

Purificación: nací en Santa Marta de Magasca. Fuimos para Talayuela, y estuve allí, y a los 23 años me casé con un chaval que estaba aquí trabajando, era también extremeño. Me casé, me vine para acá con 23 años, lo pasé muy mal porque me daban ganas de coger la maleta y marchar otra vez a Extremadura. Yo no había salido nunca de casa, siempre había estado con mi familia, aquí me encontraba muy sola, no tenía a nadie, no conocía a nadie.

Yo llegué y, claro, hasta que vas haciendo amistades pues te cuesta muchísimo; yo era muy joven, tenía 23 años y no conocía a nadie. Mi marido marchaba por la mañana a trabajar, hasta por la noche que venía, y yo sola, yo lo pasé muy mal, muy mal.

Pasado el tiempo me adapté muy bien en Asturias, en Gijón tengo muy buenas amistades, tengo mi vida aquí, mis hijos aquí, mis nietos aquí, y yo aquí ahora estoy encantada de la vida. Con eso no quiero decir que no me tire mi tierra, pero que yo aquí estoy muy bien.

Josefina: nací en Estorninos. Vine con 10 años a Asturias con mis padres que emigraron aquí, lo mismo que emigraron muchos extremeños, por la necesidad del trabajo, porque trabajabas para un terrateniente que no te daba nada y tenías que trabajar para él.

Vinieron aquí y se metió en la mina a trabajar. No obstante tuvo que volver allá, porque al llegar aquí tenía una hernia y aquí eso no se lo operaban, volvió a Cáceres a operárselo, después volvió otra vez aquí, y entonces nos adaptamos. Me adapté muy bien. Somos cinco hermanos y fuimos emigrantes, pero bien acogidos en Asturias. Echo de menos muchas veces el pueblo. Estoy emocionada.

No volví allá hasta que tuve muchos años, y volví nada más que al entierro de mi abuela, pero aquello me tiraba. Mis padres volvieron siempre, ellos fueron todos los años, iban porque quedó la abuela allá, quedaron hermanos e iban todos los años a casa de la abuela y allí estaban un mes. Después que mi padre se retiró pues igual estaban tres meses, seis meses, todo allí. Ellos se encontraban muy bien.

Yo fui una vez, en el 82 estuve ocho días allí y me encantó aquello, pero no iba. Y después tuve que ir cuando murió mi madre. Éramos cinco hermanos pero nadie llevaba a mi padre, y mi padre quería ir porque tenía su casa allí, de hecho está allí todavía la casa. Yo fui todos los años que pude hasta que murió. Pero aquello me marcó, porque viví unos años muy felices con mi padre, aunque me faltaba mi madre vivía muy feliz con mi padre allí. Y volví otra vez a lo de antes, porque tengo muy buenos recuerdos, aunque marché de diez años y la vida era muy dura, tenía faltas de cosas, pero no necesidades porque en mi casa todo el mundo trabajaba más o menos.

Tenía muy buenos recuerdos de las amigas, del pueblo, de los tíos. Y cuando fui con mi padre ahora, estos años que fui, ocho o nueve años, pues fue encontrar otra vez la vida, la gente, la familia, y a mí aquello me marcó. Desde que murió mi padre no volví más al pueblo. Y hoy precisamente hace nueve años. Tengo cinco hermanos y está la casa allí muerta de risa, una casa preciosa que hicieron. Mis hijos uno no quiere ir, pero la otra sí porque fue de pequeña con mis padres y lo pasó con la abuela, y entonces pues tiene añoranza.

Pero ahora con la casa de Extremadura voy haciendo viajes y me llena un poco, de aquello que no supimos muchas veces apreciar lo que teníamos, porque Extremadura es algo muy especial. Lo que pasa es que nos damos cuenta cuando estamos fuera, y nada más.

Pamplona (Navarra)

Maximino Manuel: nací en Alconera, pero me vine aquí con 8 ó 9 años, no tengo familia en Extremadura, por desgracia, pero la suelo visitar todos los años 2 o 3 veces. Mi padre era solo y mi madre 6 hermanos y se fueron todos, entonces no tengo familia ninguna, una tía que tenía en Don Benito se murió hace 4 años y era la única, por lo que ya no tengo familia ninguna. Pero suelo visitar Extremadura porque como no he podido conocerla de pequeño pues ahora, cuando he tenido medios pues me he dedicado a conocer Extremadura. Hago la excursión de aquí, del hogar extremeño y llevo mucha gente para que la visiten, vienen contentos, Extremadura no es la imagen que nos dieron, ni la imagen que yo tenía porque yo me vine de muy pequeño. Entonces para hablar un poco de todo eso hay que saber y conocer que es lo que le digo yo a la gente. Y no he visto todo, y quiero seguir viendo Extremadura. Aquí vino mi familia y aquí sigo, llevo trabajando en la misma empresa 43 años. Mis hijas son de aquí y llevo toda la vida aquí.

Miguel: soy de Badajoz y hace 45 años que vine a Pamplona desde Castuera de la Serena, y vine más que por falta de trabajo allí en Castuera, por salud, que tenía alergia a algo que había allí, estaba harto de poner vacunas y, bueno, pues un amigo mío que estudió medicina vino al pueblo ya con la carrera y me aconsejó que un cambio de clima pues igual me mejoraría. Yo le dije: pues tengo un primo en Pamplona, pues sí, pues es un sitio que... total, que me vine, me vine hacia Pamplona. Nosotros éramos profesionales del calzado, modelista del calzado y cortador y patronista, luego tenía 2 hermanos que también eran los que hacían el calzado y formamos un taller los tres que teníamos formado nuestro porvenir allí. Tampoco, quizás, te daba para tener 3 sueldos para el día de mañana, pero lo que pasa, que como no tenías dinero, la clientela que teníamos te pagaban cuando vendían el queso, las ovejas, si había venido mal el año, total que era apuntar en la libreta. Yo fui el primero que me vine, al venirme, mis hermanos se quedaron sin mí, que yo era el mayor, pues el taller no funcionaba muy bien. Me vine yo primero, a una fábrica de calzado, me traje luego a otro hermano, al más pequeño, luego al del medio. Los 3 trabajamos aquí en la fábrica, al final, el que siguió en la fábrica he sido yo, hasta que la fábrica se cerró ya por crisis, cuando llevaba 27 años en la fábrica. Los últimos años he trabajado en la universidad, la privada, bueno el colegio mayor Belagua y allí estuve unos 10 años también y ahí me jubilé.

Cuando se formó el hogar extremeño fui de los fundadores, el que lo fundó trabajaba en correos, ese recopiló señas de todos los extremeños y él fue el primero que nos mandó a este. Yo tengo el número 4, de los primeros, de los fundadores. Y aquí estamos, pues desde entonces. Aquí nacieron mis hijas, son navarras, mis nietos también son navarros, mi yerno también es navarro. Entonces, pues aquí ya mi vida, a mí lo que me faltaba, quizás era la música, que he tenido siempre la afición de la música, ya pertenecía a una tuna allí en Castuera, el único que no era estudiante allí era yo.

Julia: soy de Alconchel, de Badajoz, vine aquí a Pamplona en el 64, por tanto llevo 44 años, me vine ya casada porque mi marido llevaba aquí 2 años, desde novios, nos casamos y me vine. He tenido 2 hijos, ya están casados y tienen su vida aquí. Yo tengo también mi vida porque después de tantos años si no la voy a tener, mala cosa sería, y me ha ido muy bien, estoy contenta, pero yo me iría a mi tierra, pero como tengo aquí a mis hijos no creo que me vaya a ir.

Voy mucho porque tengo allí casa, ahora como estamos mi marido y yo jubilados nos vamos 2 o 3 meses, julio y agosto, el tiempo del verano. Aquí, mi marido ha trabajado en una fábrica hasta que se jubiló, desde que se vino en el 62. Luego también hemos tenido un pequeño negocio, una tienda de ultramarinos que allí he estado yo hasta que me he jubilado, y ahora estamos aquí, donde creo que vamos a estar hasta que nos muramos.

Intenciones de retorno, no, porque tienes aquí a los hijos, que de esta edad en adelante vas para mayor y tienes aquí casa y tienes tu vida de muchos años pues no nos vamos a ir al pueblo solos ya, vamos en temporada de verano. Sí que conozco a unos pocos que sí que han retornado.

Joaquina: soy de Higuera de la Serena y llevo aquí desde el 76. Me casé el 19 de enero de ese año, me vine y hasta hoy, pero mi ilusión era cada vez que había un puente ir al pueblo. Mi marido era ciego. Mi intención de poder irnos al pueblo, sí, ahora no quiero ir al pueblo, no puedo hablar, no.

Íbamos con mucha ilusión al pueblo pues tenía a mi madre, mis hermanos, pero también fallecieron, y ahora me encuentro sola y no... he estado este verano pero a las dos semanas me tuve que venir, porque me encuentro sola y me tengo que venir, pero mi ilusión era esa, irnos cuando nos jubiláramos porque mi marido hizo una casa allí, toda la intención nuestra era esa, pero ahora como él ya no está pues no.

Mis hijos van conmigo, algún verano, este año ha estado mi hija, ha estado mi nieta, pero ya no es lo mismo porque mi ilusión era irnos todos los veranos al pueblo, nos hicimos una casica, pero con tan mala suerte que mi marido murió. Mi marido era de Castuera, y él estaba siempre deseando ir al pueblo, mi marido era mucho, mucho de su tierra, pero mucho. Su ilusión era que algún día nos iríamos al pueblo, por eso hicimos casa y todo, pero se torció.

Silvia: vivo aquí en Pamplona, mi padre es de allí, de Extremadura, de Alconchel, mi madre es de aquí, de Pamplona. Tengo raíces de allí y he conocido Extremadura cuando vine aquí, al hogar extremeño porque mi padre vino con 6 años y hace unos 43 que vino. A veces sí que va a la casa del pueblo y demás, pero él la juventud la pasó aquí. Vino mi abuelo por cuestiones de trabajo y tal.

Tenemos familia allí en el pueblo, pero tampoco mucha y últimamente mi abuelo bajaba más al pueblo a estar con su hermana, creo que es la que está allá, pero vamos yo no he estado allí, mi padre no me llevó. Conozco Extremadura por aquí, por el Centro, tengo compañeros que me han hablado de fiestas...

Francisco: nací en Quintana de la Serena, vine a Pamplona el 7 de septiembre de 1963, es decir, el día antes de la Virgen de Guadalupe, no se me olvida esa fecha porque es sintomática. Yo procedo de una familia de la rama de madera, que precisamente, en mi pueblo es conocido también por su industria de granito, una industria importante y que ha capitalizado el pueblo. Yo he conocido a mi pueblo en otro sentido, en sentido ecológico, para que nos entendamos, pero yo prefiero a mi pueblo como está ahora, capitalizado y con pujanza y que la gente pueda vivir mejor, no como yo lo vi.

Nosotros sí que podíamos haber tenido la posibilidad de habernos quedado en Quintana pero, las formas de pagar de entonces, mi padre no podía esperar a que le pagaran el cochino para pagarle las puertas que había puesto porque él decía que él la madera la tenía que pagar en dinero, que él no podía ir a Mérida a decirle al del almacén que le iba a dar medio cochino, y esas fueron las causas.

Nosotros éramos cuatro hermanos y la hermana. Aquella era la época del auge de la emigración donde los pueblos se nos quedaban medio desiertos, un hermano se fue a Holanda, otro a Suiza, otro hermano y yo vinimos a Pamplona con mi hermana.

Yo tuve dos ciclos porque luego tuve que ir al ejército, vine con 20 años a Pamplona y cuando me incorporé que estaba ya en Quintana, ya me podía haber quedado, quizá, pero mi padre se empeñó en que nos viniéramos a Pamplona y nos vinimos.

Después hice mis pinitos con emigrantes españoles en Suiza pero poco tiempo. Volví a Pamplona otra vez y aquí hice mi vida, aquí me casé, tengo 2 hijos, la madre de los hijos es de La Codosera, ellos nacieron aquí, ellos han tenido una frecuencia de ir tanto a Quintana de la Serena como a La Codosera considerable, ellos están casados con personas de aquí también.

Mi vida laboral, en principio estuvo relacionada también con la madera, como no podía ser de otra manera. Hice unos estudios de noche, tanto como pude, Pamplona es una gran ciudad para eso y para muchas cosas más, y seguí en la rama de la madera hasta que el paro inoportuno del año 82 dio un vuelco a mi vida como dice un programa de televisión de Extremadura.

Me preparé unas oposiciones, no las conseguí pero quedé el 2º y entré a trabajar en la residencia de pensionistas entonces llamada de la Seguridad Social, hoy es del gobierno navarro, de allí fui a una clínica. Los últimos 27 años de mi vida he trabajado en la sanidad, aunque en un puesto de personal no sanitario, en administración y demás. Para mí ha sido enriquecedor al máximo, aun a riesgo de que yo en la madera no estaba mal tampoco, pero ha sido enriquecedor al máximo y me he jubilado a los 25 años de estar en una clínica privada, de MUFACE, ASISA, todas esas entidades.

Lo del propio hogar extremeño pues surgió la posibilidad de crear la asociación y formamos un grupo de unos 20, que fuimos el germen, la semilla del propio hogar extremeño de Navarra. El hogar extremeño ha funcionado así, yo he sido su presidente en 3 ocasiones, una vez 1 año, otra 17 y ahora últimamente que estoy también en el 2º año. Nosotros hemos intentado por todos los medios prestigiar a Extremadura en Navarra y también a Navarra en Extremadura, porque esa es nuestra obligación y para eso nacimos y esos son los objetivos que nos marcamos desde el principio y que seguimos en ellos, naturalmente que actualizados, porque no podemos estar con el ay, ay.

Los medios de comunicación nos han proporcionado las herramientas para que la nostalgia de Extremadura sea menos imperativa, puesto que hoy tienes una televisión que te va mostrando cosas. Pero lo que Extremadura necesita es que no salga gente que no quiera que la tierra progrese; eso es lo que yo quiero que no tenga que salir de mi tierra gente que se pueda oponer al progreso, el progreso civilizado es progreso.

Sant Feliu de Guixols (Gerona)

Jacinto: soy de Malpartida de Plasencia, provincia de Cáceres. Estoy en Cataluña desde el año 61. Me vine aquí por la falta de trabajo en Extremadura, que entonces en aquella época existía; soy albañil de profesión, he estado hasta nuestros días, hasta ahora viviendo en San Feliu de Guixols, en la provincia de Gerona. Cuando vine a Cataluña me traje ya dos hijos míos, que son extremeños y después nació otro aquí en Cataluña que es lógicamente catalán.

Yo, estoy contento como estoy y en cuanto al retorno a Extremadura pues yo lo tengo muy difícil, como casi la mayoría de los que estamos aquí, por el motivo de que estamos jubilados, nuestros hijos están aquí y están situados cada uno en su negocio o en su trabajo o, en fin, en su vida cotidiana ya en Cataluña y es muy difícil que retornen a Extremadura.

Pedro: soy de Majadas del Tiétar, provincia de Cáceres, tengo 61 años y me viene aquí muy jovencito, por circunstancias de la vida de que terminé primero de bachiller y allí querían que trabajara mucho en el regadío, sembrando pimientos, tabaco y algodón y luego en invierno con los albañiles. Cosa que no me iba muy bien, por la sencilla razón de que allí se ganaba muy poquito y teníamos que trabajar muchas horas y lo voy a decir muy claramente lo que ganaba de sol a sol, sembrando pimientos y algodón, ganaba 50 pesetas de sol a sol, con 14 o 15 años y luego iba a estudiar de noche. Y aquí me ofrecieron un trabajo que ganaba... me ofrecieron a 12 pesetas la hora, con la misma edad, y precisamente en la primera semana que estuve me subieron a 14.

Estoy muy feliz, estoy muy contento aquí en Cataluña, evidentemente me acuerdo mucho de Extremadura. Tengo una familia de estudiantes en mi casa y todos han estudiado carreras universitarias. Tengo cuatro hijas y están en Barcelona, Mallorca, Gerona y una aquí en San Feliu de Guixols.

En aquella época a los extremeños, sobre todo a la juventud, no la ayudaba nadie, nadie, absolutamente nadie. Y cuando salíamos de Extremadura, tanto nada más que fuéramos a Madrid, porque yo estuve primero en Madrid y en varios sitios más, hasta que llegué aquí a Cataluña, si te portabas bien, con mucho respeto y mucha educación y con formalidad aquí te abrían las puertas, como yo supongo que lo abrirían los que estaban en Madrid como los que estaban en Valencia o iban a Bilbao.

Yo aquí hemos hecho la vida (...) Y nada, que me supo muy mal, que lloré mucho de venirme de allí, pero bueno. De todas maneras lo voy a decir muy claramente, que yo llorar para irme a Extremadura no lo voy a hacer como cuando me vine de allí, porque aquí estoy muy bien y he estado muy bien, que aquello fue bueno, muy bonito y muy grande y a mí lo que es el campo Arañuelo y aquellas vegas de regadío, que fue lo que más yo trabajé de mi niñez y me juventud pues me acuerdo de todo.

Emilio: soy de la provincia de Cáceres, de Santiago del Campo. Me vine aquí a Cataluña, recién casado, en el año 64 me parece que fue y aquí me coloqué, aquí he hecho mi vida, tengo un hijo sólo, lo traje ya de allí de Extremadura, se ha casado aquí, tiene sus hijos y yo con 75 años ya me parece que lo tengo todo hecho aquí.

Sí que me gusta Extremadura y me gusta ir cada año a ver mis hermanos que los tengo allí, pero de lo demás pues no tengo mucho que decir, yo ya mi vida está hecha aquí y me gusta mucho mi Extremadura pero ya lo tengo todo hecho. Y nada más.

(Nombre irreconocible): Yo me vine por el 59, aquí, a San Feliu de Guixols. Trabajé por allí en aquellas vegas en Extremadura, 15 pesetas al día. Cuando empecé a trabajar que tenía 17 años empecé en una carretera que iba a Badajoz. A 17 kilómetros estaba la carretera donde íbamos a trabajar, teníamos que ir a pie, con la carga a cuestas, así que durmiendo y todo que se veían las estrellas. Así que mire lo que le cuento yo de Extremadura. Y en las vegas aquellas de regadío pues me tiré unos pocos de años allí trabajando, ganando 15 y 20 pesetas y 40 ya a última hora. Cuando me saqué el carné, no tenía 3.000 pesetas para sacarme el carné, le tuve que dar al administrador de Plasencia que estaba 2.000 pesetas, y las 1.000 pesetas restantes no se las pagué por malo que fue.

Estuve por Navalmoral de la Mata también trabajando. Y luego en aquellos tiempos me puse en el paro, 700 pesetas al mes y después de aquello me vine para aquí para Cataluña que tenía un amigo, me buscó aquí trabajo, me enganché aquí a trabajar, primero en una carretera, a pico y pala todo el día e hice un pozo, a 21 metros lo hice, todos los días tirando barrena, un muchacho que estaba conmigo y yo. Todos los días tiramos un poco de barrenos y allí tirados todo el día, durmiendo en una casa allí con cuatro uralitas tapadas y todos allí y ni luz eléctrica, agua allí de un arroyo y ya está, era lo que había. Luego me metí a albañil y de albañil pues me he tirado unos pocos de años. Antes de terminar de albañil puse una lavandería aquí, luego me la cambié a Playa de Aro y allí estoy liado todo el día.

Tengo dos hijos, mi mujer es de aquí de San Feliu, mi hijo vive aquí en San Feliu y mi hija vive en ___, y dos nietas, las nietas vienen aquí al colegio a San José.

Antonio: soy de Zafra. Me vine en el 68, tengo dos hijos, una nació en Zafra y el otro es catalán. Y me vine por falta de trabajar. Y los que trabajábamos como yo, de sol a sol, no ganábamos ni para botas. Me vine casado, y ya no tuve más remedio.

Francisco: nací en Deleitosa, provincia de Cáceres. Me vine en el año 59, bueno, mejor me trajeron en el año 59 con 13 años. Y como la mayoría de los demás, a ganarnos la vida, nos ha ido bastante bien. Estoy casado, tengo tres hijos y veo difícil volver para allá, hace lo menos diez años que no he vuelto para allá. No tenemos familiares así directos, ya son tíos y primos un poco lejanos. Y la tierra pues tira, pero estás acostumbrado a la vida de aquí y cuando vas allí, a la semana de estar allí pues echas en falta esto de aquí.

Juan: soy de Deleitosa, me vine en el 54. Nuestra familia además de venir con medio trabajo también tuvo mucha culpa la dictadura de Franco, a mi familia la hizo polvo y estábamos allí que había acabado la guerra y eran perseguidos, perseguidos y molestados y entonces esto influyó, casi más que el trabajo, porque trabajo no teníamos mucho, pero íbamos saliendo. Pero nos sentíamos tan oprimidos que nos vinimos para aquí. Y aquí nos ha ido bien, estamos trabajando y estamos contentos. Yo fui perseguido hasta aquí, después de yo venir aquí tenía que presentarme al cuartel de la Guardia Civil cada semana. Hasta que ya se aburrieron de molestarme y me dejaron tranquilo.

Yo de aquello me acuerdo mucho porque es mi tierra, pero también tengo una cosa dentro que me ha hecho mucho daño, no sé quien tuvo la culpa pero nuestra historia es esa.

Carmona: nací en el 49 y en el 53 me trajeron mis padres aquí a Cataluña. Y a mí me gusta mi tierra, yo he estado todo el invierno allí, pero claro, tengo la familia aquí y estamos contentos. Mis padres se vinieron huyendo de allí porque no había trabajo, y se vino aquí, empezó a trabajar y así levantó a su familia.

Allí como yo he visto no hay trabajo para la gente, he estado todo el invierno y lo he visto, lo he vivido, casi un año entero. Y tienen un granito allí, una cantera muy grande de granito que podía haber más trabajo allí, pero no lo hay. Ahora llega un moro aquí, un marroquí, un inmigrante de fuera y tiene luz, tiene agua y tiene de todo, y antes vivíamos en chabolas, sin luz y sin agua y sin nada. Sí, porque lo hemos pasado muy mal, ahora vivimos bien pero lo hemos pasado también muy mal aquí porque ya digo, a mí me trajeron con 12 años y me pusieron a servir, lo que hacen ahora la gente de fuera lo hacíamos nosotros.

Santa Coloma de Gramanet (Barcelona)

Miriam: tengo 21 años, dentro de poquito 22 y soy hija de un extremeño, soy catalana, mi padre es de Plasencia y mi abuelo de Burguillos del Cerro y nada, todavía no he conocido Plasencia. Yo todas las personas que conozco que son extremeñas se sienten extremeñas, todas, a pesar de que lleven toda la vida en Cataluña; mi suegro, mi padre, un amigo de mi padre, los suegros de mi cuñada, todos; siempre van a decir que son extremeños.

José: soy de Retamal de Llerena y tengo 64 años, me vine con 16 años aquí y desde entonces. Para mí Extremadura y ser extremeño es como la sangre que me corre por las venas siempre, no tengo que hacer esfuerzo ninguno por ser extremeño, simplemente lo soy. Es que no sé si soy diferente, no analizo ese... no me pongo a analizar, cada uno somos como somos pero es que yo no me planteo que para mí sea... es que tengo que seguir siendo extremeño... no me lo planteo.

José: nací en Orellana la Vieja y me he criado en Guadalperales, vine aquí en el año 74. Yo creo que cada uno en el momento de salir tendría su propia peculiaridad, su situación, sobre todo su situación económica y su situación de trabajo. Yo me vine por vanidad, porque se habían venido unos familiares míos y llegaron allí con el reloj de pulsera, con el suéter...

Yo no tenía ninguna necesidad de venirme, mi

padre era ganadero y en aquella época el que tenía ganado, sobre todo el mayoral, pues tenía una posición buena. Teníamos ovejas, cochinos, gallinas, etc. Y yo, además, era un poco flamenco con los ricachones porque cuando me plantaban cara yo les plantaba más. Si yo me pudiera ir ahora, si no fuera por mis hijos y mis nietos, me iría mañana, pero eso ya es muy profundo. Tampoco me voy a morir por no irme, tampoco he ido mucho. Me da un poco de envidia los paisanos de por aquí que han podido ir, incluso los hijos han podido ir, mis hijos no saben siquiera donde está mi pueblo.

Al año de estar aquí todo lo que tenía me lo traje, mi madre, mi padre y 4 hermanos; más que nada porque el campo era muy penoso. Yo con 15 años ordeñaba, con 2 hombres más de 500 ovejas a las 4 de la mañana. He estado casi 35 años levantándome a las 5,30 de la mañana empezando a las 6 terminando a las 14, las 15 o a las16, muchas veces comiendo por el camino.

La verdad es que la familia, la principal familia yo no la he tenido allí, me quedan todavía primos, además los más directos de mi madre, de mi padre también emigraron, o bien fueron a San Sebastián o a Madrid. En cambio este mes he estado una semana en Madrid, donde me queda una única hermana de mi padre y he llevado a mi madre que es la que me queda aquí ya con 86 años.

Elisa: nací en Helechosa de los Montes, vinimos aquí en el 74 y hasta el día de hoy. Yo soy diferente, mire yo estoy aquí y me gusta mucho esto, pero si estoy en mi tierra, en Extremadura, me gusta mi tierra. Me vine porque veía que en mi tierra no me veía realizada en ninguno de los sentidos porque allí lo que había era campo y yo el campo no lo quería. Entonces me vine aquí, había mas trabajo, había mas cosas, me gusta mucho Cataluña porque me gusta y cuando estoy aquí me siento muy a gusto y cuando estoy allí me siento muy a gusto porque estoy en mi tierra, pero yo me siento de los dos sitios de allí y de aquí. Si estoy aquí y hablan mal de mi tierra no me gusta pero si estoy allí y hablan mal de Cataluña tampoco me gusta, eso quiere decir que siento las dos tierras.

Aquí estoy muy a gusto, cuando voy allí también estoy a gusto, pero cuando llevo unos días allí me pide el cuerpo venirme para acá. Y quiero a mi tierra, pero no sé si será que llevo aquí ya muchos años, que he visto otras cosas diferentes a las que hay allí, no sé... hay algo que me tira para acá.

Loli: tengo 31 años, soy catalana de padres extremeños, mi padre es de Fregenal de la Sierra y mi madre de Acedera y los conozco porque he ido siempre, desde que nací. Yo al centro, que está hecho desde hace 14 ó 15 años, llevo viniendo desde que se hizo y por lo que he visto en toda la gente es una forma de mantener el origen, de mantener las raíces, de no perder la esencia. Cada uno es de donde nace y puede sentir lo que ha vivido, la gente que ha venido muy joven, que se ha venido con muy poca edad puede no sentirse de Extremadura y se expresan de otra manera pero la gente que se ha venido con una cierta edad son de allí y no lo pueden evitar y no lo van a negar ni lo van a ocultar, pueden sentir que forman parte de Cataluña, porque llevan muchos años en Cataluña y porque la mayoría tienen ya familia catalana pero sus raíces y su origen es extremeño; uno tiene que saber de donde viene.

Sevilla (Andalucía)

Ángel: nací en Ahigal, provincia de Cáceres, fui a la escuela allí en el pueblo y después me fui a estudiar a Cáceres, y, cuando hice el Bachiller me fui a Salamanca. Estudié Medicina en Salamanca, me fui a Cáceres, estuve en una residencia sanitaria durante año y medio, y después solicité una plaza aquí y me vine porque salieron las plazas de especialidad. Vine a Sevilla en el año 1970 e hice la especialidad de Anestesiología, y he estado aquí trabajando durante 25 años hasta que... antes de darme a mí un infarto entonces me retiraré.

Grande: soy de Navaluenga, un pueblo de Ávila, estudié en el pueblo, después en Ávila hice Magisterio y en aquella época nos mandaban a otra provincia, y aquí nos mandaron a todas las mujeres de Ávila a Sevilla. Estuve aquí dos años en el Saucer, después me mandaron forzosa a Almería, estuve cerca de Mojácar dos años, y ya como conocía gente de Sevilla pedí y me vine para acá. Aquí conocí a mi marido, y ya nos quedamos aquí, nos casamos y cuando pensamos marcharnos nuestros hijos no quisieron. Estudiaron aquí y ya está uno casado que está en Badajoz, es médico en Badajoz, y el otro estudió Económicas y se marchó a Madrid, con lo cual nos hemos quedado solos, y entonces vamos tanto a Cáceres como a Ávila, y allí tenemos nuestras casas porque nos gusta mucho visitar a la familia.

Manuel: nací en Segura de León y mi infancia fue en el pueblo, estudié en las escuelas del pueblo, posteriormente estudié el bachiller elemental en una academia, por libre íbamos a Badajoz a examinarnos. A los 18 años oposité a Telefónica y entré en Telefónica, y estuve aquí en Sevilla haciendo los cursillos y después me fui a Barcelona. He estado quince años en Barcelona, después oposité en un concurso y me fui a Huelva, al año de estar en Huelva oposité otra vez, hice una promoción interna y me fui a Orense. En Orense estuve un año, volvimos otra vez a Huelva y a los cuatro, a los diecinueve años de estar en Huelva me vine a Sevilla, y llevo en Sevilla desde el 2000.

Estoy prejubilado en Telefónica, me prejubilé a los

52 años y estoy aquí y no sé, no digo que no vaya a retornar alguna vez, pero vamos, que estamos muy vinculados con el pueblo, vamos prácticamente todos los fines de semana.

María Elena: nací en Cortegana, en la provincia de Huelva, pero de madre extremeña; mi marido también era extremeño y mis hijos extremeños. Entonces me considero mitad y mitad, no reniego de ser andaluza por supuesto, pero me considero también extremeña. Llegué a Extremadura porque mi madre era extremeña e íbamos con mucha frecuencia, pero realmente vivir en Extremadura fue a los dieciséis años, el Bachiller lo hice en Huelva pero la carrera, yo estudié Magisterio, la hice ya en Badajoz.

Mi movimiento digamos profesional ha sido en Extremadura, hasta que al quedarme viuda con cuatro hijos pues entonces me planteé seguir con ellos para no quedarme sola en Mérida, que era donde vivía. Viví en Badajoz y después en Mérida, y así pues estar un poco acompañada.

Y entonces mis hijos parece que pidieron Sevilla, yo me alegré, porque mi pueblo Cortegana se relacionaba siempre mejor con Sevilla y con la capital Huelva, y vine a Sevilla encantada. Sin embargo el piso de Mérida, donde viví con mi marido y donde nacieron mis hijos, pues lo tengo intacto, no me traje ni un cenicero, porque pensaba volver y vuelvo. Estoy a caballo siempre entre Mérida y Andalucía.

El carácter extremeño me va muchísimo, veo a los extremeños con una sinceridad y una nobleza extremeña, no quiero decir que los andaluces ni otros pueblos no lo sean, pero allí yo me he encontrado muy arropada, muy bien en todos los asuntos, tanto en la alegría como en las tristezas que me tocaron pasar.

José Manuel: nací accidentalmente en Badajoz,

porque mis padres ya estaban en Santa Marta, así que me he educado en Santa Marta. Salgo a estudiar a los 11 ó 12 años a Badajoz y estoy allí hasta los 19 años, después ya salgo, y con mi espíritu aventurero, como la mayoría o muchos de los extremeños, me hace lanzarme fuera, pero sin sentir ni siquiera la idea de emigrante, yo no tengo conciencia de emigrante, sino que a mí lo que me gusta es viajar y correr mundo y ver, no es que tengo que salir por necesidad.

Me marché a Barcelona, estuve un año y medio en Barcelona, terminé allí Magisterio, regresé a Badajoz porque tenía una relación amorosa, así que seguimos esa relación de novios y trabajé en los Maristas. La mili la hice en Canarias, así que tengo que estar allí el tiempo de la mili. Estando en la mili apruebo las oposiciones de Magisterio y me caso, así que nos vamos a vivir a Tenerife, yo encantado de la vida.

Nunca me sentí emigrante en Barcelona, porque siempre el año y medio que estuve allí en Barcelona me quise integrar con ellos, e intentaba hablar catalán y estaba encantado de la vida, incluso pensé quedarme definitivamente en Barcelona, pero bueno, las circunstancias se han ido imponiendo y volví y después en Tenerife también pensaba quedarme allí, por lo menos más tiempo, porque me gustaba Tenerife, era precioso, pero a mi mujer no le gustaba mucho. Aproveché para hacer allí, en La Laguna, Filosofía, bueno la rama de Románica y ya a los cuatro años nos vinimos para acá a Sevilla, y aquí nos hemos quedado en Sevilla.

Vamos mucho a Extremadura a ver a la familia, por lo menos tres o cuatro veces al año Afortunadamente aquí hay muchísimos extremeños, te encuentras casi como en tu tierra, y bueno, tenemos afortunadamente muchos amigos y todo esto. No echo de menos mi tierra, aunque por tener allí la familia pues vamos a verlos y siempre me ha gustado o nos ha gustado estar en contacto con Extremadura, y seguimos manteniendo esos lazos, incluso algunas veces parece que ha ido aumentando ese deseo de tener más relación con Extremadura.

Gonzalo: me vine a La Algaba, un pueblo que está aquí, bueno a una barriada de La Algaba, pude coger lo que quise de Sevilla, venía muy enchufado de Extremadura y entonces escogí lo que quise, un pueblecito de ahí de Sevilla, El Arahal y verán que está allí La Algaba, es un barrio, y en La Algaba pues estuve veinte años de profesor de E.G.B. y siempre estuve en la dirección de los colegios: "Vicente Aleixandre", "Purísima Concepción" y otro colegio, una escuela unitaria que teníamos allí en La Algaba.

En aquella época era fácil hacer labor, porque si yo digo que en La Algaba cuando yo vine, de nueve mil habitantes solamente había tres estudiantes, tres estudiantes de un pueblo de nueve mil, al lado de Sevilla, eso daba el nivel cultural que desarrollaba cualquier pueblo de Andalucía.

Yo venía de Extremadura y veníamos de un pueblo de mil habitantes, éramos ochenta estudiantes, la gente en Extremadura tenía afán de estudiar, trabajar,... y entonces toda esa familia de gentes que estudiamos no nos pudimos quedar en Extremadura, nos mandaban a distintos sitios, por elección o porque queríamos íbamos a Madrid, a Salamanca o a Sevilla. Sevilla yo creo que fue uno de los pocos donde más gente hay, sobre todo de la campiña de Badajoz, muchísima gente, aquí hay enorme cantidad de gente extremeña: profesores, médicos, funcionarios...

Cuando hice el curso de directores en la época de UCD, si éramos 196 haciendo el curso, me parece que eran 87 extremeños, el resto eran o de Zamora o del otro sitio, gentes que queríamos responsabilizarnos allá donde íbamos, coger la dirección de algo para impulsar, para trabajar.

Valencia (Comunidad Valenciana)

Cándido: salí con once años de Extremadura, de Santa Amalia, provincia de Badajoz y me fui a Irún exactamente. Allí estuve unos años y luego me fui a Francia. En Francia estuve unos cinco años, bueno, entraba y salía de Francia con bastante asiduidad. De Santa Amalia salí en el 53 creo. Y al ir a Francia pues pasé unos años allí y luego vine a hacer el servicio militar a España, opté o ir allí o venirme, y preferí venirme porque tenía pensado venirme a España.

Y lo que hice cuando vine fue visitar más nuestra tierra, que no la conocía. Entonces Extremadura, tanto como Valencia que tampoco la conocía, también la visité. Cogí el saco de petate y me fui allí, y entonces me gustó bastante Valencia, por el clima, por la gente muy abierta, y lo que hice pues es cuando acabé el servicio militar me volví otra vez a Francia, a Burdeos exactamente, de allí pues ya empecé a... bueno, vine a casarme a España al pueblo de Carmen, de mi mujer, a Fuenterrabía, al norte, y luego nos vinimos a Valencia, pasamos por Madrid y nos vinimos a Valencia y aquí nos hemos quedado. En Valencia vendríamos en el 62 o el 63. En el 66 me casé.

Natalia: yo salí de Santa Amalia en el 57 aproximadamente. Era una cría, me tuve que ir porque se fueron mis hermanos mayores y como la vida en el campo no podíamos vivir. Y entonces fuimos la mayoría de mis hermanos, que somos ocho, poquito a poco para el norte, a Irún concretamente, y de allí pues con quince años marché a Burdeos. Desde allí en el 67 fui a Valencia porque me gustaba el clima de Valencia, porque Burdeos tiene un clima muy húmedo y no me gustaba. Y aquí pues encontré a mi marido que es manchego y me casé.

He ido a Santa Amalia tres o cuatro veces y tengo cuatro hijos.

Pedro: la primera vez que salí de Santa Amalia fue con veinte años, que me fui a Alemania. Estuve allí hasta principios del 66 que me vine a hacer el servicio militar, después ya tuve una estancia aquí en Valencia de aproximadamente, bueno, hasta el 71 exactamente, o sea, que en el 71 me volví a marchar otra vez a Alemania, al año vine y me casé con mi señora, me la llevé allí también a Alemania, estuvimos allí hasta el 76 y después pues nos vinimos aquí a Valencia, yo ya vine directamente a trabajar por España y aquí estamos ya prejubilados.

Tenemos dos hijas, una nació en Don Benito, porque traje a la mujer, la mandé por avión para que naciera aquí. Y la otra pequeña ya nació allí en Valencia.

Felicitas: Yo vengo de Cáceres, de Huélaga, pegado a Coria y pegado a Moraleja. Me casé de 22 años, estaba aquí mi marido. Él se vino a los 17 ó 18 años. Y nos hicimos novios y nos casamos en el 75, cuando él tenía 26. Y me vine y hemos vivido aquí en Valencia estupendamente, tuve dos hijos. No he trabajado fuera, en casa a veces faena de esta que llevas a casa de costura y cosas de esas y tal, pero no he salido a trabajar fuera. Muy bien, no fue muy difícil, y estamos aquí muy bien, muy a gusto.

Mi marido antes trabajaba en una empresa, pero después ya se hizo autónomo, tiene un negocio de equipos de televisión. Vino porque eran muchos hermanos, eran siete hermanos y sí, su padre tenía un poquito de tierras, pero claro, tenían que salir, no era bastante para todos, entonces tenían que salir para trabajar en el campo, que era muy sacrificado y no daba lo que quería, y querían coger otra posición, pues se vino, poco a poco se vino el mayor, después fue trayéndose a los demás y así. Había cinco, porque son siete, había cinco. Se fue Cándido que estuvo aquí muchos años, se vino antes que mi marido y se fue, y después estuvo Fernando y

Fernando se casó y se vino, y vino mi marido con él, y el José fue también... Y el Chato también estuvo aquí, y ahora es alcalde del pueblo. Y aquí ahora hay cuatro y allí tres. Estuvo también mi suegro aquí un tiempo, un año o así viviendo, pero después se fueron también, vinieron a probar, pero no les convenció mucho.

Zaragoza (Aragón)

Antonio: soy de Villafranca de los Barros, vine el 11 de diciembre de 1955, yo trabajaba en el campo allí, pero como no veía porvenir en ningún momento pues lo que tardé en venirme aquí a Aragón.

La llegada mía fue porque estuvo mi cuñado haciendo la mili aquí y después se instaló aquí, se trajo a la madre, a mi novia por entonces, que hoy es mi señora hace muchos años y después me tuve que colocar, trabajé en varias empresas hasta que en el 65 entré en una empresa filial de FIESA y estuve trabajando, pintando los ascensores, limpiando las cabinas y todo eso hasta el 83 que me cerraron la empresa, estuve 2 años en el paro, me tuve que jubilar a los 60 y hasta la fecha que tengo 81 años de edad, nací el 22 de mayo de 1927.

Cuando vine no tuve ningún problema, busqué varios trabajos porque entonces estuve trabajando mayormente por horas, porque entonces se usaba mucho el asunto ese de trabajar por horas, estuve en 2 empresas trabajando por horas, hasta que ya al final entré en la empresa esta que estaba afiliada a FIESA y ahí ya me metí todas las primas, horas, sueldo y todo en nómina.

Para encontrar vivienda tampoco tuve problemas, porque de momento que nos hicimos el matrimonio que ya empezamos ahorrar algo y eso lo primero que hice fue comprarme un piso, me costó 70.000 pts, en la calle Zaragoza la Vieja, estuve 4 años allí, luego lo vendí y compré uno que es donde vivo yo actualmente. Luego después me compré un terreno de 1.500 metros que lo tengo en Santa Fe; también tengo una casa en ______, y esa es la vida que he estado haciendo.

Y en el trato no había diferencias, bueno siempre hay rencillas de alguien que te dice que si eres andaluz que si eres esto, que si eres lo otro y yo en plan de broma le contestaba y había discusiones a veces pero nada más, otra cosa no. A mí me fue bien hasta la fecha.

Ana: soy hija de emigrantes extremeños porque mis padres son de Acebo, de un pueblo de Cáceres y mis padres no vinieron directamente aquí, mis padres cuando emigraron fueron todos a San Sebastián, además, toda la familia de mis padres, lo mismo que la parte de mi madre que eran 13 hermanos que quedaron al final en 8 porque las circunstancias de la vida en aquel entonces eran un poco peculiares y morían muchos niños. Los 8 hermanos emigraron todos a San Sebastián.

La situación después para venir aquí fue que mi hermano era alérgico a la humedad y tuvimos que cambiar de sitio y entonces, estamos aquí por esa situación, por la enfermedad de mi hermano pero, en realidad, mis padres emigraron a San Sebastián.

Tuvieron muchos problemas, muchísimos, yo me acuerdo, cuando era pequeña de vivir en casa con mis abuelos, mis padres en otra habitación y los hermanos pequeños en otra habitación, era una casa de cuarenta y tantos metros y a mí me hace mucha gracia cuando oyes: los extranjeros vienen y viven mal; pues yo eso me acuerdo, yo tengo 41 años y eso lo he vivido y la situación en San Sebastián era distinta y los trabajos, en principio, peores eran para los emigrantes, luego se han ido adaptando y la situación cambió, pero en principio y, sí, allí por cuestiones políticas se habla mucho de que éste es extremeño, bellotero, sí que existía mucho, incluso yo que soy de San Sebastián, nacida allí decían que yo era extremeña por situación de sangre y demás, cosa que aquí en Zaragoza no lo he sentido, a lo mejor porque al ser mayor ya es diferente.

A Zaragoza llegué en el 78. La integración en Aragón ha sido estupenda, también porque la situación ha sido distinta. Mi padre lo bueno que tuvo es que como era carpintero enseguida encontraba trabajo y, la verdad, que no le faltó nunca, incluso dejó el trabajo para venirse aquí por la situación de mi hermano, pues había que salir de allí como fuese y salimos

Eladia: soy de Hervás, salí a los 18 años recién cumpliditos y marché con mis hermanos a Madrid, en primer lugar se fue el mayor y luego fuimos saliendo, él nos fue atrapando, digamos, por las circunstancias que había. Yo problemas en Extremadura no tenía, la situación de mis padres no era mala pero, claro, éramos 8, entonces para estudiar 8 no había un plan de estudios en Hervás, no había, ahora gracias a Dios sí lo hay.

Yo estuve en Madrid trabajando 3 años y tuve la gran suerte de encontrar a mi novio que es ahora mi marido que es también de Hervás y es militar. Nos casamos en el 75 y tuvimos que venir a Zaragoza por cuestiones de su trabajo. En principio pensamos estar 2 años y después irnos a un sitio más cerca de Extremadura, pero la vida militar no es lo que quieres si no lo que viene de arriba. No pudimos ir más cerca, mi idea era ir a Badajoz que hay una base militar o a Salamanca pero cuando hubo una posibilidad de ir mis hijas ya no querían ir, entonces era una lucha entre nosotros y nuestras hijas y decidimos quedarnos aquí porque mis hijas tenían 14 y 15 años, su mundo ya lo tenían aquí y nosotros teníamos que plantearles uno nuevo allí.

Por nosotros no habría problemas de volver porque yo tengo todavía hermanos allí, tenemos allí 8 hermanos, no habría problemas por parte nuestra pero por parte de mis hijas sí y por los estudios también, entonces decidimos quedarnos aquí y aquí seguimos.

Manuel: soy de Mérida, nosotros vinimos en el año 79, cuando el cierre del Águila, la Heineken compró Águila, solo dejaron 4 fábricas en toda España y nos tocó Zaragoza, estaba la posibilidad de Granada, de Madrid y por sorteo nos tocó aquí en Zaragoza, por suerte.

Yo vine con mis padres, era un chaval, ya tenía novia y mi mujer es de Mérida, lo pasamos bastante mal, 3 años de noviazgo duro, de la distancia, pero lo superamos y nos casamos y me la traje para acá.

Yo no había terminado de estudiar, tenía 17 cuando nos vinimos aquí y, claro, no habías terminado ni el bachillerato, la verdad que se truncó un poco todo porque mis expectativas y mis sueños eran hacer una carrera, estudiar, pero la situación de la distancia me replanteó el empezar a trabajar. Ella estaba allí y dije: a trabajar, nos juntamos y a tirar para adelante.

Aquí en Aragón, mis padres... la fábrica estaba en un pueblo de aquí que se llama Casetas, mi padre quería comprar un piso y lo compró aquí, en el centro de Zaragoza, sí que había posibilidad porque El Águila daba ayudas o subvenciones o sea que el piso no le costó mucho. La fábrica ayudaba, a la gente desplazada la ayudaba y a mi padre, si el piso costaba 20 pues igual le costó 10. En cuanto pude nos casamos, me compré también una casa, una ganga la verdad que salió, muy barata, por un millón y medio, eso como la lotería, que me tocó. Empecé a trabajar en seguridad y hasta la fecha, tenemos 2 hijos, el mayor tiene 10 años, recientes y mi chica que tiene 4 años, que fuimos a China, muy bien todo.

Antonio: tengo 75 años y empecé a estudiar en la escuela de comercio de Badajoz, hice primero allí, en Badajoz y en continuación con aquello era la escuela pericial, aquí en Zaragoza y terminé el profesorado mercantil, bueno, con la idea de que al terminar profesorado marcharme a Extremadura, esa era la idea inicial, lo que pasa es que, claro, vino una moza de Zaragoza y me quedé, me quedé en Zaragoza.

Yo vine en el año 48, tengo un par de chicos, un chico y una chica, y cada uno de los hijos tiene chico y chica también, no nos hemos planteado, creo yo, el volver a Extremadura.

Basilea (Suiza)

Dorian: mi madre es extremeña, mi padre catalán y mi abuelo andaluz. Nací en Basilea, 1983. He hecho todos los estudios aquí en Suiza, aquí he hecho mi vida, he aprendido mi profesión y me he criado como cualquier otro suizo. Soy técnico de refrigeraciones, me dedico a arreglar y a hacer el mantenimiento de aires acondicionados y climatizaciones...

Nunca ha sentido problemas ni ningún tipo de discriminación, ni siquiera en la etapa escolar, por no ser suizo, o serlo de segunda generación como se suele decir, nunca. No sé si es porque me he criado en un barrio que había bastantes extranjeros, pero nunca me he sentido discriminado. Creo que también nos hemos integrado bien, me he criado con suizos.

Nunca he tenido problemas con el idioma. Mi padre llegó a Suiza con dos años y siempre me habló en suizo y mi madre en español. Hablé español en casa primero y luego el alemán ya con los amigos y al empezar la escuela. El hecho de hablar los dos idiomas no me da ventaja a la hora de encontrar trabajo. En mi profesión no le saco provecho a tener más idiomas porque no me hacen falta. Vivo en un sitio donde conviven muchas lenguas.

Yo me siento español pero también me siento no suizo pero sí de Basel, de KleinBasel, es lo que más me siento. Me siento extremeño porque lo he 'mamao' en casa, mi madre es muy extremeña. He estado en Extremadura y en otros sitios de España pero con Extremadura me siento más identificado por mi madre. Cuando voy me encuentro bien, de lo extremeño me encanta el jamón, la gente del pueblo de mi madre o de Cáceres que es muy agradable, muy abierta. Aquí me siento bastante español de Basel, y cuando voy a Extremadura me siento un poco extraño. Y más en mi pueblo, que se conoce todo el mundo, "esa cara es nueva, a ese no lo conocemos". Tú si quieres ser un buen extremeño tienes que decir: "jigo, jacha y jiguera".

Estuve por última vez en el 2004, no había visto nunca la Semana Santa. Voy de tarde en tarde, cada 4 ó 5 años, solo voy si están mis padres allí; tenemos una familia muy amiga.

Carmelo: Me vine en el 67. No recuerdo qué edad tenía. Nací en el 42. Antes di un salto breve a Bilbao, estuve unos días y partí a la mili, a Menorca. Después de la mili, estuve en Barcelona y Tarragona, trabajé un año en la AEROCAR. Me quedé allí un poco más. Y después tres meses en Madrid buscándome a mí mismo.

El salto a Basilea no fue desde Madrid, de allí me fui a casa otra vez, otra temporada. Poco después vine con contrato a trabajar aquí. Tenía familia aquí y me mandó un contrato. Y aquí vine, en el 67, poco antes del mayo francés. Y fui feliz hasta que me dio el infarto cerebral en el año de las torres gemelas, el año del "jamacuco", el 2001 a mediados de enero; tenía 59, casi 60 años, me dio un ictus.

Con el idioma, ningún problema no lo hablo y ya está. Lo más duro fue el clima, mucho frío. Aquí siempre, más o menos, hubo alguien de la familia, sí. Fuimos hasta cinco 'la tribu de los Pereda', como la letra del tango "eran cinco hermanos".

Me casé con una chica de León, y trabajé de albañil desde el primer día hasta el último. Tuvimos un hijo, nacido aquí, educado ya aquí, en la escuela suiza. Está bien situado, integrado ya, trabaja aquí en la química porque hizo el aprendizaje de químico o algo así.

Yo dejé de trabajar después del ictus, me dieron de baja en el servicio, yo pedí la invalidez. Llevo unos años, por desgracia, de la invalidez hasta la jubilación, sin trabajar. No pensé en volver a España. Sí, trabajando se puede estar aquí, y cuando uno está enfermo se está mejor todavía. ¿Para que voy a dar yo a Extremadura un inválido?

Mi mujer trabajó al principio. Después tuvimos el niño y dejó de trabajar. No sé, se creía conveniente. Así lo creía ella, que es la que lleva la voz cantante en casa. Hasta que el niño tuvo doce años y dijo que se ponía a trabajar, que ya estaba harta de estar en casa. Fue absolutamente por su iniciativa. Y se puso a trabajar hasta hace tres meses, que se puso su madre mal y hacía falta alguien que estuviera allí – en España y se le ocurrió que estaría bien ir a cuidar a su madre porque estaba muy mal y se despidió del trabajo, ahora no trabaja.

Fue a cuidar a su madre a León hasta que se murió, iba y venía, casi un mes allí, cuatro o cinco días aquí. Le pegaba un 'arreglón' a la casa y un poco al personal y se volvía otra vez a ir, y así hasta que la madre murió. Todavía no tengo nietos. Bueno, no sé, el chaval no tiene ninguno reconocido por ahí. Y si él no tiene prisa a mí que me revisen.

Derek: nací el 24 de marzo del 82 en Basilea, hijo de Susi, extremeña, y Balti, catalán. En casa hablo suizo con mi padre y español con mi madre. Estudié aprendizaje administrativo, ahora trabajo en una gestoría. No he sentido problemas de racismo, no directamente, discusiones de gente o de compañero que discutan sobre extranjeros, pero hoy en día cuando hablan de extranjeros los españoles no estamos incluidos; ni españoles ni italianos. Nosotros estamos integrados, ahora los extranjeros son los yugoslavos, los turcos, los albaneses, los tamiles que proceden de Sri Lanka, son gente muy trabajadora y se van integrando, además hay muchos cristianos.

Me he educado con dos idiomas con mi madre en español y con mi padre en alemán. Esto me ha dado facilidad para aprender otros idiomas. El hablar varios idiomas me facilita mucho el estar en ciertos departamentos del trabajo; por ejemplo, ahora he estado hablando con el mercado francés, español y portugués. Hablo el español y además de lengua materna y paterna, el francés lo hablo casi perfecto, el inglés, el italiano, el portugués. Me beneficia mucho, sí. Puedo comunicarme con muchísima gente sin problemas.

Bruselas (Bélgica)

Juan Antonio: soy extremeño, nací en Don Benito. Todos mis antepasados son extremeños. Yo vine aquí a Bélgica en el año 1964, pero ya fui emigrante en España, mi familia emigró a Asturias. Con 9 ó 10 años, fuimos a Asturias, emigrantes en Asturias, y de Asturias en el 64 emigramos aquí a Bruselas, el 29 de octubre del 64.

Yo soy tipógrafo, aprendí el oficio en Asturias y tuve mucha suerte cuando vine a Bélgica a trabajar en mi oficio, cosa que no ocurría en la época, porque la mayoría de la emigración o bien iba a fábricas, o bien antes del 60 a las minas. He tenido actividades cuando era más joven, tengo 63 años, a escala de asociaciones aquí en Bruselas.

Tengo dos hijas, las dos nacidas en Bélgica, una de 36 años y otra de 35, abuelo de dos nietos, y la vida puedo decir aquí en Bélgica, para mí fue muy rica porque estuve siempre en el sistema asociativo, participé en partidos políticos después cuando la dictadura en España, o sea, que tuve una vida bastante..., no agitada porque lo hacía con placer. Muy entretenida, de la cuál estoy muy contento.

Había mucha más emigración que hay en la actualidad, porque a medida que se va cogiendo la pensión, la gente retorna. No es el caso nuestro, ni el caso por ejemplo de muchos españoles aquí que tienen a los hijos y bueno, nos retraen, si no, nosotros nos podíamos ir porque yo ya estoy pensionado.

Y es verdad que hoy día pues hay menos gente,

hay menos extremeños, muchos han retornado, yo conocía a varias familias en Bilborde, aquí también hay en Bruselas, lo que pasa es que el contacto actualmente es muy limitado. Hoy día se suele vivir, en los años 2008, se suele vivir un poco independientemente, hay algunos clubes asturianos que yo frecuento algunas veces, porque como me crie en Asturias también, pero normalmente la emigración no es el contacto que había en los años 60, hasta los años 70 y 80. Antes era mucho, era un contacto enorme, y luego la solidaridad era tremenda, porque llegaba uno aquí y te decía: ¿y tú dónde trabajas? ¡Ah!, pues yo voy a buscar trabajo en la fábrica.

Esther: soy de la Roca de la Sierra, me vine aquí porque trabajo en la Comisión Europea, aprobé una oposición, me vine pues porque el trabajo era aquí, y si hubiera sido en otra ciudad me hubiera ido a otra ciudad. No me costó mucho, no me costó nada, la verdad, porque yo estaba acostumbrada a vivir fuera de casa de siempre, porque yo estudié en Madrid, bueno, estudié en Cáceres de pequeña, después me fui a Madrid, después estuve en Francia un año, volví a Madrid, he estado siempre fuera de casa, no me costó nada. Y me vine por trabajo, además super contenta, no tenía ningún problema.

Tengo contacto con Extremadura, porque mis padres y toda mi familia están en Extremadura, están todos en Badajoz o en el mismo pueblo, así que sí me voy todas las vacaciones. Yo contacto con extremeños aquí tampoco tengo mucho, pero porque yo llevo sólo tres años. Cuando llegué como tampoco conocía a nadie, estaba buscando puesto en la Comisión, pues alguien me dijo que viniese a la oficina a preguntar a la directora, que me podían dar nombres de alguien; entonces me pasé por aquí y me dieron un montón de nombres de extremeños, me dijeron contáctales porque a lo mejor te pueden dar, dirigir aquí para un puesto o allá, y la verdad es que me ayudaron bastante. Me ayudaron, al menos me recibían y muy bien.

No tengo mucho más contacto con extremeños aquí, la verdad, porque yo tengo muchos amigos españoles, pero son cada uno de un sitio y todo eso, pero no tienen por qué ser extremeños. El asociacionismo que dicen que había antes, es verdad que ahora no la hay, pero porque no hay el mismo tipo de emigración, yo lo veo en mi caso concreto; yo lo ví cuando yo llegué, justo conocí a un extremeño, me dijo, ve a la oficina que ahí te van a presentar a más, y es lo mismo, y todo el mundo te recibe y súper simpáticos e intentan que te integres y vente aquí, vente allá, te invitan a todo y es a nivel más pequeño, pero bueno.

Carmen: tengo 25 años, llevo un mes en Bélgica y soy de Cáceres. Salí de Cáceres con 18 años, estudié la carrera en Madrid durante 5, he vivido dos años en Málaga, el último año lo he dedicado a estar viajando, Malta, Dublín, Manchester, por todo donde podía, y luego me surgió la oportunidad de coger esta beca. Vine a Bélgica por casualidad, porque convocaron la beca, pero siempre he querido venir aquí porque estudié Derecho Comunitario Europeo y era algo que siempre me ha atraído. Y en cuanto a periplo vital, mi beca es de un año prorrogable a cuatro, y pues como el resto de mis años de mi vida, como nunca sé dónde voy a acabar ni dónde voy a parar, no puedo adelantarte nada sobre el futuro.

José María: soy de Plasencia, pero he vivido allí muy poquito tiempo. Me fui a vivir a Zafra y allí estuve viviendo hasta los 18 años. Soy periodista de profesión, me fui a estudiar periodismo a Salamanca, allí me quedé a vivir, allí se trasladó mi familia.

Familia extremeña la tengo pero residente en Extremadura ya no tengo. Estuve trabajando varios años en Salamanca, luego estuve trabajando primero en medios de comunicación, luego en la Universidad de Salamanca, y gracias a la Universidad de Salamanca hay un vínculo con una Fundación Extremeña, que es la Fundación Academia Europea de Yuste, tuve una beca de investigación de tres meses, me vine para tres meses en septiembre de 2005, y estamos en noviembre de 2008 y todavía no me he vuelto para allá. Cuando se me acabó la beca de investigación me salió una beca aquí en la oficina, luego un contrato, aquí estoy y aquí me quedo, porque me casé cuando vivía aquí, me casé en España pero cuando vivía aquí, tengo una esposa alemana que trabaja en Bruselas, en la Comisión Europea, y una niña de un mes, mitad española extremeña, mitad alemana. Legalmente española y alemana, cuando tenga 18 elegirá qué quiere ser y supongo que... bueno, no sé, querrá ser también un poco belga porque al fin y al cabo va a ser lo que vive. Si es por su padre que sea española, la niña.

Relación con extremeños por supuesto mucha, porque todos los que estamos aquí en mi lugar de trabajo, en la oficina de Extremadura en Bruselas, todos o prácticamente todos somos extremeños, tenemos la posibilidad de contactar por trabajo o por otra serie de historias con gente de Extremadura, con lo cual aunque conozco mucho español y conozco mucho no español, la mayoría de la gente con la que me muevo son extremeños.

Posibilidades de estar en contacto con Extremadura muchas por trabajo, tanto a distancia, sobre todo digital, cuando por lo menos por trabajo dos veces al año y suelen ser bastantes más, me desplazo hasta Extremadura a pasar temporadas, por lo menos una semana, con lo cual sigo en contacto con la tierra de una u otra manera. Además, aquí por trabajo en la oficina recibimos, prácticamente semanalmente, sobre todo desde después de navidad hasta julio, visitas de gente de Extremadura, con lo cual constantemente estamos en contacto con lo que está pasando allí.

Rufino: soy extremeño, de Cáceres donde tengo toda la familia, donde he estudiado el Bachillerato y en la propia Universidad, hice Historia.

Me casé, hice una oposición a la Junta de Extremadura porque toda mi vida me ha gustado el tema de archivos, documentación, he trabajado en ello en España, en la Junta, en España era jefe de sección de patrimonio histórico artístico de la Consejería de Cultura, con lo cual un poco los temas del patrimonio de cultura los tengo bastante evidentes. Luego tuve la gran suerte de en un momento dado de mi vida poder opositar a una plaza para las instituciones europeas, en ese caso fue el Parlamento. Aprobé sin plaza, pero quedé como una bolsa ahí de trabajo de vez en cuando me decían, ¿sigue usted interesado?, sí, sí, sigo interesado. En ese momento yo estaba en un momento provisional de intentar conseguir un poco más en la propia región, pero mira por dónde ya casado, estabilizado, con un niño, llegó la oportunidad de oro que fue el Consejo. Es decir, el Consejo requería la presencia de un técnico, porque es evidente que las instituciones europeas están bastante faltas de técnicos especialistas, o sea, tienen muchos lo que puede ser decir mucho auxiliar, mucho administrativo, pero técnicos en las materias tienen muy pocos, y además que no se encuentran. Entonces por ejemplo en ese trabajo, ahora en el trabajo necesitamos técnicos y realmente no hay una oposición específica. Se ha solicitado pero aquí como va la cosa tan lenta, por lo menos hasta dentro de dos años no saldrá una oposición específica.

El Consejo me llamó, estoy bastante contento porque trabajo en lo que siempre me ha gustado, en un ambiente multicultural, multilingüismo, quiero decir que por ejemplo en mi servicio estamos 30 personas y cada uno pertenecemos a un país, pero no hay ni el más mínimo problema de comunicación, de relación, te cuenta, le dices,...... Y por el momento pues eso es todo.

Posibilidades, evidentemente esto me ha traído,

no solamente por mí, sino precisamente por mi mujer y mi hijo. Mi mujer también era funcionaria de la Junta, aquí está en excedencia, está disfrutando la vida, nunca mejor dicho, y las posibilidades que tiene mi hijo aquí a nivel de todo, de comunicación, de aprendizaje, de cultura en general, yo no sé si conocimientos tendrá más o menos que un niño de España, lo que sí puedo decir que este tipo de niños con 10 años están bastante más espabilados que en España.

Aquí desde pequeñito y lo estoy viendo por niños que van ahora mismo a guardería, los hacen vestirse, desvestirse, estar sin padres, y eso se valora. Es un aprendizaje desde pequeño. Mi hijo viaja por toda Europa, viaja solo con su clase, pero no he tenido el más mínimo problema a estar con los padres, y le dices vente a casa, te viene, vete a Francia, te vas a Francia, ahora mismo va a hacer un viaje cultural porque está en lengua francesa también, y se va con niños cada uno de un país y no tiene mayor problema, o sea, eso no está pagado.

Posibilidades de retornar a España, evidentemente yo lo tengo fácil y mi mujer, es decir, somos funcionarios en excedencia. En cualquier momento, como yo digo, me enfado aquí con el jefe y digo, ahí os quedáis. Extremadura me tira mucho, sigo yendo cada vez que puedo, sobre todo en las grandes vacaciones no falta el ir de vacaciones, entre otras cosas tengo toda mi vida allí, es decir, la familia, los amigos, los compañeros de universidad, todo eso está ahí.

Pero ahora por lo menos mi visión es trabajar aquí, tienes muchísimas más posibilidades. Me puedo jubilar antes, es decir, con todas las posibilidades, a mí me han hecho el cálculo ahora mismo en el Consejo, me jubilo con 61 años, gano cuatro años, me voy con más pensión, me voy con más experiencia, o sea que en principio no tiene parangón, la vida puede cambiar en cualquier momento.

Pero vamos, yo a Extremadura la verdad es que la siento, es mi identidad, Extremadura se siente por muchísimas cosas, una de las cosas es nacimiento, te has criado allí, estás y además estoy viendo a Extremadura ahora en un momento bastante bueno, es decir, yo he ido viendo cómo ha ido evolucionando Extremadura, cómo era antes de la democracia, cómo fue con la democracia y cómo está ahora y no se parece en nada a hace 30 años.

Y además Extremadura sigo diciendo que es la gran desconocida absolutamente en todo. El año pasado tuvimos una experiencia con la oficina que nos facilitó información de todo, que fueron los 50 años en la escuela europea y de verdad, es que daban ganas y te sentías orgulloso de tu tierra, porque empezaban a ver fotos y decían, ¿pero eso dónde está, eso está en España, y dónde está Extremadura, y hay aeropuerto?, se preguntaban, y es que eran bellezas lo que se veía. Y es que falta a su vez una gran difusión de Extremadura aquí en Bélgica, o sea, como decía el propio presidente, ya está bien, hemos recibido dinero, pero es que nos tenemos que presentar nosotros también, nos tenemos que presentar con proyectos, que yo creo que los hay, los hay a patadas, y de verdad que no le estamos sacando todo el rendimiento. La oficina hace lo que puede, pero realmente desde Extremadura no se conoce, y muchas de las decisiones se están tomando aquí, a diario. Hay que adelantarse a los tiempos, como el tabaco. Ha llegado el tabaco pero es que ha llegado y se sabía que iba a llegar, pero es que nos tapamos los ojos y decimos esto sigue, sigue, sigue, y es que señores, se acaba. Y como este pues otros muchos. Pero bueno, seguiremos adelante.

Ana: soy de Cáceres y estudié en la Universidad de Extremadura, incluso fui profesora en la Universidad de Extremadura unos años y conozco a Artemio y a Miguel de allí. Cuando terminé mis estudios de Economía en la Facultad de Ciencias Económicas fui a estudiar a Inglaterra, a la Universidad de York, a hacer el Doctorado.

Una vez que sales de Extremadura, es muy difícil volver porque toda esta vida internacional es atractiva, interesante. A mí me picó el gusanillo, conocí gente que trabajaba en Bruselas y me animé a hacer una oposición y bueno, pues no sé, tuve la gran suerte o la mala suerte de poner las crucecillas en el sitio donde había que ponerlas y terminé aprobando y terminé viniendo a trabajar a Bruselas hace ya seis años, trabajo en la Comisión Europea y nada, estoy muy contenta, me gusta mucho, es una ciudad y un país muy interesante. Pero de todos modos soy muy, muy extremeña y sigo yendo muy a menudo a Extremadura, cada tres semanas o cuatro, voy para allá.

Alicia: soy de Badajoz, y llevo en Bruselas desde el año 2000. Estudié en la Universidad de Extremadura, en Badajoz, y en el tercer curso me fui de Erasmus a Inglaterra y me gustó mucho la universidad allí, me quedé y terminé mis estudios allí. Regresé luego a Aragón, estuve como tres años allí y al final por historias personales acabé aquí en Bruselas y ahora trabajo en la Comisión Europea.

Trabajé primero fuera de la Comisión, o sea, que he conocido un poco la vida..., las dos vidas, como decimos los que estamos en la Comisión, lo de dentro y lo de fuera. Y ya estoy aquí super establecida, tengo mi casa, compré mi casa aquí, compré otra casa en Badajoz también, porque extraño muchísimo Badajoz y me gustaba, siempre me encantaba ver el caso antiguo y me encanta volver allí y tener mi casa y no perder la raíz esa. Y aquí lo peor que llevo es el tiempo, lo llevo fatal, fatal, fatal, no me acostumbro ni me quiero acostumbrar, no me quiero acostumbrar, porque si me acostumbro ya me muero, ya no necesito salir, y yo sí necesito salir, sí necesito siempre volver para allá.

Y nada, eso es la parte internacional, la cantidad de gente distinta y también igual, que encuentras aquí.

Yo no siento que estoy en Bélgica, yo siento que estoy en Bruselas; igual en otra ciudad belga, belga 100%, yo no hubiera aguantado ni un mes, vaya. Sé que estoy en Bélgica, pero tengo conciencia de que estoy en una ciudad que es un poco de todo el mundo. Entonces eso hace que te sientas menos de fuera, porque es que casi todo el mundo es de fuera.

Lucerna (Suiza)

Nieves: me llamo María de las Nieves Cuatrocoso Sánchez, Sánchez por mi marido, porque aquí se coge el apellido del marido. Nací en Jarandilla de la Vera, Cáceres, en el 64, y me crie hasta los 5 años con mi abuela, allí en Jarandilla, donde estaba muy feliz, muy contenta, y a los cinco años mis padres vinieron, o sea, ellos emigraron cuando yo tenía un añito a Suiza, porque mi madre me contaba que no tenían dinero para los medicamentos y que tenían que emigrar, y a mi padre le dieron un trabajo y vinieron.

Y entonces a los cinco años ya volvieron a recogernos a mí y a mi hermano que habíamos nacido en España. Al venir a Suiza pues nos encontramos con una hermana, bueno, ella nació en abril del 69 y nosotros vinimos en octubre del 69, entonces ahí claro, para mí fue más o menos como un shock, porque tierra nueva, padres que los conocía sólo de las vacaciones y una hermana también que tampoco la conoces tanto, entonces el idioma, o sea, todo era para mí muy raro. Y sobre todo echaba de menos a la abuela, que era mi madre.

Así empecé, me metieron en una escuela, o sea en el kindergarten como se dice aquí, y ahí sé que no hablaba, no quería hablar con nadie y lo pasé mal, porque creían que estaba enferma, y yo lo que me pasaba era que era raro todo para mí. Y entonces me llevaron a un psicólogo y dijeron que estaba todo muy bien, que yo era una niña que necesitaba más tiempo y entonces pues así fui haciéndome a la escuela, pero lo pasé mal también porque yo conocí también que aprendí a hablar el suizo perfectamente, pero en casa mi padre es muy español, muy autoritario también, y él decía, aquí sólo se habla español, y claro, al aprender el suizo pues entre los hermanos de vez en cuándo hablábamos suizo y entonces mi padre se enfadaba mucho.

Y así estuve luchando y en la escuela pues oía muchas veces decir a las madres suizas, no juguéis con esta chica que es extranjera. O sea, que todo eso lo he vivido yo también, pero he luchado y he seguido adelante y con los deberes no me podían ayudar mis padres, claro, porque no sabían el idioma. Pero al fin y al cabo yo he salido adelante. Y después yo sé que cuando llegué, o sea, cuando ya vino la adolescencia y todo eso, ya mi padre me decía, tenía amigos suizos, italianos, pero españoles yo no conocía casi, y entonces mi padre muchas veces me decía, tú te tienes que casar con un extremeño. Pues yo no sé dónde lo voy a encontrar aquí, me decía, si sólo conozco suizos e italianos. Y tenía un gallego, no le gustaba, tenía un catalán, no, italiano no, él quería un extremeño. Pues nada, tenía que ser lo que él decía y yo no quería.

Y por casualidad él trabajó con un extremeño y entonces nos conocimos y dijo: va a salir su hijo en la televisión, en la Telerevista, y entonces yo al verle, yo me reía, dije: ja, ja, mi marido. Yo primero no le quería, no por su culpa, pero como mi padre muchas veces me decía esto y esto, yo decía, no, pues este no. Pero al final dije mira no es como los otros, es buen hombre, y... a partir de entonces conocí a mi marido y a su familia y empezó aquí en Suiza mi vida más bonita, que es cuando empezó mi vida realmente, porque yo antes tuve muchos problemas también de identidad, qué soy. Yo lloraba muchas veces, le decía a mi madre, mamá, ¿qué soy, española o suiza?. Yo iba a España, a Jarandilla y me decían ya vienen los suizos, estaba aquí y decían los extranjeros. Yo muchas veces lloraba porque yo no sabía ni lo que era.

A partir de cuando conocer a la familia de mi marido, cambio todo, me querían un montón sus padres, o sea, me quieren, y me acogieron muy bien, y era diferente a mi familia, es otra cosa, otro ambiente, soy muy feliz. Nacieron mis hijos aquí en Suiza, Carmen y Jennifer, y a Jennifer le dije siempre, le quería poner Jennifer porque quería ese nombre y Carmen quería que tuviera algo español también, y por eso le puse Carmen. Ella es más joven.

Hoy en día no tengo problemas ya con los suizos ni que me ven como extranjera ni nada. Hoy en día me siento a gusto, aunque eso de la identidad queda siempre un poquito, me siento como las dos cosas pero siempre la sangre y el temperamento y lo que llevo dentro, algo muy profundo, eso es más español. O sea, es como decir de Extremadura o de España mismo.

Manuela: me llamo Manuela Ruiz, nací en Campanario que no lo conozco, porque mis padres trabajaban y se marcharon del pueblo. Yo lo que más recuerdo es de Valdelacalzada, que fue un pueblo de colonización, que mi padre era jefe de almacén de colonización. Cuando tenía ocho o diez años, fui a otro pueblo que estaba empezando. Mi padre era el que repartía los animales, bueno, todo lo de la agricultura para colonos.

Cuando fui mayor marché a Barcelona con unas amigas a trabajar. Mi hermana se iba a casar, me invitó a la boda por 15 días, y llevo algo así como 30. Vine por 15 días. Billete de ida y vuelta por 15 días, y el billete de vuelta nunca más se usó. Mi hermana me dijo que me quedara con ella. Estuve hasta febrero viviendo a costa de ella, yo lo pasé muy bien, porque me daban dinero, de comer, yo marchaba cuando quería.

Cuando empecé a trabajar lo pasé muy mal porque yo no estaba acostumbrada a trabajar en un sitio que estuviera cerrado. Yo entraba por la mañana a las 6 y estaba allí hasta las 14 de la tarde, o entraba a las 14 hasta las 10 de la noche, y al principio lo pasé muy mal. Y nada, después ya encontré enseguida aquí muchos amigos y amigas, con el idioma tuve también problemas, porque yo no sabía nada de nada. Lo primero que se aprende aquí es el italiano porque era lo que había. Todas las que trabajaban eran españolas e italianas. Había una que hablaba perfectamente italiano, entonces yo con la lengua, sólo en los comercios y eso. Y nada más. Después conocí a marido. Me casé aquí, tuve dos chicas. Mi marido es sueco, pero yo me lo llevo igual para Extremadura. Todos los años vamos a Extremadura.

Petra: me llamo Petra Cruz Sauce, soy de la provincia de Cáceres, y vine aquí en el año 1970, porque mi padre se encontraba solo aquí. Yo ya emigraba para trabajar a otro lugar, por ahí por Navarra, iba ahí a una fábrica de conservas. Iba ahí por temporadas a trabajar con 14 años. Dije una mentira a la mujer que fue a contratarnos al pueblo, le dije que tenía un año más, porque si no, no me llevaba, pero me fui a trabajar. Y después mi padre escribió una carta diciendo, ay hija mía, que tú estás sola en Extremadura y yo aquí también estoy solo, por qué no te vienes y te localizo un trabajo.

Fui a la conserva y estuve ahí como tres años trabajando, pero el último año mi padre estaba aquí entonces me dijo que si podía traerme aquí a trabajar, me localizaba un puesto de trabajo. Me consiguió un puesto de trabajo en la fábrica de textil. Mi padre entonces era temporero y tenía que salir tres meses. En diciembre tenía que salir y regresar en febrero. Entonces mi padre no quería dejarme aquí sola porque yo era jovencita, tenía 18 años y dijo, no, tú te vienes.

Yo me podía quedar, pero mi padre no quería porque tenía miedo. Entonces nos íbamos en diciembre, íbamos a coger las aceitunas al pueblo, y pasábamos nochebuena y todas esas historias, y regresábamos en febrero.

Yo la verdad es que lo pasé mal cuando salí del pueblo. Yo cuando me venía a Suiza, cuando venía por Talavera de la Reina venía llorando y estaba tentada de bajarme y coger el siguiente autobús para el pueblo porque yo no quería venir aquí. ¿Qué me encontraré en Suiza? decía, tenía pánico, pero la verdad es que luego en seguida hice amistad con muchísimas chicas gallegas, de León, porque las gallegas son las primeras que salían solas. Yo me di cuenta ya cuando llegué aquí que había muchísimas chicas gallegas.

Hice muchísimas amistades y compartí una habitación con otra chica que era catalana, bueno, muy bien, hice amistad enseguida y luego ya estaba encantada de estar aquí. Al final del 75 me marché, mi hermana estuvo aquí una temporada de tres años; me fui a finales del 75, mi familia se quedó aquí, mi padre, mi madre, mi hermano y yo me fui, y trabajé en una fábrica de textiles en Mataró, en Cataluña y ahí conocí a Manolo, mi marido, y nos casamos, y nació mi niño ahí y Manolo se quedó parado. Y entonces esto fue en el 81, que yo regresé por segunda vez aquí y desde entonces estoy aquí.

Vine con el niño que tenía un año y me dije ahora cojo las maletas y ya me quedo aquí hasta que me pensionen porque no me gusta andar deambulando para delante y para atrás. Yo la verdad es que en cualquier sitio que voy me encuentro bien porque en Cataluña trabajé cinco años y la verdad es que estuve bien, hice muchísimas amistades. Tengo buenos recuerdos del tiempo que trabajé en Mataró. Pero ahora estoy bien aquí.

Agustín: yo tenía pensado haber nacido en

Hervás, provincia de Cáceres, pero se ve que mi madre tuvo problemas y la tuvieron que llevar al hospital a Plasencia, o sea, que yo nací en Plasencia, y ahí empezó mi vida de emigrante, a los tres o cuatro días emigré otra vez a Hervás con mi madre, después de nacer. Y a los dos años por motivos económicos, mi padre encontró trabajo en Béjar, que ya es provincia de Salamanca, y fuimos a Béjar, Y a los cuatro o cinco años fui yo a visitar a mi padre donde trabajaba, en la construcción, estaban haciendo un instituto allí en Béjar, y yo iba a visitarle, entonces me dijo: mira hijo, tenía un papel y me lo leyó y ponía: se buscan trabajadores para Alemania, salimos dentro de siete días. Esa era la información que tenía mi padre. Entonces fue a casa, y se lo comentó a mi madre, y mi madre un disgusto, cómo te vas a ir, nos vas a dejar solos, pero no tenía más remedio que salir, y se fue.

Él tenía trabajo, pero iban a terminar las obras, por eso, daban una oportunidad a los que estaban trabajando allí a apuntarse para salir a Alemania. Y entonces nosotros vivíamos en un piso que tenía la cocina abajo, que no tenía ventanas, la habitación la tenía repartida en otro sitio, el servicio era para todos los vecinos. Eso en Béjar, al salir.

Mi padre se fue él solo. Estuvo dos años trabajando en servicios de basura, de basurero, en el 64 ó 65 más o menos. A finales de mes veía que mi madre se iba poniendo nerviosa hasta que llegaba el papelito, uno verde que hay, me acuerdo hasta del color, mira hijo, nos ha mandado 17.000 pesetas este mes. Y cuando ya iba subiendo 17, 23, 25 yo de niño pues mi madre siempre me explicaba el porqué no podía comprarme esto, no podía comprarme lo otro, y cuando ya mi padre empezó a mandar un poco más de dinero, mi madre me cogió de la mano, mira hijo, ahora vas a comer todos los plátanos que tú quieras; porque pasábamos por una tienda y yo, mamá plátano, y a mi madre la veía que lloraba y no sabía por qué, entonces pues no había plátanos. Y desde entonces esa es la fruta simbólica de mi madre y mía. Cuando voy a España lo primero que me tiene son plátanos.

A los dos años que mi padre estuvo en Alemania, escribió una carta que mi madre me mandó con cuatro años a aprender a leer, porque no tenía a nadie que le leyera las cartas, entonces yo más o menos, para que mi tía no se enterase de todo, hijo tú ahora tienes que aprender a leer, y yo pues le leía con cinco años, le leía más o menos las cartas que escribía mi padre. Y a los dos años de estar en Alemania se vino a Suiza, a la construcción, y al cabo de cinco años de estar aquí, pues vinimos toda la familia, menos un hermano que se tuvo que quedar allí, que él es sordo y estaba en un colegio en Valladolid, un colegio especial de sordos.

Somos cuatro. Tres hermanos y una hermana. Y entonces él quedó allí porque pensaron mis padres que tenía que terminar los estudios allí y no venir aquí sordo, con ese problema no entender el idioma, tener que empezar la escuela de nuevo, una cosa casi imposible. Vino luego ya cuando tuvo 17 años. Vinimos aquí y yo me acuerdo cuando mi madre dijo, hijo, nos vamos a Suiza, y todos tan contentos, porque nos lo dijo con tiempo, nos preparó un poco, mi madre siempre nos explicaba las cosas para que supiésemos de qué iba. Entonces yo tan contento en la escuela, me voy para Suiza, me voy para Suiza.

Lo primero era por la escuela, porque allí en España la verdad es que no lo pasé muy bien en la escuela, teníamos un director que era de la época de Franco, que mi madre decía son pascuas, no salgáis a la calle, que viene la Guardia Civil, con un miedo toda la gente en las fiestas, o cuando jugábamos al balón, cuando a partir de las nueve de la noche no juguéis, que viene la policía, y así era, venía la policía.

El maestro que allí si no te aprendías las lecciones, pues de rodillas delante de la clase, con los libros, y en el recreo pues todos salían al recreo y a ti te cogía y con el compás ese de madera, pues nada, a palos y aquello era normal. Entonces pues ellos tan contentos, y me preguntaban, cuando tenían las canciones de la época aquella, que tienen que ponerse todos de pie, que si con la mano para arriba. Para nosotros era normal, para nosotros era normal el Cara al sol, el Ave María, etc. Me preguntaban los compañeros, y qué, qué hablan allí, no sé, hablan francés, ah francés, pues yo no sé francés.

Cuando llegamos aquí un 23 de noviembre en el 73, vinimos en avión y cuando llegamos al aeropuerto, la gente hablando, y me acuerdo como si fuese ayer, ¿estos qué hablan? Entonces vinieron los compañeros de mi padre con el coche y llevaron a mi madre y a un hermano, entonces yo con mi padre y otros amigos fuimos en autobús y en tranvía a donde tenía mi padre preparado el piso. Allí pues la verdad es que yo, estuvimos no sé cuánto tiempo que no sabíamos qué idioma era éste, porque empecé a leer un poco, pero lo que yo leía no era lo que oía, claro, todos escriben en alemán y aquí hablan suizo, es diferente, o sea, el alemán no se habla aquí. Y bueno, pues estuve un tiempo, un par de meses sin ir a la escuela, hasta que se organizó todo, y luego fui a la escuela y claro, yo allí, en aquellos tiempos no había escuelas especiales ni nada, pues allí tenía un maestro que cuando yo no sabía cualquier palabra levantaba la mano y en vez de llamarme por mi nombre pues me decía: sí mafioso. Y todos los niños a reírse. Yo al principio me reía también, porque decía ¡Ah, bueno!, será la gracia suiza; pero luego me dije ¡Ah, no!, esto no es la gracia suiza. Se metían conmigo, el maestro me daba puñetazos, hasta un día que mi madre lo vio y me dice, ¿esto qué es?, digo no, nada, como en España también me zurran.

Entonces lo vio mi padre y dijo mañana a la escuela. Mi padre sabía, los dos años que estuvo en Alemania, un poco de alemán que aprendió, fue y yo no sé qué le dijo al maestro, que entró el maestro llorando. Desde entonces no me volvió a tocar el maestro, ahora, tampoco me hacía ni caso. Supongo que le diría: tengo un par de escopetas en casa que como le toques a mi niño, vengo aquí y......

Había una compañera, una compañera española, que era la que me ayudaba y a ella que tendría unos 12 o 13 años también, como yo, pues le tocó traducírselo al maestro, así que yo no sé, luego yo le pregunté, pero no me contó nada. Salieron fuera, yo me quedé dentro, la niña salía con mi padre, como era española, y se lo tuvo que traducir al maestro. Se lo traduciría bien porque se vio el efecto. Y entonces esa era la que me tenía que traducir de vez en cuando algo, pero si no yo por el maestro apoyo no tuve ninguno.

Luego las clases de religión. El cura me compró una Biblia en español, y me dijo mira ahora vamos a leer esto. Él me lo decía en suizo, italiano, mezclado, yo me iba enterando ya poco a poco. Entonces mira, esto vamos a leer, de esto vamos a hablar, mientras hablamos de eso tú léetelo en español. Entonces yo ya notaba que había alguien que me quería ayudar, y así empezó.

Luego cambié de maestro y ya era la sexta clase, en el Cantón de Zurich, la última, el último curso, y entonces el maestro me mira y dijo: mira te falta tiempo pero te voy a dar una nota más para que pases a otro nivel. Bueno, pues muchas gracias, y pasé. Pasé allí, y allí otra vez el maestro que tenía tampoco me trataba bien, nos preguntó que si queríamos hacer exámenes para pasar a la escuela secundaria.

El problema era el idioma, al no saber el idioma, y también cuando teníamos que multiplicar en el encerado, yo multiplicaba de otra manera, como multiplicaban en España. Entonces decía, estos raros, y era raro todo. O sea, que no te comprendían. Ellos no querían perder el tiempo contigo, sobre todo ése. El segundo sí, me apoyó luego, cuando pasé, pues él me dijo, mira tú no haces exámenes, porque si los suizos no lo aprueban, no lo vas a aprobar tú. Entonces yo me acordaba de lo que me decían siempre mi madre y mi padre, mira hijo, tú cuando tengas que decidir algo, tú piensa, ¿tienes algo que perder o no?, y si no tienes nada que perder, hazlo. Y eso es lo que me ha acompañado toda la vida. Y los hice. Entonces ve que tenía un 4, la nota media era un 4, y me dice, qué nota tienes un 4.1, no creas que vas a seguir que ya nos veremos después de los tres meses de prueba. Y le digo bueno, pero entonces 0'1 eso ya es un lujo. Se puso conmigo, bueno pues no volví con él, seguí ese día adelante, hice mi aprendizaje, empecé a trabajar y aquí estoy.

Hice Comercio Administrativo, son tres años y luego empecé con el grado medio en Administración. Y luego después de eso me dediqué a la informática y desde entonces pues lo único que hago es informática.

También me dedico un poco a la radio para promocionar un poco nuestro país, también Extremadura, para que los suizos se enteren lo que hay en España. Como digo en el programa, que os enteréis que no sólo hay sangría, flamenco y paella, que hay más cosas. Eso. Es una radio local, local suiza. Os voy a decir la página de la radio para que lo veáis en España. Sí, sí, está ahí. Canal K, yo lo hablo en suizo y en español, los dos idiomas, música española, información sólo de España pero en dos idiomas.

Paris (Francia)

Manuel: nací en Badajoz en el año 1952. Salí de Extremadura en junio de 1971 hacia Lausanne en Suiza, donde estuve trabajando en la construcción un año y medio. En agosto del 72 volví, me vine a Francia, por razones digamos amorosas, donde desde el año 72 estoy trabajando en una fábrica de transformaciones de metales. Tengo tres hijos, una nieta y tengo un puesto de trabajo con 56 años. Hace ya 15 años que soy jefe de taller en una empresa donde trabajan 45 empleados.

Bueno yo acabaré mi carrera profesional aquí, o los años que me quedan, cuatro o cinco, no lo sé. Regresar hoy a Extremadura para instalarme así por ejemplo, para entrar en un puesto de trabajo pues no, no. Y regresar definitivamente, hay el handicap que tenemos hoy, que pienso que no solamente yo, es que si los hijos te marchas definitivamente a España, en este caso a Extremadura, cuando ellos están en el principio de sus estudios, o lo haces cuando ellos han terminado y están bien instalados en su vida profesional y en fin, digamos familiar, yo qué sé, pero regresar no, yo hoy actualmente no me ha pasado esa idea por la cabeza.

Mª Luisa: nací en Monterrubio de la Serena. Emigré de Extremadura. Primero estuve en Zarautz, en San Sebastián, me vine con 23 años y estuve viviendo 4 ó 5 años, tenía familia allí, pasaba temporadas y al final vine a Francia a trabajar en una fábrica de plásticos durante tres años y luego decidí en el 73 venirme a París con la idea de aprender francés. Estuve poco más de un año y en ese tiempo conocí a mi marido, que es francés, así que ya me quede aquí.

Tengo un hijo que tiene 20 años. Cuando eres joven tienes una edad que no te sientes de ningún lado, te gusta vivir, te sientes más europea, no te sientes tan de la tierra, mientras más mayor te vas haciendo más te tira tu tierra, porque yo estuve años y años sin relacionarme no sólo con extremeños sino que yo no conocía españoles. Mi marido era francés, la familia de él también era francesa, mis amigos eran franceses, yo no conocía españoles, y a raíz de que Alejandro empezó en el Liceo español, internacional, ahí es cuando empecé a conocer más gente española y cada vez, inconscientemente me he ido metiendo más en ambiente español y extremeño.

Normalmente voy todos los años, no me quedo un verano sin ir a Extremadura. En verano casi siempre pasamos un mínimo de 15 días en Monterrubio y en Mérida, pero no he pensado en marcharme definitivamente, quizás pasar largas temporadas sí, pero yo me he acostumbrado al ritmo de vida de París pues a mí me encanta salir, voy mucho al cine, teatro, y no, no me veo allí.

María Juana: soy de Castañar de Ibor, un pueblo de la provincia de Cáceres, cerca de Guadalupe, y vine a Francia en el 85. Vine a una boda y resulta que me quedé aquí y no he vuelto a España. Me quedé principalmente porque mi marido que le conocí cuando hizo la mili en España, que estaba aquí ya en Francia desde pequeñito, pues me dijo que nos viniéramos y nos vinimos.

Tenemos dos hijas, Virginia que tiene 24 años y Celia que está aquí con nosotros, que tiene 16. Empecé a trabajar seis años después de llegar aquí, empecé a trabajar en el ayuntamiento de aquí de Aubervillers, estuve trabajando en una escuela 14 años y hoy día trabajo de relaciones públicas, y nada, con muchas ganas de irme a España otra vez.

Yo pienso en Extremadura todos los días, desde por la mañana hasta por la noche, yo y mi marido. Yo tengo 48 años, estoy en pleno trabajo, pero yo si encontrara un trabajo en Extremadura, del mismo nivel que tengo hoy día aquí, y aunque fuera ganando un poco menos de dinero, yo me iba, aunque quizás a mi pueblo no me iría, porque mi pueblo es muy pequeño y no hay ninguna vida, pero a otro sitio sí.

Antonio: nací en Ceclavín, provincia de Cáceres. Yo llegué aquí en el 63, ya llevo más tiempo en Francia que en España. Yo vine aquí, empecé a trabajar en la construcción, todo ha ido bien al principio, y luego tuve la mala suerte de que murió mi señora, y yo estoy aquí con mis hijas, vamos, yo vivo solo, pero estoy con mis hijas, están aquí, y ahora pues ya pienso marcharme para allá. Ya he estado allí, ya he dejado la casa aquí, en febrero o marzo me voy para Cáceres. Estoy ya jubilado y voy por mi pueblo, paso largas temporadas en él.

Celia: he nacido en Francia ya, pero todos los veranos estoy dos meses con mi abuela en Castañar, y también vamos muchísimas vacaciones. Estoy en segundo de Bachillerato, el equivalente en español, en un Liceo internacional en París, haciendo español y francés.

Dionisio: nací en Jerez de los Caballeros, Badajoz, empadronado en Olivenza desde que tenía tres años, así que yo pertenezco a Olivenza. Yo vine aquí en el 68. He trabajado siempre en el automóvil, primeramente trabajé en SIMCA, después fue Ford, después en Chrisler y últimamente en Peugeot. Actualmente estoy jubilado hace dos meses prácticamente, estamos esperando a abril de 2009, y la intención nuestra es irnos a España no definitivamente, rápidamente, pero sí queremos quedarnos allí.

Pero como tenemos un hijo casado con una francesa aquí, tenemos cuatro nietos y entonces el papel es bastante durillo para nosotros. Bueno, pero la intención es irnos a España, o sea, que a partir de abril digamos, nosotros nos encontraremos más tiempo en España que aquí.

Pablo: nací en Calzadilla de Coria de Cáceres. Vine en el 63, trabajé en Citröen y luego en Renault y vamos a esperar al retiro. No sabemos cuándo marcharemos para España.

Teodora: soy de Calzadilla de Coria, Cáceres, me vine en el 64, tenía 24 años, y ahora ya llevo 44 que va a hacer aquí en París.

Nos hemos adaptado muy bien a este país, estamos como si estuviéramos en nuestra tierra exactamente, lo que pasa es que claro, tenemos aquí los hijos, pero mi intención sería de marchar, pero en fin, ya veremos, no sabemos. Tenemos tres hijos, cuatro nietos, yo estoy jubilada. No tengo jubilación en España, pero bueno, me conformo con la de aquí.

Esther: nací en Guijo de Santa Bárbara, Cáceres, me vine con 20 años aquí a París, con mi marido, que vinimos juntos, y he estado trabajando 32 años en una fábrica de plástico, y hace dos años que estoy jubilada.

Tenemos la idea de marchar a España pero con los hijos aquí, casados con francés y bueno, sus puestos de trabajo de mis hijos están aquí bien, así que bueno, vamos y venimos, pero nos quedamos bastante tiempo aquí porque queremos estar con los cuatro nietos que tenemos.

Vamos a España porque tenemos una casa y estamos allí un poco, pero luego ya nos da gana de venirnos a ver los nietos y así estamos, es la vida aquí y allí. Cuando seamos mayores habrá que pensárselo de otra forma, pero ahora mientras tengamos los hijos y los nietos aquí, vamos y venimos y así estamos.

Vamos dos o tres veces al año, y mis hijos pues van allí, pero como mis hijos han nacido aquí, tienen sus puestos de trabajo y van, pero ya me niegan el mes entero, son 15 días, mamá es que no, mamá, la playa, no vamos a ver siempre el mismo pueblo, es que ya nos cansa. Se van, están 15 días y luego ya quieren venirse o irse a la playa.

Vicenta: soy de la provincia de Teruel, no soy extremeña. Me vine, llegué a París en el 61, así es que la que más años hace que estoy aquí soy yo, de todo el grupo. Vine con mis padres y mi hermano. En el 75 me casé con un extremeño, he estado muchas veces en Extremadura, íbamos todos los años.

Por mala suerte hace tres años que ha muerto. Mis dos hijos están aquí, así es que yo ahora hace cuatro años que estoy jubilada, y para marcharme a España definitivamente pues no, porque para estar sola allí, pues esto. Haré también ir y venir, pero definitivamente no.

Aunque nací en Teruel yo me he criado en Cataluña y de Cataluña me vine para París. Yo tengo una casa en Arroyo de San Serván, una casa muy pequeñita, porque era cuando empezamos a ir, íbamos a casa de mis suegros, después a casa de mis cuñados, y quedó la casica esa, que era de una prima hermana de mi marido que cuando murió le dije: Pedro, como te gusta ir a Extremadura, para 8 días que vamos o 5 que podemos ir, te metes en tu casa y ahí vas cuando te da la gana, te levantas y te acuestas cuando quieres, y compramos la casa.

Ahora la tengo puesta en venta porque a mis hijos no les gusta ir a Extremadura porque ellos se han criado más bien en la provincia de Teruel, pues la tengo puesta en venta, para venderla, porque con mi jubilación no puedo permitirme mantener Teruel, París y Extremadura.

La Plata (Argentina)

Alberto: Soy hijo de extremeños, mis padres vinieron en el año 1927. El caso de ellos fue un caso muy especial, vinieron por una historia de amor prácticamente, vinieron de Villarta de los Montes. Para mí es algo realmente muy profundo que tuve de ellos, porque evidentemente yo siempre lo digo, me crie escuchando la radio con mi papá y mi mamá por los caminos de España y para mí que sé yo, eran las canciones andaluzas, españolas...

Me crie en mi casa con Lola Flores, con Carmen Sevilla, con Manolete. O sea, que realmente mi influencia española fue tremenda, a tal punto que a mí el fútbol no me interesa, no me llama la atención porque en mi casa vivían hablando de España, y para mí fue algo muy importante, porque mi papá hasta el último día de su vida escuchaba una canción española o veía una película y se le saltaban las lágrimas en los ojos y mi mamá también.

Y me quedó algo muy importante, que mi mamá me dijo: "hijo mío, nunca te vayas del lugar donde has nacido", porque evidentemente era el sentimiento de ellos. Ellos amaban Villarta de los Montes, hasta tal punto que yo en el año 98 fui con mi hija y cuando llegué me dijeron: "Mira, esto es el pueblo". Se me pone la carne de gallina, porque era así. "Este es el pueblo", me dicen, y cuando yo lo vi, esas calles, la iglesia. Cuando iba con mi prima decía: "oye, mirá las borras, y mirá esto y lo otro". Me dice: "¿pero cómo sabés esos nombres?". Por mi papá, porque eran todas las expresiones que yo viví en mi casa. Y cuando llegué, para mí fue una emoción muy grande, llegar y encontrarme con parecidos asombrosos, eso fue en el año 98, mi papá murió en el 79. Ellos nunca volvieron y yo creo que eso me da mucha pena.

Yo en casa era muy gracioso y decía un poco en

broma: "mamá, ¿cómo hicieron para cruzar el charco?"."¡ay, hijo mío!, que no, qué loca que he estado para cruzar el charco ese", me decía siempre. Y le decía: "¿y te dejó tu papá venir?". Entonces en una sonrisa de complicidad, después con los años me di cuenta, se reían los dos. Yo me preguntaba: "¿por qué será?". Pensé veinte mil cosas, hasta que después llegué a España, fui al pueblo, fui a la huerta donde mi mamá juntaba las patatas. Mi abuelo era un hombre muy fuerte y estaba bien económicamente. Y he aquí el nudo. Mi abuelo no quería que se casara con mi papá, y la otra hermana, Aurora tenía también otro novio que no lo quería mi abuelo, a ninguno de los dos.

Y mi mamá no, era un amor muy, muy grande que había entre ellos, y una vez llegando a muchos enojos y todo, mi abuelo le dice a mi mamá: "si te casas con el Felipe te vas, no te quiero". Porque era... en esos años hay que entenderlo, era muy bueno pero una personalidad muy fuerte. Cuando Franco llegó con su ejército y entró él se paró en su huerta con un palo, porque dice que mi abuelo andaba con un palo y le hizo frente a la caballería. Obviamente lo metieron preso y condenado a muerte, después no sé cómo fue que se salvó.

Pero la historia esa de amor fue así, no lo querían, no lo querían y entonces decidieron irse, y dijo: "bueno, si yo no me caso, yo me voy con él". Así fue que mi papá se la llevó a mi mamá a su casa, y ellos comen migas, las famosas migas. Entonces mi abuela cuando se levanta a la mañana le dice: "vamos a desayunar". "Sí, pero pon un plato más para las migas, mamá", le dijo. "¿No me digas que te has traído a la Manola?". "Sí, y me voy".

Y se fueron, eso fue para mí muy impactante, porque ahí entendí porque era ese amor tan grande que tuvieron ellos dos y con la muerte de mi padre mi mamá fue un dolor pero espantoso y terrible, porque fue compañera de su vida. Y que acá, como yo digo, todos los españoles que han venido, a veces corridos por la guerra, otras veces por estas situaciones especiales y otras veces por razones económicas.

Dejaron su vida, y yo digo: y dejaron en esta tierra y clavando el arado y con el pico y pala, y con todo el sudor de sus lágrimas y su sangre misma, hicieron este país, que fue un país en ese momento hecho con muchos valores, que es un poco lo que hablábamos. Yo en mi casa siempre vi valores, respeto, educación, y mi papá para todo el mundo era don Felipe y mi mamá era doña Manuela, que en estos momentos lamentablemente hay muchas cosas que se nos han perdido.

Para mí eso fue algo muy importante y cuando fui a España vi el pueblo y tuve esa emoción tan grande. Ese amor a esa tierra y ese terruño es invalorable, y es lo que yo digo, y por eso me gusta la Casa de Extremadura, me gustan los extremeños y es lo que yo no quiero perder bajo ningún punto de vista.

Mis padres vinieron a una quinta en Echeverri. Mi papá era analfabeto y mi mamá también. Pero yo lo digo, y lo digo con mucho orgullo, mi mamá era cocinera de un colegio de menores, entró, se jubiló ahí. Tuvo un hijo que fue mi hermano, ya ha fallecido, una buena persona y no... él no pudo llegar a estudiar. A mí gracias a Dios mis padres me pudieron costear la carrera, yo me recibí de ingeniero, y no lo digo... porque a mí me gusta sobre todo la humildad, pero sí me gusta el orgullo de poderle haber dicho: "viejo...".

Pero para mí fue una emoción muy, muy grande, y así pasaron los años y en el 2002 yo ya estaba con problemas de salud, yo tenía infartos cerebrales y a raíz de eso me jubilé, me jubilaron porque no puedo hacer más nada en la industria. Y un buen día estaba en la cama para ir a trabajar y le digo: "mirá, Mercedes, pensar que la semana que viene traen la Virgen de la Antigua", que era que está en Villarta de los Montes, y le digo: "¿cómo me gustaría volver?". Y me dice: "y nos vamos". Eso fue un jueves.

Y fui al trabajo y le dije al gerente: "mira, me

quiero tomar unas vacaciones buenas". ¿Décime para cuándo?". "No, para el lunes". Dice: "pero vos estás loco". "No, yo me quiero ir el lunes a España", porque yo sabía que no estaba bien. Y así fue que me fui, y me fui, fui a Villarta, y tuve la suerte de bajar a la virgen en los hombros con mi señora, y vi tanto amor, y vi tanto afecto que yo no me puedo olvidar de eso.

Entonces es como que es un poco lo que hablamos, uno está acá por una cuestión geográfica o física, pero que uno en cierta forma el corazón lo tiene puesto allá. Yo me vine y lo que sí le puedo decir que cuando fui a ver la casa de mi mamá, que a mí un primo me dijo: "mirá, sube eso, era de tu madre", porque ellos estaban en la paja y eso para los animales. Y fue algo que se me erizaba la piel, y de ahí lo único que me traje fue un cencerro de una vaca que dije: "esto era de mi abuelo, de la vaca". Y la otra vez anterior lo que me traje fue un puñado de tierra de la huerta de mi mamá.

Así que ya le digo, estoy en Argentina, pero uno aunque no quiera, y es como uno dice a veces, es como que no se identifica con muchas cosas. Uno a veces son problemas existenciales, porque yo a la Argentina tengo mucho que agradecer, mis estudios, mi familia, yo tengo una esposa, tengo dos hijos y tengo el respeto de mis padres y la educación que me dieron de toda la vida. Pero en el fondo, en el corazón, esto que uno siente yo creo que a muchos, a todos nos debe pasar, es aquello, aunque yo nací acá, pero nací extremeño y estoy deseando alguna vez poder volver, y volver al pueblo, voy a ir a ver otras cosas, pero esa hora estar así en una charla, tomando una cerveza con mis primos, con mis amigos de allá y todo es algo que realmente estoy acá y lo extraño.

Nemesio: Yo nací acá. Mis padres cuando vinieron, quisieron venir tres años antes y cada año se les murió un hijo allá, en el tiempo de invierno.

En el barco venía otra hermana mía, venía y la bajan del barco, la llevan al hospital, no sé qué hospital cerca, Mulins me parece y murió el día que llegó. A mis dos hermanitas las dejaron sentadas sobre los arcones que traían todas las cosas, que todavía los tengo en casa, de madera de una aceitera, está escrito, Aceitera del Rey.

Y todo eso también me marcó, el hecho de no haber conocido a los tres que murieron antes, por supuesto esta otra que estaba acá no más, tampoco, y me queda mi hermana la mayor, de 91 años, y yo el menor. Ella nació en España. Me habla, nos hablamos constantemente, vive por Saco, bastante lejos y medio difícil de poder ir, con temores porque se cruzan muchos lugares donde están medio desiertos y que está difícil, ahora está bastante difícil, estaba difícil hace un tiempo, ahora está mucho más difícil. Pero con ella tenemos un contacto, las nietas también.

Mi mamá había dejado las propiedades y yo lo sabía de boca de mi mamá y me llamaron para ver todo ese papel, me pagaban el pasaje, los diez días que iba a estar en España. Estuve noventa días, tres meses y saqué todos los papeles, porque justo tenía en el registro civil un familiar, y pude sacarlo.

Mis padres vinieron en el 26. Mi mamá era la mayor. Y ahora quedó familia allá, quedó familia acá, me informaron primos hermanos que en Luján una prima mía falleció hace poco, me avisaron después cuando ya no podía visitarla.

Jimena: soy argentina, nieta e hija de extremeños. Mi abuela nació en Castilblanco y se casó con mi abuelo que era argentino. Mi abuelo se fue para allá siendo joven en 1934.

(Habla la madre) Entre las dos podemos hablar, porque somos madre e hija. Mis abuelos vinieron en el 1908, con 14, ó 15 años, se casan en Argentina, todos extremeños, y tienen cuatro hijos, tres mujeres y un varón, el varón era mi papá. En el año 34 mis abuelos deciden volver a Extremadura con sus cuatro hijos. Mi papá llega con 20 años derecho a la guerra.

(Sigue Jimena) Mi papá se casa, tienen cuatro hijas y en abril del 56 se suben al Charles Teller y se vienen para la Argentina. Todas se casan con argentinos acá y ahora tengo 8 ó 9 primas acá en Argentina, porque ya hay toda una familia armada acá en Argentina. Mi abuela tenía 8 hermanos, que ya queda solamente una, un familión en España, digamos, tengo en Extremadura, o sea, yo soy argentina pero me tira mucho Extremadura.

Araceli: nací en Extremadura, en Castilblanco, y vine en el año 56 a Argentina. Mi papá era argentino, mi mamá era de Castilblanco. Mis abuelos habían venido en el 1908 y mi papá retorna en el 34 para Castilblanco de los Montes. Bueno, y allí mi mamá se casó con mi papá, una española y un argentino, y nacimos cuatro mujeres que en el año 56 retornamos a Argentina.

Ellos tenían campos aquí en General Madariaga, pero bueno, mi abuela siempre con esa añoranza de volver a su tierra, más que mi abuelo. Y bueno, los hijos eran jóvenes, la más chica que es la mamá de ella, tenía 13 años, mi papá era el mayor.

Les iba bien acá en el campo, pero la abuela quería volver a su tierra. Y bueno, fue así y en el año 56 volvimos acá porque mi papá quería volver a su tierra, y aquí estamos.

Nosotros fuimos llamados por el presidente Perón, que todos los emigrantes que estuvieran fuera de su territorio podían volver gratuitamente. Y bueno, volvimos por ese decreto.

María Eva: soy prima de Araceli, así que nos une la misma historia de los abuelos, son los mismos, la misma historia. Yo nací en Castilblanco. Por el decreto de Perón ellos volvieron, pero más por problemas económicos pues después de la guerra no tenían trabajo, ese fue el motivo. Pudieron volver de muchos años, porque priorizaron la familia, criarnos a nosotros, darnos estudios y después recién viajar, pudieron viajar dos veces.

Ellos tenían hermanos, mi papá dejó dos hermanos y mi mamá dos hermanas, o sea, que yo me crie como todos recibiendo las cartas de España. Le escribía a mi mamá los sobres y se la leía y eran las cartas de mis tíos, de los hermanos de ellos. Es mi asignatura pendiente durante 53 años, porque vine cuando tenía un año y diez meses, por lo tanto no recuerdo nada, y mi hermano tenía tres años y medio y no recuerda nada.

Montevideo (Uruguay)

Rafael: nací en Gata y con 7 años mi padre se trasladó a Canet de Mar, pegado a Barcelona y desde allí emigró para Montevideo. En el año 53 mi padre con mi hermana y yo emigró para Uruguay porque acá en Uruguay vivían dos hermanas.

Mi madre tenía dos hermanos que vivían en Uruguay, uno de ellos en el departamento de Soriano, y el otro hermano vivía acá en Montevideo. Y nos decían vénganse por acá por los chicos, que yo tenía en aquel momento 11 años y pico y mi hermana tenía 20, que vengan para acá, porque en aquel momento pues estaba bastante bien.

Mi papá se jubiló de Guardia Civil y algún ingreso tenía. Mi hermana era profesora de corte y confección y se defendía con ese trabajo particular que hacía, mi madre le ayudaba. Pero por mí más que nada, los estudios, yo estaba en Mataró en el colegio de los Hermanos Maristas.

Iba allí, de mañana hasta las 12, iba a comer a mi casa y de noche de vuelta. Estando ahí, no me olvido nunca, que nos llevaron a un partido de fútbol porque venía la selección de Hungría, y me entró un poco el gusto por el fútbol y todo lo demás, que un hijo mío actual está acá, tiene 31 años, él ha llegado a un club que hasta hace poco era primera división.

Nos fuimos a embarcar en Barcelona, con el pasaporte de mi padre. Estuve un mes y pico en España, porque yo no iba desde hacía 48 años, y a la primera oportunidad fui con mi mujer. Estuvimos en Benidorm, estuvimos en Barcelona, en Canet, en Mataró y hasta que no fui a Salorino no estuve tranquilo. Viajamos en muchos trenes, en el Talgo, en todos lados, pero ella lo que más le gustó fue el tren que iba de Madrid a Cáceres.

El 16 de febrero de 1953 llegamos a Uruguay y fuimos al departamento de Soriano en el pueblo de Dolores y ahí me inscribieron enseguida en el Liceo, que el director era, nunca me olvido jamás, el señor Tauser. Estuvimos viviendo ahí unos cuantos meses nada más, porque uno de mis tíos que tenía un bar y un almacén muy grande tuvo un problema con una persona, se le fue de las manos, una persona que no era muy buena persona y entonces mi padre se vio que mi tío se había quedado prácticamente sin nada y con la edad que tenía nos vinimos para Montevideo y él tuvo que empezar a trabajar para mantener la familia y se empleó como sereno en una empresa y tienda que era muy grande.

Mi padre tenía 50 años cuando vinimos. Mi hermana se puso a trabajar de modista y mi madre la ayudaba, y a mí me mandaron al Liceo.

Como yo venía de allá, pasó algo muy curioso, no podía entrar al Liceo porque yo no podía justificar haber hecho la enseñanza primaria. Me hicieron un examen de revalida para poder ingresar al Liceo y me hicieron exámenes libres acá en el centro, y ahí me hicieron todos los exámenes para poder entrar al Liceo. Tuve mucha suerte en todo, reconozco que no era de los mejores estudiantes pero tampoco era de los peores porque allá, en España, en aquella época había que estudiar, si no se estudiaba, mi padre iba todos los meses al colegio y en la entrada en el hall existían unos cuadros donde estaba la foto del alumno que había tenido mención honorífica, también las tengo guardadas, y si no estaba ahí, una sola vez me encontró que no estaba ahí, mi padre no me pegó, no me hizo nada, simplemente el castigo que me dio fue que había una excursión a Montserrat y yo ese día cuando íbamos a ir mi padre me preguntó dónde iba, a la excursión a Montserrat, tú no vas, por esto, esto y esto. Les había avisado a unos vecinos, aquel momento, fue en Canet de Mar, me había dejado comida, bebida, todo, y no fui ahí. Nunca más, después nunca más no me encontró ahí, es decir, estudiaba y estaba en el cuadro de honor.

Y después de eso mi padre acá, yo empecé a estudiar en el Liceo, terminé el Liceo y en aquel momento, en aquella época, acá, pude ser empleado bancario, más que una profesión. Entonces después del Liceo hice una preparación bancario, en el año 1958, en agosto del 58 entré a trabajar en un banco del Río de la Plata. Y desde aquel entonces trabajé como bancario, hasta el año 2000 que cumplí los 60 años y me jubilé. A ese banco después lo absorbió otro banco, el Banco de Coraza y al Banco de Coraza después hubo problemas, lo absorbió el Banco Holandés. Y yo me jubilé, el último empleado que se jubiló con ese nombre fui yo, después pasó a ser Banco Comercial.

Mi papa no se arrepintió, se arrepintió no de haber emigrado sino de no haber podido volver a España. Murió en el 75, ya España había evolucionado, entonces él se arrepintió y en aquel momento todavía yo no tenía la posibilidad económica como para ayudarlo para ir. Por eso fui yo porque no quería que pasara lo mismo.

Rosario (Argentina)

Beatriz: mi madre era de Casas del Monte y mi padre de Jarilla, llegaron al país en 1912. Aquí después formaron su familia, tuvieron seis hijos, pero nunca pudieron volver.

Marcelina: soy de Gata. Vine en el 54 y papá, mi padre estuvo dos años anterior a nosotros acá y después vinimos mis hermanos con mi mamá. Yo tenía 17 años.

Yo del pueblo fui a Cáceres a hacerme el pasaporte, de Cáceres al pueblo y después para Vigo y de Vigo acá a Rosario.

He tenido cuatro hijos, me casé en el 58, tuve cuatro hijos, tengo once nietos, mi hija mayor vive en Italia, porque el marido desciende de italianos, y ella es mi nieta que ha venido el viernes a visitarme. Así que... para volver yo volvería a pasear, pero a quedarme no porque ya tuve acá mi familia. Allá tengo tíos, una tía en el pueblo que la he saludado ahora para las fiestas, tengo otra tía en el País Vasco y tengo otros primos en varios lados, pero aquí están y quedan los hijos y los nietos.

Mi papá pudo ir, pero mi mamá no. Si en el momento que llegaron hubieran podido irse nos hubiéramos ido en seguida. Pero entonces ya uno se adapta al país, y vive.

Leandro: nacido en Torrejoncillo, Cáceres, el 13 de marzo del año 1933, allá viví hasta el 21 de abril del 1959. Vinieron mis padres ya mayores, con cuatro hermanos que veníamos, pero yo era el mayor, los otros eran más pequeños. Y yo tenía dos hermanas ya acá, que habían venido en el año 1951.

Mi padre siempre soñó con venir a América, toda la vida que lo conocí, de chico, él a América. Porque en el año 20 se le vino un hermano de 18 años, y el hermano decía que estaba muy bien en América. Y luego cuando nosotros vinimos no estuvo tan bien. Fue un obrero que trabajaba nada más. Mi padre América era la gloria para él.

Vinimos en 1959 y sí, sí, allá en aquellos tiempos

fueron años malos. Cuando nosotros fuimos chicos nos criamos prácticamente con muchas necesidades de todo, de comida, de ropa, de todo...

Cuando yo me vine en el año 59 que tenía 25 años, ya España había mejorado, iba mejorando, porque cada año mejoraba, y entonces ya mis hermanos, que ellos quedaron allá, y yo ya grande ya ganábamos un sueldo. Y entonces nos defendíamos mucho mejor ya que cuando éramos chicos. Los años feos pues nos pasaron muy chicos, de 4 ó 5 años... Allá quedaron tres hermanos. Y quedó una hermana que es mayor que yo casada, ya tenía dos hijas y esos quedaron allá esos. El marido nada de venir acá, no le aguantó nunca. Y luego tenía otro hermano yo que estaba en el servicio militar, y él se quedó allá. Y luego había uno que sí se iba a venir, pero luego no pudo venirse porque hacía poquito tiempo que había salido del servicio militar y estaba todavía en la reserva. Se iba a venir cuando cumpliera ya ese tiempo, pero en esos tiempos se puso de novio, y qué se yo, y ya dijo: "no, yo me quedo". Y en fin, acá estuvimos. Yo luego me casé. En el año 1992 pude volver a España.

Mi padre vino acá y estuvo como 20 ó 25 años, ya era mayor, murió a los 86 años, y no se arrepintió nunca de haberse venido. A él le gustaba toda América, sí le gustaba... y no pudo ver al hermano que estaba acá, porque un año antes de venirnos nosotros recibimos una carta que había fallecido.

Yo no me resistí a venir porque en ese entonces lo que decía mi padre había que hacer.

4 Historias de vida

Artemio Baigorri, Domingo Barbolla, Santiago Cambero, Mar Chaves, Miguel Centella, Georgina Cortés, Ramón Fernández, Pedro García, María José López

Una familia emigrando

La siguiente historia de vida se refleja en (Barbolla, 2008), obra de uno de los miembros del equipo de investigación. Nos hemos permitido incluirla en esta investigación de la emigración porque mejor que ninguna otra vida, una familia al completo, nos sirven de referencia para "comprender" el calvario y los motivos de la emigración. Gracias a todos los protagonistas, coautores del texto. Evidentemente cambiamos los nombres para preservar el anonimato de los personajes que salen en la trama.

La tipología expuesta a continuación es seguramente la más común, por lo menos en cuanto a la salida "casi" obligada por el hambre, el viaje con la familia completa y su posterior vuelta como jubilado –en este caso forzoso. Trabajos de doble jornada, sentimiento por parte de los hijos de deber de aprovechar el tiempo a través del estudio y una vida labrada a través del esfuerzo sacando adelante una tierra que no es la suya. Por fin descanso merecido y cierto "triunfo" social, movilidad social ascendente decimos desde las ciencias sociales, no sin haber pagado un alto precio en forma de salud.

Uno de los miembros de la familia relata en primera persona el trasiego de los primeros años.

Las raíces de mi familia –nos dirá- se hallan en la provincia de Cáceres, en un pequeño pueblo de mil quinientos habitantes, al que llamaré Río Verde. Mi padre procede de una familia humilde, dedicada a la agricultura. Es el más pequeño de los ocho hijos que concibieron mis abuelos, antes de que mi abuelo muriese, cuando mi padre, contaba apenas nueve meses. A pesar de la tragedia, mi abuela pudo sacar adelante a cuatro de sus ocho hijos, pues los demás sucumbieron al "cólico miserere" que diezmaba la población cada verano, trabajando muy duro en la parcela de tierra que heredó de su esposo y en la que le ayudaba su hijo mayor, que se convirtió en el cabeza de familia. Con el dinero que obtenía de la venta del trigo, compraba huevos y los vendía en el pueblo. Otros ingresos procedían de la venta de escobas que recogía mi tío Domingo en el campo. Mi padre tuvo que abandonar la escuela a los siete años porque no había para comer. Desde esa edad se dedicó a cuidar las vacas del señor José, contribuyendo de esta manera al sustento de la familia. Si hay una cosa que mi abuela ha lamentado siempre, fue "sacar a su Manolito, mi padre, de la escuela" porque siempre me contaba que los maestros no querían, que le decían que era muy listo, como mi bisabuela Juana, que aprendió a leer fijándose en los libros de la señorita de la casa donde servía. A pesar del duro trabajo que realizaba la familia apenas llegaba para comer, por eso cuando enlos años sesenta empezaron a llegar las noticias de los inmigrantes, que se habían ido del pueblo y que hablaban de las maravillas de esas tierras. Mi abuela, Teresa, a la que considera una heroína anónima, decidió emigrar al País Vasco donde ya vivía los hijos de Tía Juana la Chila, y contaban maravillas de un pueblo al que llamaremos Río Azul.

La familia de mi madre siempre ha vivido mejor. Mi abuelo se ha dedicado durante toda su vida al comercio alimenticio, permitiéndoles llevar una vida más desahogada. Mi madre dice que ella nunca pasó hambre y que siempre pudo comer chocolate y plátanos. Es la mayor de cinco hermanos, por lo que también tuvo que abandonar la escuela a los nueve años, para cuidar de sus cuatro hermanos pequeños, puesto que mi abuelo se dedicaba a ir a Cáceres a por suministros y mi abuela atendía el pequeño comercio. Gracias a este negocio nunca surgió en la familia de mi madre la necesidad de emigrar. Mis padres se conocían de toda la vida, como ocurre en los pueblos pequeños, "donde tu vida no te pertenece solamente a ti, sino que es compartida por todos los demás habitantes del pueblo", tal y como afirma mi padre en muchas ocasiones y mi madre añade que no le gusta el "chinchorreo" del pueblo. Se dieron cuenta de que se amaban a los catorce años, en unos carnavales cuando mi madre y su amiga Cipri fueron a darle la vuelta a las sillas de "Tío culo mujé", que tenía muy "mala leche" como dice mi madre y este las sorprendió en plena faena, atizando a mi madre con el palo de la escoba, golpeándola en la mano derecha, de tal manera que le arranco una uña. Mi padre al enterarse corrió haber que le había pasado y, según cuentan, desde entonces comenzaron a "hablar". El peor momento de su relación fue cuando mi abuela Teresa, madre de mi padre, decide emigrar, ya que la situación económica de la familia había empeorado, con el matrimonio de mi tío Francisco, el hermano mayor de mi padre y el de su hermana Juana. Mi abuela ya no podía ocuparse ella sola de la parcela y mi tío Jerónimo y mi padre no aportaban suficiente dinero para el mantenimiento de la familia. Mi tía Carmen fue la primera en emigrar a Río Azul en el País Vasco, al contraer matrimonio con mi tío Luis. Ellos contaban maravillas, como que el agua corriente salía directamente del grifo, ya no había que ir a la fuente del Pozo Nuevo a por ella, y, sobre todo que había mucho trabajo. De esta manera, con dieciocho años mi padre emigró a Río Azul junto a su hermano Jerónimo y su madre.

A los diecinueve años llamaron a mi padre a filas y, al seguir empadronado en Río Verde, realizó el campamento en Cáceres. Este hecho supuso el reencuentro de mis padres. El campamento duró tres meses y en esos tres meses yo fui concebida. Mi madre se quedó embarazada, sin estar casada, y con su novio realizando el servicio militar. Mi madre cuenta que, cuando descubrió que estaba embarazada, sintió miedo y una infinita alegría. Miedo, por la reacción de su padre que era muy severo y alegría porque su Manolito y ella iban a ser padres y por fin se podrían casar. El primero que conoció la noticia fue mi padre, el cual se alegró muchísimo, aunque también sintió miedo por la reacción de mi abuelo y le aseguró a mi madre que se casarían cuando él volviera de la "mili", ya que el campamento estaba a punto de finalizar y lo habían destinado a Madrid. Mi madre comunicó la noticia primeramente a su tía Juana, (hermana de su madre y a su esposo, David, que al no "haber sido bendecidos con hijos "tal y como tía Juana dice, "mi sino estaba en echar una mano a los hijos de su hermana") ya que con ellos tenía mucha confianza y no existía temor. Mi tía Juana la tranquilizó y la acompañó a casa de mis abuelos para que comunicara la noticia. La reacción de mi abuelo fue muy dura y aunque conozco de memoria las palabras que pronunció, por petición expresa de mi madre, no las voy a reproducir.

Debido a que el embarazo fuera del matrimonio resultaba ofensivo para la familia, confinaron a mi madre a un cuarto en el segundo piso de la casa de mis abuelos, donde pasó los siete meses de embarazo que le quedaban. No podía salir de casa para que no la viese nadie en el pueblo. Mi madre debido a la falta de ejercicio, ya que el cuarto donde se la castigó por su falta no tenía más de cuatro metros cuadrados, comenzó a retener líquidos y a hincharse de tal manera que llamaron al médico. Cuando don Eustaquio la vio le dijo a mi abuelo que la niña tenía que moverse y pasear si no podría ser muy malo para el niño que llevaba dentro. De esta manera, mi madre pudo salir a pasear entrada la noche y acompañada de mi tía Juana o mi bisabuela Inmaculada, que avisaba a sus amigas por donde iban a pasear todas las noches, para que mi madre pudiese hablar con ellas. Mi padre tampoco podía verla y recibió muchas palabras, que no voy a repetir, por parte de mi abuelo. Así que fue mi tía Juana y mi bisabuela Inmaculada, abuela de mi madre, las que concertaban citas a espaldas de mis abuelos, para que mis padres pudiesen verse, cuando mi padre venía de permiso a Río Verde. El día once de junio mi madre rompió aguas y mi abuelo la llevó a la Casa de la Madre, de Cáceres, para que mi madre me tuviese. Al ser primeriza, la dejaron sola en el paritorio y a las tres de la mañana del día doce de junio, entre gritos de dolor y llamadas de ayuda de mi madre, vi la luz por primera vez. Pesé tres kilos y medio y según mi madre era un a niña preciosa, rubia y muy blanca que me parecía como una gota de agua a otra a mi padre.

Mi padre no pudo venir a verme hasta siete días después de que yo naciese, porque según él "el cabrón de su teniente, no le dio permiso, porque antes estaba la patria que cualquier otra cosa"

Me bautizaron a los tres días, porque al ser una niña ilegitima había que bautizarme de inmediato, por si acaso moría que fuese libre de pecado. Me bauticé en la iglesia de Santiago, siendo mi madrina mi abuela Teresa como correspondía, al ser el primer hijo del padre. Heredé de ella, su nombre y sus ojos, aunque me gustaría haber heredado su fuerza, su valentía y sabiduría. No hubo ningún festejo especial, tan sólo la ceremonia a la que asistieron la madrina, mis abuelos y mi madre. Cuando mi padre me vio, cuenta mi madre que "se le iluminaron los ojos, me cogió con mucho cuidado y me besó" y le dijo a mi madre "esta es mi niña".

Hasta que mis padres se casaron, yo residí con mi madre en casa de mi bisabuela Inmaculada y mi bisabuelo David. No me sacaban de paseo, tan sólo mi bisabuela, me llevaba con ella al rincón, donde se sentaba con las vecinas Tía Carmina, Tía Isabel la Larga y Tía Bienvenida la del Tío Jorge el del Pozo. Cuando me sacaba a la calle, hacía un hueco en su falda y allí me depositaba y mi madre me cuenta que decía, "anda la mi niña, con lo guapa que es va a estar encerrada, porque tu padre lo quiera. Tu no tienes que tener vergüenza, porque no has hecho nada malo". Mis bisabuelos eran unas bellísimas personas, muy adelantadas a su época, según la opinión de mis padres.A los tres meses de nacer mis padres se casaron de día, puesto que mi madre ya no estaba embarazada. Se casó con un vestido azul marino, pues no pudo ir de blanco ya que no era pura. El convite se celebró por separado y en la calle. Mi padre con su familia y mi madre con la suya. Durante la ceremonia yo permanecí en casa de Tía Carmina, la vecina de mi bisabuela y al finalizar el banquete mi abuela Teresa fue a recogerme para llevarme a su casa, ya que mis padres pasaron esa noche, solos, en casa de mis bisabuelos que se fueron a dormir con mi tía Juana. A la semana de estar casados, nos marchamos con mi abuela Teresa, mi tío Jerónimo y mi tía Eulalia y sus seis hijos al País Vasco a un pueblo, cercano a San Sebastián, llamado Río Azul.

Cuando llegamos a Río Azul mis padres no disponían de vivienda propia, así que nos fuimos a vivir a la casa que había alquilado mi abuela Teresa en Río Azul. Se trataba del primer piso de un edificio de cinco plantas. Recuerdo que era muy grande, tenía cinco habitaciones y una cocina enorme que daba a una terraza inmensa. En esa casa de la calle Cordel (menor), nº 44, 2º derecha, vivíamos mi abuela, mi tío Domingo con su mujer (que tiene el carácter más agrio que he visto nunca), mi tío Jerónimo, mis padres, dos pupilos, que compartían piso y ayudaban a pagar el alquiler y yo. Mi padre trabajaba prácticamente de sol a sol, "para ahorrar dinero y pagar la entrada de un piso para mi familia" tal y como él dice. Tenía dos trabajos, el primero en la construcción, era un sector que se hallaba en alza. El País Vasco en los años sesenta recibió una gran cantidad de emigrantes que acudían fundamentalmente de las regiones Andalucía y de Extremadura, aunque también existían emigrantes gallegos, asturianos y navarros. Y el segundo en una fundición de metales. Trabajaba dieciséis horas, para ahorrar y comprarse una casa, para él y su familia.

Al hallarse prácticamente todo el día trabajando, mi madre se encontró que debía convivir con dos extraños, su suegra, sus dos cuñados y la esposa de Domingo. Ella comenta que al principio se sintió sola y muy triste. Su familia se encontraba muy lejos y apenas veía a su marido. Si embargo mi abuela, que era una mujer muy inteligente, supo ganarse el afecto de mi madre y a su vez mi madre, que es una mujer muy dulce y cariñosa conquistó a sus dos cuñados, de tal manera, que mi tío Jerónimo, que en palabras de mis padres "era el muchacho más alegre y simpático, que Dios a puesto sobre la tierra", no dejaba sola, ni un momento, a mi madre. Nos llevaba al cine, al parque, me sacaba de paseo y yo recuerdo el sabor dulce a fresa de las piruletas que me traía de Amara, donde trabajaba en la construcción. Crecí en un ambiente masculino y según mi padre la primera frase que aprendí fue "te pego la ostia".

Otro recuerdo muy vívido es el primer día de escuela, recuerdo que me sentí morir, no entendía por qué mi madre me dejaba con esa señora de gafas que yo no conocía. Mi madre me dice, "que lloré muchísimo y que a ella se le encogió el corazón y que cuando llegó a casa se puso a llorar y se lo contó a mi abuela. Mi abuela la consoló, pero ella no veía el momento de volver a buscarme". Cuando salí del colegio, cuenta "que corrí a abrazarme a ella y le dije que al día siguiente quería volver" y añade "Me quedé muy tranquila, porque supe que el colegio te gustaba y no ibas a llorar más". Algo que recuerdo de forma muy intensa, es el mar, lo recuerdo muy azul y frío, pero de una forma muy agradable. Creo que en ese momento nació mi amor por el mar, de tal manera que año tras año necesito verlo y cuando estoy ante él siento la misma sensación que cuando era pequeña. Me inunda una sensación muy placentera, que me proporciona una gran paz y tranquilidad. Su sonido, es para mí, el mejor sedante y su olor a sal y a yodo envuelven mis recuerdos.

Cuando contaba dos años y medio nació mi hermana Inés, no recuerdo el día que nació, pero sí recuerdo la desgracia que se abatió sobre mi familia. Una semana después de nacer Inés mi tío Domingo murió víctima de la misma enfermedad que yo padezco, un Linfoma de Hodking. No recuerdo la muerte, pero si su ausencia y la tristeza que abatió a mi familia. Yo adoraba a mi tío y no sabía dónde estaba, cuando preguntaba por él, todo el mundo contestaba que se había ido al cielo con los angelitos. Mi madre me cuenta, "que un día empecé a llorar llamándolo y diciendo que yo quería irme con él, que viniese a buscarme" Mi madre me explicó que no podía venir, que estaría fuera mucho tiempo, pero yo no lo entendí". De esta manera cuando contaba cinco años, mi hermana Inés, mis padres y yo nos fuimos a vivir a la Plaza Mariposa nº 12E y allí viví, hasta los veintiún años. En esta casa, que será mi casa siempre, he vivido los momentos más hermosos de mi vida. Era un piso muy pequeño de setenta metros cuadrados, pero muy bien repartidos, en tres habitaciones, un aseo, el salón y la cocina. Se hallaba en un barrio, donde la mayoría de los habitantes éramos inmigrantes, procedentes fundamentalmente de Andalucía y Extremadura, aunque también vivían algunos vascos, aunque en minoría.

En esta época, mi padre cambió de trabajo y comenzó a trabajar en un taller de rectificaciones de motores. Ya no trabajaba de sol a sol, tenía un turno de mañana o tarde y podía permanecer más tiempo junto a nosotros. Cuando mi padre se refiere a este trabajo, dice que fue un gran trabajo, porque le permitió sacar a su familia adelante, dar estudios a sus hijos y sobre todo permitirse algunos lujos, como las vacaciones en la playa. Los recuerdos de mi infancia están borrosos, son recuerdo como trocitos de película rodeados de una niebla intensa y sorprendentemente, lo que más viene a mi memoria son sensaciones y sentimientos. Los sentimientos que más recuerdo, son los de felicidad, fui una niña muy querida tanto por mi familia como por los profesores. Mi madre me cuenta que cada vez que iba a hablar con los profesores le decían, que era una niña muy obediente y que me gustaba aprender. No era una niña que me gustase las peleas, aunque no era una "mosquita muerta" y tenía mi genio, sobre todo cuando intentaban pegar a mis hermanos pequeños.

Cuando tenía cinco años nació mi hermana Leo. De su nacimiento recuerdo la escultura de escayola que había adosada a la pared del Hospital Nª Sª. Virgen de Aranzazu y que mi tía Inmaculada, la hermana pequeña de mi madre, vino a echarnos una mano. Mi padre cuenta, "que cuando nació Leo, como la llamamos, sintió una pequeña decepción, porque esperaba que fuese un varón, pero que al verla, con esos ojazos y lo vivaracha que era, se olvidó enseguida lo del niño". Al mes de celebrarse mi octavo cumpleaños nació mi hermano Juan. Mi madre se puso de parto por la noche. Mi padre llamó a mi abuela que vivía enfrente de nuestra casa para que nos cuidase y ellos se marcharon al hospital. Era verano, julio y no teníamos colegio. A la mañana siguiente, mi padre nos llamó por teléfono y nos dijo que habíamos tenido un hermanito. Inés, Leo y yo empezamos a saltar encima de la cama, ¡un hermanito, un hermanito! Y mi abuela nos riñó, parece que la estoy oyendo, "¡encima de las camas no se salta!".

Nunca he visto borracho a mi padre, salvo el día en que Pedro nació. Después de que mi madre diera a luz volvió a casa, se cambió de ropa y se fue al bar Francés a festejarlo, tanto lo festejó que eran las siete de la tarde y no había llegado a casa. Así que mi abuela me mandó a buscarlo al bar, que se hallaba muy cerca de mi casa. Cuando estaba llegando al mismo, vi que mi padre venía hacia mí, pero caminaba muy raro, iba de un lado a otro de la acera. Recuerdo que le pregunté "¿aita, que te pasa?" Me contestó, pero no le entendí, algo le pasaba en la boca. Le di la mano y llegamos a casa. Cuando mi abuela lo vio, lo acostó en la cama, pero se cayó de ella y empezó a vomitar, así que mi abuela me mandó llamar, a Casimiro, el vecino del primero, para que le ayudara. Casimiro vino, y riéndose y entre felicitaciones limpiaron y acostaron de nuevo a mi padre. Yo le pregunté a mi abuela, que, si el aita estaba enfermo y la abuela me dijo que no, que era la alegría que tenía por mi hermano. No lo entendí en ese momento, pero no pregunté más. La responsabilidad es otra de las sensaciones que recuerdo. Esta responsabilidad deriva del hecho de que soy la hija mayor, en un hogar en el que, aunque no existía la escasez, no había abundancia de nada. La responsabilidad comenzó cuando con cuatro o cinco años acompañaba a mi abuela, todos los viernes después de clase, a fregar la cocina de un restaurante de Río Azul. Para que no volviese sola a casa a las doce de la noche me llevaba con ella. Para mí, ir al restaurante, era una fiesta. Entrábamos en la cocina y todo el mundo me daba besos y me decía "¡Anyone, neska oso polita zara! (Francisca, eres una niña muy guapa). Me gustaba mucho. Recuerdo a una chica que se llamaba Pepita, tenía el pelo muy largo y era muy guapa, yo quería parecerme a ella. Era la encargada de darme los flanes de huevo más ricos que he probado. Es curioso, como estoy recordando el momento y el sabor del flan me inunda la boca. Para entretenerme, mi abuela me daba un estropajo con unos polvos verdes y me hacía fregar el fondo de unas cazuelas inmensas, algunas casi tan altas como yo. Las dejaba relucientes y cuando terminaba le decía a mi abuela ¡así abuela! Y ella me contestaba, ¡así hija mía rica! Y a veces me daba unos achuchones, que me gustaban mucho. Otras veces, la acompañaba los sábados por la tarde a fregar el portal de la Calle Crisálida. Aquí para entretenerme, me dejaba que sacase brillo a las manillas doradas de la puerta del portal y del tirador de la puerta del ascensor. Este trabajo no me gustaba tanto, porque no me daban flan, pero estaba con mi abuela a la que adoraba y de vez en cuando se acercaba y me daba un beso o me decía que me quería y eso me hacía sentirme muy bien. A veces, los señores García, que vivían en el portal de la calle Crisálida, pedían a mi abuela que se quedase alguna noche de sábado con sus hijos, para que ellos pudiesen acudir a alguna fiesta. Mi abuela decía que eran gente muy importante. Esas noches, acudíamos a su casa. No era como la mía, era muy grande y tenía muchas cosas bonitas, que mi abuela me repetía una y otra vez que no tocase. Yo sólo miraba, aunque una vez si toqué a una bailarina, que estaba en una mesa del salón, parecía de verdad, estaba de puntillas y con los brazos formando un círculo por encima de la cabeza. La toqué para comprobar que no era de verdad. Cuando crecí, descubrí que esas figuras pertenecían a la colección de Lladró y ahora en mi casa tengo una bailarina muy parecida, a la que recuerdo de mi infancia. No recuerdo cómo eran los niños a los que cuidábamos, porque la mayoría de las veces estaban dormidos, o era yo la que me quedaba dormida, no lo puedo recordar. La responsabilidad continuaba cuando llegaba a casa. Éramos cuatro hermanos y mi madre sólo una. Yo ayudaba en todo lo que podía. Mi madre me encargaba de bajar a mis hermanos a la plaza a jugar y de que tuviera cuidado con ellos. Así que uno de mis ojos estaba puesto en la cuerda de saltar y otro en Hortensia, Leo y cuando Francisco fue un poquito más mayor, en él. Recuerdo que a Izaskun le pasaba lo mismo, también tenía dos hermanas más, Leire y Nekane. Pero eso no nos impedía jugar. Jugábamos a la comba, y cantábamos canciones como ¡patiná, na na, patiná, na na, patinaba una niña en París, resbaló, lo, lo, resbaló, lo, lo y a la orilla del rió calló!" Jugábamos con los chicos al brillé, al escondite, a no retroceder, etc. Todo ello siempre en la plaza, puesto que la ventana del salón de mi casa daba a la plaza y desde allí, mi madre nos controlaba. Los mejores días era cuando mi madre salía con nosotros a la plaza, en ese momento, Izaskun, Ángela, Txomin y Kepa, podíamos alejarnos un poco más y nos íbamos a otras plazas o jugábamos en el árbol viejo, un plátano de indias inmenso, que se hallaba en la plaza contigua a la mía.

En esa época, mi madre nos programó a mis hermanos y a mí el tiempo de estudio y el de ocio. A las cinco de la tarde salíamos del colegio. Yo esperaba a Inés a la salida, le daba la mano y tras mirar a un lado y otro de la carretera y cerciorarme de que no pasaba ningún coche, tal y como me había aleccionado mi madre, cruzábamos la carretera y nos íbamos directamente a casa. Es algo que mis padres nos habían enseñado. Nos sentaron a mi hermana y a mí en el salón y tras darme la llave del portal y de casa, colgadas de un cordel de lana roja me dijeron: "toma cariño, como ya eres mayor te damos las llaves de casa, no se las tienes que dar a nadie, sólo tú las puedes tener. Cuando salgas del "cole", tienes que esperar a tu hermana, le das la mano y os venís directamente a casa. No debéis ir con las personas que no conozcáis, ni coger caramelos, ni regalos". Y eso es lo que hacía.

Cuando llegábamos a casa, mi madre no estaba, porque se iba a recoger a Leo al colegio de preescolar y se llevaba a Pedro en su sillita. No tardaba mucho. Creo que mi madre era una gran corredora de fondo, porque apenas llegábamos a casa ella estaba abriendo la puerta y traía a Leo y a Francisco. Al llegar, yo cogía a mi hermanito, ¡cómo quería a ese enano!, Me tenía loca, era un niño precioso, rubio con unos ojazos verdes enormes y que cada vez que lo cogía no paraba de reírse y mi madre nos hacía los bocadillos para merendar, cambiaba cada día, pero el día que tocaba el de Nocilla era una fiesta. Inés la más golosa, ese día no paraba de darle besos a mi madre y de cantar. Después nos abría la mesa de la cocina y nos ayudaba a hacer los deberes, sobre todo a mí que era la que más tenía. Cuando acabábamos los deberes, nos dejaba salir a la calle. A veces nos acompañaba, pero cuando tenía costura se quedaba en casa.

No sería justo relatar mi vida, sin hacer referencia a como veía yo a mi familia. Mi padre ha sido siempre un hombre cariñoso, siempre ha jugado con nosotros, no le importaba tirase al suelo y pasarse horas jugando con nosotros y a la vez ha sabido inculcarnos disciplina, nunca a través de la violencia. Tan sólo recuerdo dos ocasiones, donde me haya dado una azotaina Una vez, cuando desobedecí la orden de ir directamente a casa y me fui con Izaskun a ver el circo, que habían puesto en el pueblo, tendría unos diez años y el día que me negué a ir a por un pan y cuando llegó de trabajar no había pan, tendría ocho o nueve años. Él prefería los castigos, sobre todo los de escribir. Una vez nos mandó a mis hermanos y a mí, escribir cien veces me portaré bien porque nos habíamos pasado toda la tarde zurrándonos. Mi padre apenas pudo disfrutar de nuestra niñez, porque le dieron en el trabajo el turno de tarde en el taller. Por la mañana nosotros estábamos en el colegio y él entraba a trabajar a las dos, así que cuando salíamos del colegio él ya se había ido y cuando llegaba por la noche sólo le veíamos un momento, antes de acostarnos. Nos daba un beso y nos apagaba la luz. Pero yo sabía que él estaba ahí, y esta ausencia nos la compensaba los fines de semana llevándonos al parque, a tomar chocolate con churros a La Parte Vieja, de paseo, en fin, pasábamos el fin de semana juntos. Lo que mejor recuerdo son las conversaciones, hablábamos de todos los temas, sexo, drogas, chicos, colegio. Nos sentábamos en el salón y mi padre nos hablaba, mi madre le apoyaba, de tal manera que yo siempre he tenido información de todo lo que necesitaba saber, lo cual he agradecido infinitamente siempre, ya que eso me ha hecho huir de situaciones comprometidas, a lo largo de mi vida. Una imagen de mi padre, que se ha quedado grabada en mi retina, es sentado en su sillón y leyendo. Siempre ha tenido necesidad de conocer, como él me dice "nunca es tarde para aprender". Mi padre es un ser sediento de conocimiento, una persona inteligente, un buen padre y un buen hombre.

Mi madre es una mujer dulce y comprensiva, la recuerdo siempre pendiente de su familia. Es una mujer que nos ha inculcado que debemos respetar y ayudar a todo el mundo. Mi madre ha sido generosa desde que nació. Recuerdo que teniendo yo once o doce años, llamaron a la puerta dos niños gitanos que iban pidiendo para comer. Los entró en casa, les dio de comer y los vistió de arriba abajo y le dio el guiso de patatas para que se lo comiera con su familia. Aquel día comimos arroz blanco y huevos y nos dijo que ellos lo necesitaban, más que nosotros.

Mi madre se pasó la vida cosiendo. Nos hacía los vestidos, los abrigos, porque así ahorraba dinero. Como ella dice "por cuatro duros, os llevaba como príncipes". Supongo que aquí surge mi coquetería y la de mis hermanos. Una de las conversaciones que tuvo mi madre conmigo, fue sobre la menstruación. Cuando cumplí los diez años, en la cocina mientras que ella cosía, me habló de ella, me dijo que no debía asustarme porque era normal y la señal de que ya era una mujer. Me advirtió que desde ese momento ya podía tener hijos y me contó detalladamente la historia de su embarazo. Así conocí la verdadera historia de su alegría y su sufrimiento. Cuando terminó, me aseguró que nunca se comportaría como lo hicieron sus padres, pero que prefería que retrasase la concepción de un hijo hasta que hubiese terminado mi formación y que estaba dispuesta a acompañarme a por anticonceptivos si los precisaba. Mi madre es una mujer maravillosa, para mí es un ejemplo a imitar. Ambos, mi padre y mi madre son los dos pilares que me han proporcionado seguridad y apoyo a lo largo de mi vida y por eso les amo. Mi abuela, mi querida abuela Teresa, no tengo palabras para describirla. Ha sido muy importante en mi vida. La he querido porque se ha volcado con nosotros, nos aconsejaba y nos protegía cuando mi madre nos quería zurrar con la zapatilla. Recuerdo sus compotas de manzana, que tanto me gustan y su mirada de orgullo cuando terminé el instituto y me dijo "mi niña rica va a ir a la universidad" y ya no pudo ver más, porque murió al mes siguiente. Mi abuela era una mujer muy bella, morena con unos ojos verdes inmensos, muy risueña y simpática. Una mujer que a pesar del sufrimiento, nunca dejó de luchar y consiguió sacar a su familia adelante. Cuando murió yo contaba dieciocho años, sentí un gran vacío en mi interior, ella siempre había estado allí y ya no estaba. Sin embargo el amor no muere, se mantiene en el corazón eternamente y eso es lo que yo recuerdo de ella, su amor.

Cuando nació mi hermana, mis padres aseguran nunca manifesté celos hacia ella, al contrario, la cuidaba y cada vez que lloraba, y lloraba mucho, corría a ponerle el chupete. Chupete, asegura mi madre, que compartía con ella, porque yo fui de las niñas que no dejó el chupete hasta los cuatro años. Mi padre me lo untaba de los más diversos condimentos, pero yo iba al bidé y lo lavaba. Cuando empecé el colegio lo dejaba en el cajón de la mesilla y cuando volvía del colegio le daba unas cuantas chupaditas y lo dejaba otra vez, en su sitio. Así hasta que un buen día, no recuerdo cuando ni porque causa, le dije a mi madre que ya era mayor para tener chupete y lo tiré a la basura.

Inés fue mi primera amiga además de hermana y lo sigue siendo. Es una mujer muy buena, su marido la adora, aunque tiene un geniecillo, que de vez en cuando sale y arrasa, pero muy de vez en cuando. Leo, es mi tercera hermana, es una preciosidad de niña. Mi hermano Francisco es dulce y sensible. Guapísimo, hasta rabiar. Siempre le he querido muchísimo. Esta es mi familia, a la que me siento muy unida y amo de verdad. Son las personas con las cuales me identifico y las que de un modo u otro han contribuido a ser la persona que soy en la actualidad.

Soy consciente de que, al rememorar mi infancia, apenas cito a la familia de mi madre, la familia de Río Verde. Los contactos con ellos se reducen al mes que pasábamos de vacaciones en el pueblo. Y realmente no los conocía y por tanto no podía quererlos, de la misma manera que a la familia de mi padre. Todos los meses de agosto los pasábamos en el pueblo, al principio íbamos en tren, hasta que mi padre compró el coche. Tardábamos de catorce a dieciséis horas, y lo que mejor recuerdo es el calor, el aburrimiento, los enfados de mi padre pidiéndonos que nos calláramos y la música de los Chichos que nos acompañaban durante todo el viaje. La llegada al pueblo era fantástica, la casa de mi abuela Azucena, donde nos alojábamos en verano, ya que la de mis abuelos maternos era muy pequeña, se halla en la plaza del pueblo y cuando las vecinas se percataban de que habíamos llegado, y lo hacían de inmediato, se acercaban a saludarnos. Todo el mundo te besaba y eso no le gustaba a mi hermana Inés que se escondía y decía: ¡que asco, te besan todas esas viejas, que huelen mal!, Inés, ha sido siempre muy escrupulosa.

La casa de mi abuela Teresa, que al morir la heredó mi padre, es muy fresquita, tiene unos muros muy gruesos, que impiden el paso del calor y muy grande, tiene dos pisos y las habitaciones de la planta baja poseen bóvedas de nervios. En la planta de arriba tiene una gran terraza, donde el sol está presente durante todo el día. Los veranos no los recuerdo con nostalgia, en el pueblo no lo pasábamos muy bien. Los niños nos rechazaban, porque decían que éramos botejaras y nos insultaban. Yo llegué un día a casa llorando, porque aparte de llamarme botejara me llamaron, fea, cuatro ojos, pirata, porque llevaba el ojo derecho tapado con un parche por indicación del oftalmólogo. Me sentí muy humillada y no entendí porqué me agredían sin hacerles nada. Mi padre me dijo "que no llorase y que me defendiese, que cuando me insultasen contestara", pero en vez de hacer eso, mis primas que también venían de fuera y mis hermanas, nos juntábamos y salíamos a jugar y cuando nos insultaban, nos íbamos a otro sitio. Es la primera vez que sentí rechazo, por ser de otro lugar. Otro inconveniente del pueblo era la falta de agua corriente y del baño. ¡Cuantas veces hemos llorado! porque no queríamos hacer pis en el orinal y cuando había que defecar, teníamos que salir corriendo a la cuadra de tío Pollo Chico y era horrible, porque olía fatal y había que ir con mucho cuidado, para no pisar los restos de otras personas. Lo mejor era la hora del baño, mi madre nos bañaba en un baño enorme y amarillo que mi abuela Teresa tenía en la terraza. Lo llenaba por a mañana y se calentaba al sol durante toda la mañana. Al levantarnos de la siesta mi madre nos bañaba y era un auténtico placer.

Cuando fui al vicerrectorado que se hallaba en la calle Prim de Donosita, fui con la idea de cursar mis estudios en la Escuela Universitaria de Enfermería. A mí me hubiese gustado hacer medicina, pero la situación económica de mi familia no me permitía la posibilidad de realizar una carrera fuera de mi ciudad, así que tuve que ceñirme a las que había en Donostia y elegí la que más se aproximaba a lo que yo deseaba, que no era nada más que ayudar a la gente. El fin de semana antes de empezar las clases, tuve una conversación muy importante con mis padres. Mi padre me dijo "hay una cosa que no debes olvidar nunca, y es que eres hija de un obrero y no porque vayas a ser universitaria, no te creas que eres mejor que nosotros y te avergüences de tu familia".

Esa conversación se ha quedado grabada en mi memoria y mi promesa de que no lo olvidaría también. Me concedieron una beca que me permitió pagar la matrícula y poco más, por lo que mi condición de becaria y la certeza de que, si no me la concedían nuevamente, me obligaría a abandonar la carrera, me salvó de perderme dentro del tumulto de fiestas, bailes y demás acontecimientos universitarios, lo que no significa que no asistiera a unos cuantos.

Finalizo la carrera, volvió Francisca a Extremadura, a trabajar a la tierra de ella y sus padres, pero todo era, al principio, nuevo y era reconocida como extraña para los del lugar. Fueron tiempos duros, pero bastante menos que en comienzo para sus padres en el País Vasco. Más tarde a su padre le diagnosticaron una enfermedad que le imposibilito para el trabajo, volvieron todos y ahora descansan complacientes en su tierra, la nuestra.

Ricardo, adaptación de ida y vuelta

Mi experiencia de emigrante empieza desde muy joven, a los 10 años, aunque conceptualmente el traslado de Torrequemada a Avilés se considera inmigración, la verdad es que como experiencia no sabría enumerar las diferencias con respecto a la emigración a otro país (Alemania), salvando por supuesto el vehículo de la comunicación, la lengua. Esta experiencia migratoria empieza en Avilés, con mi abuela que a la vez estaba viviendo con su hija, el motivo fue que estando mi padre en Alemania se marchó también mi madre y por esa razón yo tuve que irme a Avilés y mi hermana se quedó en el pueblo con mi otra abuela. Esta estancia en Avilés duró hasta los 14 años. Mis padres se acogieron al reagrupamiento familiar y nos marchamos toda la familia (mis dos hermanos y yo) a Alemania.

Mis primeras impresiones que me lleve al llegar a Alemania fueron de soledad, ya que aunque iba acompañado de mis padres, hermano y hermana, echaba de menos la compañía de mis amigos que en esos momentos eran lo más importante. El primer y segundo mes fueron muy tristes. Mis padres se marchaban a trabajar a las seis de la mañana y mis hermanos y yo nos quedábamos solos hasta que volvían que eran aproximadamente a las 6 de la tarde. En el hotel que vivíamos había un patio en el cual yo me entretenía jugando con un balón y mi hermana jugando a las muñecas y sobre todo recordando a los amigos. Recuerdo que llegamos en Septiembre y por entonces ya habían empezado los niños de la edad de mi hermana, 10 años, en el colegio y mi padre que ya llevaba siete años en Alemania, se defendía un poco con el idioma y llevando solo cinco días en Alemania la llevaron al colegio del pueblo (Finentrop) con todas las niñas alemanas y sin saber absolutamente nada.

Esta experiencia la cuenta mi hermana y creo necesaria el incluirla para poder entender las primeras dificultades que se encontraron los niños de los emigrantes en un país diferente y porque la tuve que compartir con ella todos los días al llegar a casa. Juana, mi hermana, nos comenta que los primeros momentos en clase no se lo deseo ni a mis peores enemigos.

El trato y el recibimiento por parte de mi profesora eran muy amables, pero yo solo podía llorar. Recuerdo que mi mejor amiga que hice en el colegio fue una chica que se llamaba Kalliroy Mavrea (griega) y estaba en las mismas circunstancias que yo y por lo tanto nos ayudábamos la una con la otra a través de señas. Juana nos cuenta que transcurrido el primer mes, todo poco a poco iba cambiando y el grupo de amigas se fue incrementando ya que lo que al principio me parecía un mundo el llegar a poder entender esa "lengua tan rara", comprobaba que cada día mi amiga y yo nos entendíamos mejor y no solamente a través de señas. Mis padres se sorprendían, ya que cada día aprendía palabras nuevas que ellos habían tardado mucho tiempo en aprender y recuerdo que mi madre me decía que la misma palabra la decía de forma diferente a mi padre (la pronunciación era distinta). En el colegio estuve desde los diez años hasta los 14 y mi titulación es la equivalente a Secundaria en España.

Para mí el encuentro con el nuevo idioma fue de forma distinta. Yo el idioma lo aprendí no yendo a la escuela, sino a través de amigos alemanes, y me explico. Estando una tarde en el patio del hotel jugando al balón se acercó un señor y me empezó a hablar y haciéndome señas con el balón, de tal manera que yo empecé a llorar pensando que me decía que había robado el balón, esto se lo cuento a mi padre y este no le da importancia. Pero pasados unos días y siendo domingo se acercó el mismo señor con un chico de mi misma edad, para hablar con mi padre y todo quedó aclarado. Pues bien, el caso es que este señor se había dado cuenta que yo jugaba muy bien al fútbol y lo que pretendía es que jugara con su hijo en el equipo de Grefembruch. Esto me lo dice mi padre y yo sin pensarlo le dije que sí y al día siguiente aparece el hijo para que le acompañara al campo de fútbol para entrenar. Al principio no sabía que hacer ni que decir, ya que yo por entonces nunca había tenido contacto con los alemanes, pero me di cuenta de que el lenguaje del fútbol es igual en todos los sitios y una vez que empezamos a entrenar y gracias a mi habilidad con el balón todo, poco a poco, fue cambiando, tanto es así que pasados cuatro o cinco partidos ya me consideraban uno de los imprescindible en el equipo. A través de esta circunstancia cambió todo con respecto a mi estancia en Alemania, ya que poco a poco fui aprendiendo el idioma llegando a comunicarme de forma bastante correcta con el resto de los componentes del equipo y llegando a tener amigos no solamente para jugar al fútbol sino para salir con ellos los fines de semana a una discoteca del pueblo y a las fiestas.

Con respecto al trabajo empecé a trabajar una vez que tuve 15 años, en el Metten (matadero de cerdos) que estaba en Finentrop y que la mayoría de trabajadores eran españoles y además de Torrequemada. Mi padre llevaba trabajando en dicho matadero nueve años y estaba muy bien considerado por lo que a través de su influencia me hicieron contrato de "aprendiz" por la edad que tenía. Recuerdo que mi primer puesto de trabajo fue en una máquina para hacer salchichas y allí estuve hasta que mis padres decidieron venirse para España.

El tiempo de ocio que teníamos una vez que empecé a trabajar era muy poco y lo empleábamos en ir a una discoteca donde solíamos ir todos los españoles. Los fines de semana eran muy intensos, ya que seguía jugando al fútbol con los alemanes y también los domingos en una liga de españoles en el equipo de Attendorf. Por lo que prácticamente no tenía tiempo de aburrirme y la verdad que me lo pasaba bien.

Sobre la adaptación, puedo decir que el principio fue difícil, pero una vez pasado un tiempo me encontraba a gusto y a ello contribuyó el conocimiento de la lengua y el reconocimiento y respeto por parte de los amigos alemanes hacia mí, lo que peor llevaba aparte de la añoranza de mis amigos de Torrequemada y de Avilés era la climatología y el paisaje que eran muy distintos. La relación con compañeros de otros países era muy poca, ya que se basaba solamente a la hora del trabajo y tampoco mucho, ya que donde trabajaba había más españoles (torrequemeños) que de otros países, por lo que tampoco tenía mucha necesidad de relación y una vez terminada mi jornada laboral, la mayoría del tiempo lo pasaba con los compañeros alemanes del equipo de fútbol.

El regreso a España sucedió por decisión de mis padres, al tener que regresar por motivos familiares (cuidar a mi abuelo), aunque yo tuve que tomar la decisión de forma individual, ya que por aquel entonces yo tenía contrato laboral y podía seguir vinculado a Alemania. El sentimiento de dejar a Alemania fue intenso ya que lo mismo que al principio se sentía miedo por lo desconocido, en esos momentos daba la sensación de dejar parte de mí allí y que nunca volvería a ver. Yo particularmente me despedí con lágrimas en los ojos. Por una parte quería volver a España, pero ahora que estaba acompañado de mis padres y que estábamos ganando bastante dinero que luego nos vendría muy bien para reiniciar la vida en España, me molestó un poco ya que el retorno lo teníamos planteado para dentro de tres años. Las circunstancias de la vida y el respeto a nuestros mayores es lo que nos hizo tomar la decisión de volver antes, para no dejar a mi abuelo solo en el pueblo ya que él antes siempre estuvo haciéndose cargo de nosotros. La decisión me costó bastante, por lo bien que en esos momentos me encontraba, pero esa situación cambiaba al perder el entorno familiar y tener que afrontar la nueva situación en solitario. Después de comentarlo con mis padres decidí volver a España de nuevo y una vez llegado a Torrequemada y pasado el primer mes, de nuevo volví a "emigrar" en este caso a Avilés con mi tía que la consideraba como mi segunda madre, así como a mis primos mis hermanos pequeños. La motivación por supuesto no era solamente familiar, sino que las perspectivas laborales en el pueblo no existían.

A mi particularmente no me gusta la actitud de muchos españoles cuando hablan de los emigrantes, ya que la mayoría de españoles hemos tenido que emigrar y no fuera de nuestro país sino dentro de España y podría relatar mi experiencia en Avilés que me sentí tan extranjero en Asturias como en Alemania ya que en Avilés en el aspecto social estábamos más discriminados y el trato con los que se consideraban "naturales" del lugar era de forma despectiva ya que nunca fuimos considerados, por lo que muchos españoles deberíamos reflexionar sobre nuestras propias experiencias, a la hora de verter comentarios ofensivos hacia otras personas que ya de por sí encuentran dificultades, como el idioma, la adaptación, la vivienda, etc. Podría reflexionar de forma más profunda sobre mi experiencia de emigrante, pero solamente he querido recoger los aspectos más importantes por lo que normalmente pasan los hijos de los emigrantes, que podríamos resumir en una ida y vuelta, salida y vuelta de nuevo, es decir, todos queremos terminar regresando al lugar que forma parte de nosotros mismo.

Benito, dando gracias al país de acogida

Benito tiene hoy 79 años, de profesión labrador. Antes de viajar a Alemania estuvo durante 6 meses en Avilés trabajando en una fábrica de pescado y en Madrid durante 3 meses en la construcción. Llegó a estos lugares después de una llamada de un familiar, con el que compartió habitación con otros dos compañeros más. La estancia duró poco ya que no le gustaba la ciudad.

Las razones que motivaron la marcha hacia Alemania fueron la económica y las expectativas que desde el Estado Español difundían a través del Instituto de Emigración. También las pocas expectativas que había en el pueblo con un sueldo de 100 pesetas al mes.

Fue muy duro despedirse de la familia recién creada. Al marcharse no tenía nada y lo poco que se llevó fue a través de un préstamo (3.000 pesetas) de una vecina del pueblo. Una maleta con un traje y un poco de viandas para comer durante el viaje y la maleta llena de tristeza. Cuando se marchó para Alemania ya iba en posesión de un contrato de trabajo que le proporcionó la delegación de Cáceres del Instituto de Emigración. El contrato era por un año, en una empresa de construcción. Fue acompañado por 10 paisanos del pueblo y la duración del viaje fue de dos días en tren, hasta Colonia.

Los primeros momentos en Alemania eran de desconcierto y de recuerdo, pero a la vez como estaba acompañado por los paisanos del pueblo este sufrimiento era mitigado entre todos. En Colonia estaba una furgoneta de la empresa que le llevó a la residencia (barracones), donde dormían en literas. Con respecto al idioma, no era una gran preocupación, ya que todos los que estaban trabajando estaban en las mismas circunstancias, tanto españoles como griegos, yugoslavos... pero los italianos, griegos, yugoslavos....aprendían más rápido. Ellos iban a una tienda y como no sabían pedir las cosas se fijaban en la figura del envoltorio (un pollo) y estuvieron comiendo todos los sábados arroz con pollo, sin darse cuenta que eran restos de pollo que se vendían como comida de perros.

Benito cuenta: lo pasé peor con la alimentación, la diferencia era muy grande y hasta que nos adaptamos lo que más comíamos era a base de latas, ya que los productos que traíamos de España duraban poco. Una vez que pasó un tiempo, todo cambió y las comidas que más nos gustaban eran las salchichas, lentejas y chuletas. Lo que más me llamó la atención es que casi todo se guisaba con mantequilla y no con aceite.

Los trabajos fueron varios, ya que no había problemas y siempre buscábamos las empresas que se trabajasen más horas. Se trabaja en empresas de cristal, de metal... y los compañeros eran la mayoría emigrantes, aunque si había alemanes no existía discriminación alguna. Los emigrantes desarrollábamos los trabajos no cualificados, ya que nosotros no disponíamos de titulación alguna. Se trabajaba hasta los sábados y con respecto a la vivienda, siempre o la mayoría de las veces eran en pensiones que compartíamos con varios paisanos. El baño era compartido y te lavaban la ropa y en la habitación se disponía de un "infiernillo" para calentarse la cena y la comida de los domingos, ya que durante los días de diario comíamos donde se trabajaba. Los precios de las pensiones no eran abusivos y estaban mejor que con respecto a los primeros años. Tampoco estaban en sitios aislados, sino que estaban dentro de los pueblos, por lo que nunca sentían ningún tipo de discriminación social.

Normalmente en Alemania por entonces y sobre todo en los primeros años, se cobraba a la semana y los primeros pagos fueron de aproximadamente 100 marcos. Esto supuso que todas las semanas mandaba a España, a través de un giro, 1.000 pesetas. El cambio se hizo notar rápidamente en la economía familiar y a partir de esos momentos la perspectiva a un futuro esperanzador motivaba los momentos difíciles de soledad. Yo recuerdo las primeras sensaciones que tuve al probar el chocolate. Este producto era prohibitivo entonces para nosotros, como también el cambio de ropa, zapatos, etc.

La comunicación con la familia era a través de cartas con una frecuencia de dos al mes. Estas cartas tardaban en llegar a España tres días. También ayudaba a otros compañeros que no sabían escribir y leer. Al principio venía a España todos los años con una duración de dos o más meses. Este tiempo era aprovechado para realizar las labores de campo que se mantenían con la ayuda de los abuelos e hijos en la familia. La estancia en España no suponía descalabro a la hora de la vuelta para encontrar trabajo, ya que por esa razón podía quedarse más tiempo de lo normal en España. Esta circunstancia cambió cuando fue acompañado por su mujer y sus hijos, entonces la vuelta a España cada dos años.

Las diferencias entre los dos países eran muy grandes y sobre todo en el aspecto de costumbres, comidas y formas de ser. Cuando veníamos de vacaciones, con una economía más saneada, se traducía en una gran alegría que se contagiaba a todo el pueblo y esto influyó en varios aspectos, por ejemplo en la inauguración de las fiestas de los emigrantes, que eran festejadas como las fiestas del pueblo, en la romería de Nª Sª del Salor, etc.

Con muchos de los emigrantes que vivían con nosotros no existían diferenciación con respecto a compañeros españoles y es más mi mejor amigo era un polaco y siempre mantuve mucha relación con griegos (un hermano se casó con una griega) e italianos. Con los turcos mantuve menos relación, pero porque ellos solían juntarse entre ellos, aunque en la última etapa en Alemania en el hotel había turcos y nunca hubo problemas. Siempre existía algo dentro de todos que se traducía en ayuda hacia cualquier emigrante.

Fundamos una asociación en Atendor, que nos servía para pasar los domingos, donde hacíamos baile, jugábamos a las cartas y fundamos un equipo de fútbol para participar en la liga de los equipos españoles. En esta asociación también había yugoslavos e italianos. La procedencia de los españoles era de toda España, ya que había andaluces, gallegos, etc. Las fechas más determinantes y que peor se pasaban en soledad correspondían en Navidad. Aunque en estas fechas el gobierno ponía trenes especiales hasta la frontera de España, para facilitar el que todos pudiéramos pasar esas fechas en familia. En mi caso particular no todas las veces pudo ser. Cuando esto sucedía el día de Nochebuena siempre era compartida con todos los que nos quedábamos, es decir, nadie cenaba solo en su habitación.

Sobre el ocio sólo añadir que a veces participábamos en las fiestas de la localidad en donde residíamos y aunque había diferencia, compartíamos con los alemanes el baile y la bebida y siempre que no nos sobrepasáramos el comportamiento de ellos con nosotros era correcto e incluso podíamos bailar con alemanas.

El sentimiento de dejar Alemania fue intenso ya que lo mismo que al principio se sentía miedo por lo desconocido, en esos momentos daba la sensación de dejar parte de nosotros allí y que nunca volveríamos a ver. Yo particularmente me despedí con lágrimas en los ojos. Por una parte quería volver a España, pero ahora que estaba acompañado de mi mujer e hijos y que estábamos ganando bastante dinero que luego nos vendría muy bien para reiniciar la vida en España, me molestó un poco ya que el retorno lo tenía planteado para dentro de tres años. Las circunstancias de la vida y el respeto a nuestros mayores es lo que me hizo tomar la decisión de volver antes, para no dejar a mi suegro solo en el pueblo ya que él antes siempre estuvo haciéndose cargo de nuestros hijos. Una vez en España, ya las penurias económicas no eran las mismas por lo que pudimos reiniciar nuestras vidas en una situación ventajosa y ahora que ya estoy jubilado, cobro pensión por España y por Alemania, así que puedo decir de Alemania. Solamente que gracias.

Una emigración más dulce, pues les tenían abonado el terreno

Mariví llegó a Suiza en el 1973, el 23 de junio.

Llegué un poco casualmente; o sea, tenía intención de venir, pero no mucha. Soy de Coria. Estaba aquí –en Suiza mi padre, que trabajaba en una fábrica de hierro. Vine para empezar a trabajar en el hospital, con un contrato, directamente. Desde el principio me integré bien, la verdad. Trabajaba en la limpieza, en el 'Cantón Hospital' de Basilea. El mismo día que llegué conocí al que hoy es mi marido, el mismo día que llegué, y aquí llevo 35 años; soy madre de tres hijos nacidos aquí, de 33 años, 30 y 28 años. Ellos, naturalmente, han hecho aquí la escuela, su profesión... La verdad es que en la escuela han estado más o menos bien, a veces han tenido algún que otro enfrentamiento con sus compañeros: "Españoles, español", pero cosas de chavales, no han sido cosas muy graves. El mayor sobre todo se ha sabido defender muy bien en este tema.

Me he integrado bien, más o menos me parece

que me he integrado bien. He aceptado este país que me ha acogido, la verdad.

La principal dificultad que encontré al llegar fue el idioma. El idioma me parecía muy raro al llegar, la verdad, pero en el trabajo había compañeras que hablaban español, que eran españolas como yo. Con el tiempo, solamente de escuchar, empecé a aprender hablar el italiano con otras compañeras y también el alemán que se me fue quedando de tanto oírlo por la calle y de oírselo a mis hijos. Ahora me sé defender, no puedo decir que lo hable perfectamente, pero para vivir aquí me sé defender.

Aquí no he tenido grandes problemas ni pasado calamidades. No, yo no las he pasado. Me casé muy joven, al poco tiempo de llegar, luego vinieron los hijos.

No emigramos toda mi familia de origen, solamente mi padre y un hermano mío que vino al año de estar yo aquí. Mi padre después se fue para España para hacer su vida al lado de mi madre. Mi hermano sigue aquí, ahora está en España de vacaciones, precisamente, marchó ayer.

Mi madre nunca pensó en venir porque mi padre trabajaba estacionalmente, no quería traer a la familia. Tenía lo que llamaban el permiso A, de temporero. Venía nueve meses al año. Podías estar todo el año y en España tres meses y renovarlo. Hoy la cosa ha cambiado y ese tipo de permiso solo existe para trabajadores de la construcción.

Cuando ya tienes el permiso indefinido ya no necesitas salir ni entrar. Yo tengo permiso permanente, no necesito salir ni entrar; o sea, que puedo estar aquí aunque no tenga trabajo, puedes seguir buscando trabajo y no tienes que salir.

Mi padre se vino porque no tenía trabajo en Coria, antes de venir aquí emigró al País Vasco, trabajaba allí durante el verano y en el invierno volvía a Coria porque abría la fábrica, donde trabajaba tres meses limpiando... Aquí vendría sobre el 68, 69 y al País Vasco, ya no me acuerdo, yo era pequeña, pero seguramente fue en el 60.

La verdad es que mi padre no tenía mejores condiciones de trabajo aquí, se vino porque se ganaba más, eso era evidente. Sí, pienso que sería por eso, y en el País Vasco pues también, allí trabajaba en la construcción. No estaba muy informado de las cosas, todos los años cuando venía se apuntaba a Inmigración. Esto era un fallo porque unas veces le tocaba trabajar en el campo con los agricultores de aquí, otras veces le tocaba trabajar en otra cosa, depende, donde había sitio allí lo metían y en peores condiciones. En los últimos años estuvo trabajando en la "Fundidora".

Yo trabajé en el hospital tres años. Cuando nació mi hijo, mi marido me dijo que no valía la pena que yo trabajara tanto, y, dejé de trabajar en el hospital para cuidar al chico. Después trabajé en casa de una señora de cocinera, de las ocho de la mañana y terminaba a las dos de la tarde. No eran muchas horas porque a mi hijo Renato lo llevaba a la misión que estaba cerca de mi casa y yo a las dos de la tarde lo recogía. Lo llevaba a la guardería española, a la misión española que tenía guardería. Me venía bien porque así el niño no tenía que madrugar para llevarlo a ninguna guardería suiza, y después a las dos de la tarde yo le podía recoger tranquilamente y todavía podía disfrutar de él.

Aquí las monjas hicieron un trabajo muy importante en aquellos años, en esto de guarderías y ayudas a la familia.

Salir también era ganar libertad, un soplo de aire fresco.

Me llamo María Jesús S. Vine (a Basilea) en el año 74, de Malpartida de Cáceres. Soy hija de soltera, me crie un poco a la buena de Dios; es decir, entre los vecinos de allí y mi abuela que era mayor. Tengo un defecto en la pierna pues pasé la polio. además de ser hija de soltera estaba coja. Así que para mí fue bastante, bastante mala aquella época. Como consecuencia yo era muy rebelde, hacía muchas trastadas en casa y fuera de casa; de hecho en mi pueblo me llaman "el bicho". Vine con unos tíos.

En una de estas trastadas estaban mis tíos de vacaciones y mi abuela perdió los nervios conmigo y me dijo que me mandaba con mi madre. Para mí ir con mi madre era lo peor que me podía pasar. Entonces, les rogué a mis tíos que me trajesen con ellos. Tenían dos niños, de tres años y un año y medio; no tenían guardería en aquella época y me trajeron para tres meses para cuidar de los niños.

Yo con los niños siempre he tenido muy buena mano, aunque haya sido un bicho con los mayores, con los niños he sido muy buena gente. Pasaron aquellos tres meses vine en agosto y en noviembre, el día 25, murió mi abuela.

De manera que me volví a quedar otra vez sin saber adónde ir. Y para mí estaba claro que me quedaba aquí. Entonces, les pedí a mis tíos poder quedarme, eran dos hermanos, y me quedé en casa del que me había traído, cuidando de los niños.

Tenía sólo quince años, no había cumplido los dieciséis. Luego conocí un par de chicos antes de Balbi, mi marido. Había uno que tenía veinticinco años, a mí me parecía viejísimo, se quería casar conmigo; decía: "yo me caso, me caso". Y yo pensaba: "¡madre mía!". Yo me quería casar, eso lo tenía claro, siempre me quería casar, pero no con uno de veinticinco años.

Yo salía desde el principio, a mí me gustaba salir; porque yo soy la típica española de salir. Me enteré que aquí había baile para españoles, sitios donde se encontraban los españoles. Mi tío no me dejaba salir si no me acompañaba alguien, así que me inventé una amiga, que mis tíos nunca conocieron, pero yo salía y me iba al baile español.

Lo que más me impresionó de aquella época fue después de un año aquí, aproximadamente, que un día entré en el baile español y estaban tocando un pasodoble, una cosa que a mí en el pueblo me parecía muy antigua, porque allí teníamos... pues Camilo Sexto, Juan Pardo y esta gente, ¿no? Y entré allí y me senté... un pasodoble... y me eché a llorar en la puerta del baile. Vino un chico, que todavía lo veo por aquí mucho, me miró y me dijo: "¿Qué, la primera vez que entras en un sitio recién llegada de España, no?"

Yo iba al baile y me sentaba sola, que en aquella época no era muy normal. Me sacaban a bailar, bailaba y si no pues bueno. Así conocí a otras chicas con las que hice amistad, entre esas chicas estaba la hermana de Balbi, y conocí a Balbi. Balbi tenía un coche de dos plazas maravilloso, me acuerdo, sí; me enamoró el coche, tengo que reconocerlo.

Profesionalmente trabajé también en un asilo de ancianos, un asilo de ancianos de origen judío; es decir, con sus normas de religión judía y todo esto. Lo pasé muy mal, realmente. Al principio todo era pelar patatas; entraba a las siete de la mañana pelando patatas y salía a las siete de la noche pelando patatas. Luego, descubrí que tenían una 'cosa' parecida a una lavadora y ahí metías las patatas y se pelaban solas, aunque luego al sacarlas había que quitarles donde no la habían pelado.

Era ese mi trabajo o, también, preparar la mermelada para el otro día en cuenquitos pequeños y ponerlos en las mesas... Mi primer trabajo... fue complicado por el tema de religión; ellos ponían los productos lácteos y el pescado separados de los productos cárnicos, y bueno... Yo me liaba mucho.

Mi problema más grande fue el idioma, porque a mí me gusta mucho comunicar con la gente y claro en español como que no llegaba a ningún sitio. Mi suerte el que no me dé vergüenza nunca, y aunque lo dijese mal y la gente me mirase y se riese, yo ahí... Aunque fuese por gestos, si tenía que comprar cerdo le hacía el cerdo, y si le tenía que hacer la gallina, hacía "claclaclá", pero yo los huevos me los llevaba. El idioma es, realmente, la barrera más grande para mí en la emigración.

Después me fui a otro asilo de ancianos a trabajar. Allí empecé limpiando habitaciones, ya no estaba en la cocina; limpiando habitaciones y estuvo bien, hasta que... En ese tiempo me casé y tuve tres hijos. Cuando tuve al pequeño pagábamos mucho de guardería, yo no les llevé a las guarderías españolas, ni a todos estos sitios. Realmente es que yo las desconocía entonces y todo esto lo he conocido más adelante. Así pues, cuando nació el pequeño decidimos que lo que pagábamos de guardería, más lo que pagábamos de impuestos y demás no hacia rentable el que yo trabajase. Decidí quedarme en casa y por la tarde, cuando mi marido llegase, salir yo a trabajar un poco, iba a limpiar oficinas, siempre.

Así pasaron unos cuatro años de mi vida; después empecé a trabajar en Correos, donde trabajé sorteando las cartas. Y, como dicen en nuestra tierra, "más vale caer en gracia que ser graciosa". Le caí en gracia a un jefe y me propuso hacer un cursillo, que aquí se llama "data ti pitching", para introducir datos en el ordenador; para mandar cartas a distintos países. El curso era un curso interno, lo hice en el mismo Correos. Lo hice y muy bien, me lo pasaba pipa, estaba sentada, trabajaba tres horas simplemente; me sacaba un dineral porque Correos paga muy bien, pero el ambiente que había de trabajo era muy malo. Había muchas mujeres, muy pocos hombres y las mujeres íbamos a ver quién podía más, era un desfile de modelos y de competencia. A los dos años pensé que no, que no, que yo no aguantaba esa presión. El trabajo era bueno pero el ambiente era malísimo. Y me volví a marchar, me fui a un bufete de abogados en el que trabajé limpiando y haciendo un poco de todo; les compraba, organizaba, era un poco como gobernanta. Allí venían a ayudarme mis hijos, mi marido, toda la familia.

En ese tiempo alguien me abrió los ojos y me dijo que yo por estar coja quizá podía tener una paga, y mira por donde la solicité. La solicité y no me vino; es decir, me vino rechazada porque la pierna la traía así de España. Pero cuando estaba en el Estado de Derek me caí y me rompí la pierna estando de cuatro o cinco meses, y al estar embarazada no me hicieron radiografías ni tratamiento. De manera que se me curó la pierna sola, con lo que se me malformó como un 'puente'. Cuando di a luz de la sala de partos salí a otra sala para operarme la pierna. Me rompieron el hueso, me lo colocaron, salí del hospital y poco tiempo después me vino lo que había solicitado. En su debido tiempo, me dieron los atrasos del dinero y el cincuenta por ciento de invalidez, y fue fantástico. Es decir, con eso ya económicamente estábamos bien.

Más tarde los abogados para los que trabajaba se fusionaron en otro bufete más grande, el doble de grande, antes eran simplemente dos, ahora son cinco abogados e hicieron una fusión. Me propusieron trabajar con ellos, pero era mucho trabajo y ya no quise.

Me despedí, me dio mucha pena porque yo allí me sentía un poco de familia. Tengo que decir que a mí, quitando en el hospital de los judíos, en los demás sitios me han tratado como a uno más; no como a la mujer de la limpieza, sino que era uno más. De forma que al despedirme, en el bufete me propusieron darme ellos la carta de despido para que así pudiera cobrar el paro desde el principio y optar a la invalidez completa.

Estuve luchando un año o un año y poco, y lo conseguí. Me presenté para un puesto de trabajo en una cafetería, para personas con una minusvalía. Requerían de una persona, yo me ofrecí y no me dieron el trabajo. Posteriormente, como tienen obligación de coger personas disminuidas físicas o psíquicas reclamé. Entonces me ofrecieron un trabajo pero pagado a tan solo cinco francos, cuando estaba cobrando en Correos a 40 francos. Tuvieron el fallo de ofrecérmelo por escrito, con lo que yo ya tenía algo en mano. Les dije que era disminuida física pero no psíquica, que yo no me iba a prestar a trabajar por 5 francos después de tantos años en Suiza, y teniendo una paga semejante. Los demás puestos de trabajo que me ofrecieron yo no los rechazaba directamente, pero digamos que jugué un poco con la diplomacia de decir: "esto no lo puedo hacer o lo otro". También hice un curso de alemán que no terminé, porque tenía que estar sentada muchas horas y no podía. Me llamaron de la invalidez y me preguntaron si quería trabajar, les dije que sí, que me diesen un trabajo y me hiciesen estudiar. Esto ha sido hace dos años, no hace tanto; ya no les conviene que yo estudie, no le voy a dar una rentabilidad a Suiza. Les dije que había trabajado en el bufete de abogados del doctor Fisher, este hombre ha sido el Presidente de la Cámara de Abogados de Basilea, es muy conocido; y dijeron "bueno, veremos qué podemos hacer". Creo que he tenido mucha suerte en este sentido, me vino aprobada la paga, tengo un 75 por ciento y, realmente, no necesito trabajar.

Sigo rodeada de extremeños

Soy Cipriana M., una mujer casada con otro paisano de mi mismo pueblo y con tres hijos varones. Nací en un pueblo muy bonito de la zona de los Barros en la provincia de Badajoz llamado Salvatierra de los Barros, de esto hace ya 58 años, y es que el tiempo pasa muy rápido y apenas parece que una se entera de ello. Allí nací y fue donde desarrollé mi infancia, adolescencia y parte de mi juventud hasta que me casé y entonces me vine con mi marido a Madrid.

En mi casa recuerdo ya desde bien chica, junto a mi hermana y mi hermano y por supuesto mis padres rodearme de todo lo relacionado a la alfarería y la cerámica, profesión que es muy típica en esta zona de la provincia de Badajoz y este hecho fue unos de los que realmente marcó mi vida, pues siempre vi a gente trabajando en mi casa, no sólo del círculo familiar sino que además mis padres contrataban a otros alfareros, que además normalmente eran hombres, para que les ayudaran y pudieran así llevar mejor el negocio y porque en mi casa sólo estaba mi hermano como chico, pero que era muy jovencito para trabajar en esta tarea, de ahí que por eso contrataban a más personal masculino. Y en este ir y venir de gente por mi casa conocí al que hoy es mi marido Cándido y su hermano, y aunque en su casa también ellos eran alfareros eran varios hermanos y no necesitaban mucho más personal para trabajar. No sé si me enamoré yo de él o el de mí pero el caso es que empezamos a "hablar" y con 16 años ya éramos novios y después de 8 años de "hablar" por carta básicamente, pues él junto a su hermano se fueron a Madrid posteriormente, nos casamos.

Mi padre contrataba a los hombres para que hicieran unas "tareas" concretas y que luego les pagaba de acuerdo a las tareas realizadas, esto le vino muy bien a la familia de mi marido pues con ese dinero iban tirando hasta que en su familia vendían los cacharros de cerámica que ya habían fabricado tiempo atrás y que tenían en el almacén a la espera de poder vender. Esto aportaba más dinero a esa familia que la que ellos mismos generaban en su venta. Recuerdo que iban camiones a mi casa desde Villanueva de la Serena o de Bailén que encargaban previamente a mi padre un pedido de loza y que luego ellos mismos iban a recogerla al pueblo. Fueron años duros, pero en mi familia salimos adelante con esto de la alfarería.

Mis recuerdos de la escuela no fueron muchos pues solo hice lo que entonces eran los Estudios primarios hasta los 14 años y luego me quedé con los oficios de casa hasta que me casé en el año 73 con 23 añitos y me fui a Madrid. Me dio pena casarme tan joven porque dejaba a mis padres, a mi hermana y a mi hermano aún menor de edad y también la alfarería, pero claro como una era la mayor pues había que sacrificarse.

Mi marido ya había emigrado a Madrid y con un hermano se puso a trabajaren un bar en la zona de la Puerta de Toledo, posteriormente ellos tuvieron la iniciativa de montar otro bar en Leganés al que luego yo misma me incorporé a trabajar el día de la Inmaculada, el 8 de Diciembre de 1973, después del viaje de novios que hicimos a Zafra. Fue este el momento en que dejé mi pueblo y mi familia y tomamos la decisión de irnos a Madrid pues era allí donde se encontraba el negocio de mi marido junto a su hermano y su cuñada. Se trataba de un Bar en Leganés, el Bar "La Terraza" en una ciudad del sur de la Comunidad de Madrid próxima a la carretera Nacional V o de Extremadura al que habían emigrado muchos paisanos extremeños.

En poco tiempo me empecé a acostumbrar a la vorágine de la vida en Madrid en general y a lo sacrificado que era llevar a cabo el trabajo en un negocio como era un bar, aunque no por ello dejaba de echar de menos la vida tranquila del pueblo y los paseos diarios por las calles del centro con mucha gente. Fueron 18 años de trabajo muy duros y esclavos para mi familia, pues apenas nos daba tiempo a desplazarnos al pueblo y poder disfrutar de la familia, aunque no nos podemos quejar puesto que el negocio nos fue muy bien y salimos adelante junto a mis tres hijos. El dinero que nos quedaba siempre era limpio puesto que nosotros éramos los dueños del negocio y por eso lucía más. El negocio lo llevamos entre nosotros y el hermano de mi marido y su mujer. De manera puntual, es decir por temporadas como verano o en fines de semana, contratábamos a personal para que nos ayudara en tareas diversas de cocina o de camareros. Al final decidimos dejarlo puesto que habían pasado muchos años en este trabajo y queríamos cambiar de vida.

Cuando dejamos el negocio del bar, mi marido se puso a trabajar como profesor de Autoescuela y yo me quedé en las tareas domésticas con los muchachos. Como buenos recuerdos del tiempo de trabajo en el bar, aparte del económico fueron lo que nos rozamos con otros paisanos, pues muchos de ellos se desplazaban allí para vernos y aunque nosotros estábamos trabajando al menos si sabíamos cómo les iba en la vida. No nos daba mucho tiempo a relacionarnos fuera del bar con nadie apenas, pues cerrábamos medio día el bar, que utilizábamos muchas veces para hacer acopio de alimentos y bebidas que luego teníamos que utilizar. Eran los paisanos los que se desplazaban a nuestro negocio y allí es donde al menos nos veíamos un poquito. Esto además hizo que yo fuera muy conocida por el barrio, pues al llevar un negocio como un bar durante 18 años hace que la gente te conozca mucho, aunque yo a ellos no tanto, hay veces que me reconocen aún por la calle como la señora que regentaba el bar "La Terraza". Después de dejar el bar aunque a mí no me gusta mucho viajar, hemos conocido Barcelona, Palma de Mallorca y Roma y bueno algunas veces hemos ido a Extremadura también a conocerla.

Hoy por hoy mi relación con Extremadura es aún intensa, pues no sólo vamos al pueblo en momentos puntuales que puedan coincidir con vacaciones de verano, Semana Santa o invierno sino que además acudimos de forma puntual algunos fines de semana del resto del año. Tenemos una casa grande en el centro del pueblo que está muy bien y que está situada en la calle Manuel Vinagre, la compramos cuando nos casamos, y es donde acuden además mis dos hijos solteros, mi hijo casado y su mujer con sus dos hijos pequeños. Se convierte por tanto la casa del pueblo en un lugar de encuentro familiar, cosa que no sucede de manera tan clara como en Madrid, pues en el pueblo nos reunimos todos en la misma casa. Además a mí me tira mucho el pueblo el hecho de que tengo aún allí a mi hermano, mi cuñada y sus cuatro hijos, y uno de mis sobrinos precisamente sigue el negocio familiar de la alfarería.

La otra hermana la tengo en Badajoz, pues su marido es agente de seguros y trabaja allí y tienen tres hijos.

Mi marido tiene también en Salvatierra familia y entonces lógicamente esto de tener vínculos familiares fuertes nos hace ir de vez en cuando al pueblo. Cuando más nos gusta ir es las fiestas del pueblo en el mes de agosto que es cuando celebramos a Santo Domingo de Guzmán y también a las del Cristo a mediados de Septiembre y en estas fechas festivas nos reunimos con amigos y familiares en casa de mi hermano, en su alfarería, que tiene mucho espacio y entre todos ponemos dinero y preparamos la comida, especialmente la caldereta que es lo más tradicional en esos momentos. También nos gusta participar en la subasta que se hace en honor al Santísimo Cristo pujando por algún producto o también, como a mí me gusta pintar en mis ratos libres, dono alguno de mis cuadros para que entre en la subasta y aportar así algo más a sufragar los gastos de mantenimiento de la iglesia.

Cuando estamos en Salvatierra, el tiempo lo dedicamos a visitar familiares que no vemos durante todo el año, en reuniones de amigos y en descansar, es decir que lo contemplamos como un tiempo de ocio, para divertirnos en definitiva y por tanto no realizamos ninguna tarea agrícola ni ganadera, ni cultural de ningún tipo ya que vivir a 4 horas del pueblo nos hace difícil mantener algún huerto o algún otro tipo de explotación agrícola o ganadera, como mucho ayudamos a alguna tarea relacionada con la matanza de alguno de nuestros familiares o amigos. Tenemos algunas fincas, pero las tenemos dadas a otras personas para que al menos nos las mantengan cultivadas y limpias y con ello evitamos el abandono de las tierras y que el monte y el pasto no se echen encima de ellas, pero no nos dan nada a cambio.

En nuestra vida cotidiana en Madrid nos relacionamos con otros paisanos del pueblo algunos fines de semana, nos juntamos en alguna casa según convengamos entre los matrimonios que nos juntamos o puntualmente en el Hogar Extremeño de Madrid e incluso una reunión anual en forma de cena. Nos hemos suscrito a una publicación, en forma de revista anual, que se edita en Salvatierra y donde se recogen las actividades que realizan durante el año (ruta de los Castaños que es al fin y al cabo como una Romería pues la gente se lleva su comida y se pasa el día en el campo, matanza, presentación de libros, bailes...) y se informa sobre otras a realizar así como de lo que pasa en la vida diaria del pueblo y así estamos un poco más al día de lo que pasa por allí.

Cada vez que voy al pueblo creo que somos bien recibidos los emigrantes y no veo que en general se dé algún tipo de rechazo sino todo lo contrario que somos siempre bienvenidos, es más dicen que parezco una más del pueblo por como me comporto y como hablo, pues aunque llevo 34 años en Madrid aún no he perdido el acento extremeño del que por cierto me siento muy orgullosa. Yo creo que he venido a Madrid pero Madrid no ha entrado en mí, la Cipri es extremeña, extremeña.

También nos ha gustado visitar otras partes de Extremadura y nos hemos desplazado para visitar de forma expresa otros lugares que no sea el pueblo, sitios como Villanueva de la Serena, Guadalupe, el Jerte (al cerezo en Flor varias veces) y la Vera (a las gargantas, lugares que hemos visitado en duración de dos a cuatro días) pues además por allí también tengo una prima. Mi marido y yo sí hemos pensado en la posibilidad del retorno a nuestro pueblo, pero creo que aún somos jóvenes para hacerlo pues ninguno de los dos estamos jubilados y nos quedan años para hacerlo, aunque no muchos. Es una cuestión que tenemos que tomar a corto plazo, a día de hoy desde luego que no nos los planteamos, pero cuando nos jubilemos pues no lo descartamos, incluso será muy posible pues al fin y al cabo los dos somos del mismo pueblo, tenemos allí a hermanos y tenemos además una casa donde poder vivir, y además nos gusta el pueblo pero que ahora no veo el momento de hacerlo pues aún mi marido no está jubilado y dos de mis hijos viven en casa. Nosotros estaríamos dispuestos a volver si tuviéramos trabajo allí o al menos de vivir en unas condiciones parecidas a las que disfrutamos aquí, pero siempre estaríamos pendientes de que nuestros hijos estuvieran bien situados y emancipados y luego ya muy probablemente podríamos retornar.

Ojalá la Junta de Extremadura se preocupara de estas cosas y nos facilitara el regreso a nuestra querida tierra y que nos tuviera informados en relación al retorno, además creo que si las instituciones públicas de Extremadura facilitaran el retorno de alguna manera, creo que mucha gente se podría acoger a ese programa para construir de nuevo otra vida en la tierra, sobre todo si a algunos de esos emigrantes que están volviendo al pueblo de visita, que no tienen casa, se les dieran facilidades pues se plantearían seriamente la posibilidad del retorno. En mi pueblo aún hay gente que emigra y esto es una situación que habría que evitar en primer lugar, sobre todo porque el negocio de la alfarería está viniendo a menos desde hace un tiempo, se evitaría así que los pueblos se conviertan en sitios donde solamente viva gente mayor, es que vas por la calle y ya no se ve el personal que había antes e incluso el número de bares ha descendido mucho en las calles del centro del pueblo.

Pienso además que si esta gente más joven que ha emigrado no hace muchos años y que aquí en Madrid no ha encontrado buenas perspectivas laborales se le facilitara el retorno con proyectos, con un trabajo digno, con una calidad de vida como la de aquí, pues es probable que pudieran volver.

Solicité el traslado a Madrid

Soy Marisol M. Nací en la ciudad de Badajoz, una ciudad con mucha historia y tradición muy cerquita de la raya con Portugal lo que nos hace tener un carácter especial, muy abierto y alegre.

Nací hace 59 años en una familia de clase media. Estoy casada, vivo en Leganés y tengo 4 hijos y todos ellos varones. Me crie en una familia de profesionales autónomos relacionados con el mundo de la confección en un comercio de Badajoz y desarrollé toda mi infancia en esta ciudad. Tengo unos recuerdos muy bonitos de las visitas que realizábamos al pueblo de la familia de mi madre también en la provincia de Badajoz llamado La Haba, situado entre Villanueva de la Serena y Don Benito, mi padre no era extremeño sino de La Rioja pero que apenas he visitado.

A este pueblo, La Haba, nos desplazábamos en períodos vacacionales, que no eran muchos la verdad porque mis padres al ser autónomos pues tenían poco tiempo de descanso pero en todo caso cuando los tenían nos llevaban a este pueblo. En La Haba que era un pueblo chiquitito se vivía todo lo que era la Extremadura de entonces, es decir toda la parte agrícola y todo lo relacionado con tareas del campo. Entonces se sembraba mucho el campo y cuando los años venían con buenas cosechas se celebraba invitando al vecindario. Esto lo viví especialmente con mis tíos y mi abuela pues eran los que vivían allí en el pueblo.

Tengo un grato recuerdo de cómo llegábamos a La Haba desde Badajoz, pues al no existir apenas los coches como hoy, los desplazamientos eran muy complicados y nuestro medio de desplazamiento era el tren, muy habitual en la época por otra parte para desplazarse de unos sitios a otros de esta España en la que vivíamos. Eran trenes para mí bonitos y que utilizaban la carbonilla como combustible, nos ponían guapísimos para ir al pueblo pero que al final acabábamos manchados del negro producto de lo que salía de este material. El tren no llegaba hasta el pueblo sino que la estación más cercana era Villanueva de la Serena o Don Benito a donde acudía mi tío para recogernos con el carro de mulas.

Mi tío era panadero y era una persona muy alegre y siempre cantaba canciones para hacernos más ameno el viaje al pueblo y era curioso cómo llevaba además el ritmo de cada una de las canciones en las trabidas del carro, canciones que yo luego he recordado cantándolas con mis alumnos en la escuela. Al ser panadero mi tío aprovechaba el desplazamiento para recogernos en Villanueva o en Don Benito según le pudiera convenir para llevar la harina a un lado o a otro.

Yo encontré mucha diferencia entre la vida del pueblo de La Haba y la ciudad de Badajoz, para mí fue chocante y a la vez una vivencia muy interesante el poder disfrutar de los dos ambientes, el rural y el urbano. Los primeros años en que yo acudía allí es que ni siquiera había agua y claro yo, viniendo de la ciudad pues me llamaba mucho la atención, era un acontecimiento el ir a por agua con mi tía a la fuente en los cántaros. Posteriormente se llevó ya el agua a cada casa y esto fue una fiesta.

Mientras tanto mi vida infantil transcurría en el colegio de ”La Aneja” y luego en el de ”las Josefinas” de Badajoz. Eran colegios con gente del campo pero con un poder adquisitivo suficiente como para poder llevar a sus hijos al colegio, eran los ricachones de los pueblos de alrededor. Yo fui a ese colegio por una beca que me dieron por buena estudiante, existían en esos tiempos por eso las diferencias entre las niñas “gratuitas” y las de pago y eso que eran colegios públicos, pero este año fue el último en existir las niñas “gratuitas”.

Mi madre era una persona muy inteligente, fue una de las responsables de enseñarme e inculcarme una buena educación y de que tuviera inquietudes intelectuales. Antes de casarse con mi padre estuvo casada 4 años con un profesional de la imprenta en la Imprenta Arquero en Badajoz pero enviudó a los cuatro años de casados; procedía de un nivel cultural muy alto y esto lógicamente influyó en la educación que me inculcó. En aquellos tiempos las imprentas en Badajoz eran reuniones de tertulias literarias y aunque mi madre dejó la imprenta al fallecer su marido sí que mantuvo las amistades con esos intelectuales que iban a esas tertulias y a las que ella también acudía y a las que me llevaba también, desde luego recuerdo perfectamente siendo yo una niña bien pequeña el acudir a estos encuentros de intelectuales de la ciudad y recuerdo el olor a los libros, a la librería y también al poeta Jesús Delgado Valhondo, a José María Pemán y otros poetas de entonces, recitar la última poesía que se les había ocurrido y que apuntaban en una servilleta de papel o en un el librillo de fumar, eran tiempos donde se leía mucho a Juan Ramón Jiménez y también los poemas en castúo como el de "la Nacencia", que se me quedó grabado casi en su totalidad desde entonces. Este poema de La Nacencia precisamente me traía gratos recuerdos de mi paso por el pueblo, incluso estando en Badajoz se me escapaba alguna palabra de esas que escuchaba cuando iba a La Haba y en esa estrofa cuando dice "... y jue la mesma luna la que le dio aquel beso..." que hace referencia al momento del parto cuando tiene el padre el crío entre sus manos recién nacido, y que a mí me hacía pensar que era así como hablaban en Extremadura. Me hace pensar que es una forma de hablar con mucha fuerza, sin el remilgo de la evolución del lenguaje, sacado de dentro.

Yo entonces tenía 6 o 7 años. Las escuelas de entonces estaban muy ligadas a la procedencia social, de donde venías, de qué familia provenías, cómo vestías, en fin una serie de cosas que hicieron marcar mi carácter y de lo que he tratado de enseñar a mis hijos de conseguir las cosas por méritos propios y no por herencias familiares. Posteriormente estudié el Bachillerato en las Monjas en Badajoz e hice el ingreso a la Universidad en Sevilla para hacer Medicina, pero previamente como la única carrera que se podía estudiar en Badajoz era Magisterio y Enfermería, al final la que estudié como el resto de mis dos hermanos por influencia clara de mi madre que nos impulsó a estudiar Magisterio pues así tendríamos un trabajo seguro y reconocido por todos y además si ejercíamos en Extremadura veríamos así su realidad social y así hice el Magisterio libre coincidiendo con mis estudios de Bachiller. De manera que cuando terminé el Bachiller y el Magisterio pedí el ingreso en la Universidad de Medicina en Sevilla, pero no llegué a estudiar pues me ofrecieron un proyecto de trabajo en Granada, cuando yo tenía 18 años, que iba a ser un Centro Piloto de Experimentación en la Educación llamado Enseñanza Individualiza de Montessori para trabajar con los infantiles. Esta fue por tanto mi primera experiencia como profesional fuera del entorno familiar y de mi ciudad y donde aprobé las oposiciones a maestra.

Por asuntos de enfermedad de mi madre volví a Badajoz y estuve en el Barrio de la Soledad trabajando como maestra definitiva y allí tuve una vivencia muy fuerte con Extremadura pues se trataba de un barrio humilde pero que a la vez convivía con gente de clase media alta y además allí estaba una de las parroquias más pudientes de Badajoz. Con estos chicos ganamos concursos de teatro y de villancicos a nivel incluso de provincia. Yo seguía con mis inquietudes formativas y empecé con Pedagogía y luego con Psicología también.

Posteriormente empecé con otro proyecto pionero en la España de entonces llamado Servicio de Orientación Pedagógica en un centro de Badajoz. Posteriormente me casé en Badajoz y con mi marido nos vinimos a Madrid a donde yo había pedido traslado para completar mis estudios de Psicología en la Universidad Autónoma de Madrid puesto que la de Extremadura o la de Sevilla no me inspiraban mucha confianza, por tanto mi traslado desde Extremadura a Madrid no fue tan traumático como en otros casos puesto que fui yo quien solicité el traslado a la Comunidad de Madrid para trabajar como maestra allí y sobre todo porque mi afán era terminar mi licenciatura en Psicología. De esta manera llegué a esta Comunidad pero tuve que elegir entre Leganés y Alcalá de Henares y entonces nos quedamos en Leganés, compramos un piso muy cerca de la estación de tren, porque además es la línea ferroviaria que lleva a Extremadura y esto también fue importante a la hora de elegir Leganés como punto de destino.

La llegada a Madrid fue en tren y yo venía con mucha fuerza y ganas para seguir ampliando mi formación y continuar mi trabajo como maestra en otros sitios. Yo consideraba que llegaba con mucha preparación, puesto que allí en Extremadura estuve muy bien reconocida en todos los sentidos y que también venía de una ciudad y al venir aquí y bajarme en Atocha se me vino el mundo abajo porque es curioso que tuve que preguntar donde estaba la vía para ir a Leganés porque todo aquello de la Estación de Atocha era muy grande para mí, una marea de gentes y de trenes y de vías y al preguntar en ventanilla por esta cuestión me contestaron: "¿no ha visto usted el letrero?" de manera muy despótica y mal sonante y es verdad que había un letrero enorme que me indicaba perfectamente esta información, pero esto me hizo sentir muy mal y fue mi primer aviso para indicarme a donde me venía y de que aquí en Madrid no era nadie, no conocía a nadie, había mucha gente pero te sentías sola en realidad.

Terminé la carrera de Psicología y en Leganés seguí mi trabajo como maestra y me encontré muy bien pues coincidí en esos años 80 con los hijos de los emigrantes de la Extremadura que yo había dejado atrás. He realizado mi tarea de maestra en esta ciudad con gentes humildes, intentando ayudarles a que tuvieran una mejor preparación ante la vida y ha sido y sigue siendo una satisfacción para mí. Y además tuve la suerte de trabajar con otros paisanos en las tareas del colegio y que me hacía que Extremadura estuviera más cerca, de hecho hasta había ocasiones en que bailábamos jotas y nos poníamos el traje de extremeña.

Estuvimos un tiempo en la Casa de Extremadura de Leganés, pero la verdad es que yo estuve muy ocupada con el trabajo y con los cuatro niños que me vinieron muy seguidos.

A día de hoy sigo añorando Extremadura, se pierde mucho el contacto con ella cuando te faltan tus padres pues ellos eran un motivo más para ir para allá, pero como mis padres a la vez también en su momento fueron emigrantes desde La Haba a Badajoz pues hizo que vendieran sus tierras y por tanto no teníamos ninguna atadura. Allí aún tengo a una hermana a la que veo de vez en cuando pero también vamos a Badajoz porque mi marido es de Villafranca de los Barros pero también tienen la familia en Badajoz. Mi cita obligada con Extremadura es en Badajoz, al menos el pasar las navidades con la familia y luego acudimos en verano a pasar unos días, aparte de que tengamos que ir por algún acontecimiento familiar como bodas, nacimientos de niños, también vamos alguna vez a ver a algunos amigos que han estado viviendo en Madrid y que han retornado a Extremadura, pero el hecho de no tener una casa y de tener que ir siempre a casa de familiares pues hace que no podamos ir todo lo que quisiéramos.

Siempre que vamos para allá nos sentimos muy bien, la verdad es que tampoco observo mucho cambio porque pasamos de un entorno urbano como es Leganés a otro similar como es Badajoz, mayor cambio habría si acudiéramos a La Haba. Me encanta pasearme por la calle donde está la casa en la que nací y en la que tenían el comercio mis padres y la de la Imprenta Arquero, me hacen volver a mi infancia. He acudido últimamente al pueblo de mi marido, Villafranca de los Barros donde están recuperando las tradiciones de antaño a través de una escenificación teatral lo que me causó muy buena impresión.

Por el desarrollo de mi trabajo, he tenido que dar cursos a otros profesores y siempre he tenido el orgullo de que por mi acento reconocieran mi procedencia y además cuando me llaman desde allí por asuntos de trabajo igualmente me hace mucha ilusión y trato de tener con ellos un modo especial de relación que no siento cuando me llaman de otros sitios, siempre es un honor el trabajar con ellos o acudir allí por labores profesionales y trato de insuflar aspectos positivos en relación a que Extremadura tiene que salir adelante.

Me llena tanto de pasión mi tierra que hasta cuando imparto los cursos de profesores siempre me identifico con mi nombre lógicamente pero también con procedencia extremeña, por si alguien no lo tiene claro. Por tanto mi sentimiento con Extremadura es pleno, son nuestras raíces y eso no me lo quita nadie. Esto me hace comprender de alguna manera a como se pueden sentir los inmigrantes que vienen a nuestro país procedentes de otros países más o menos lejanos, quizás a nosotros el hecho de haber salido de allí nos da otra perspectiva en relación a estos asuntos.

Con el tiempo quizás, cuando nos jubilemos y mis hijos estén cada uno en su casa pues es probable que podamos volver, sería una gran ilusión para mi marido y para mí pero hoy por hoy pues no nos lo planteamos. Para que nos fuéramos antes de jubilarnos tendríamos que tener una casa y sobre todo tener a mis hijos más cerca, es decir que ellos trabajaran por allí. Aunque no sólo es tener casa allí sino el tener buenas perspectivas laborales y que se diera trabajo en función de la valía de cada uno, es decir si uno vale para trabajar en el campo porque le gusta pues que trabaje en el campo pero con unas condiciones dignas y el que lo sea mejor para otras tareas pues igualmente, tiene que haber posibilidades de trabajo en todos los sectores, en definitiva que se puedan tener unas perspectivas laborales y con posibilidades de crecer en la carrera profesional de cada uno.

Lo ideal sería que se dieran opciones a la gente joven para que se pudieran asentar allí y llevar a cabo sus proyectos. De todas maneras, estamos muy expectantes de todo lo que pueda pasar por allí para unirnos a esa nueva fuerza emergente que pueda salir de Extremadura y que sepan todos los extremeños que viven allí que donde esté un extremeño fuera de su tierra tienen que contar con ese apoyo para entre todos sacar adelante a nuestra querida Extremadura desde el agricultor que cultive su finca hasta los investigadores de cualquier rango.

Nunca me he sentido como un emigrante

Soy Vitaliano S.C. Tengo un nombre peculiar pues yo creo que ya nadie pone a su hijo de nombre Vitaliano, aunque en mi pueblo hay algunos que llevan ese nombre. Nací hace 61 años en un pueblecito de la provincia de Cáceres llamado Bohonal de Ibor y está ubicado en la zona conocida como los Ibores pues por allí baña sus aguas el Río Ibor y que da nombre al famoso queso de cabra de "Los Ibores". Estamos situados entre Navalmoral de la Mata que está a 18 Kilómetros y Guadalupe que lo está a unos 50 kilómetros. Una zona para mí, la más bonita del mundo pues estamos rodeados de agua, ya que el Río Tajo también pasa por Bohonal y está enclavado en una zona que aunque no es muy montañosa si que está rodeada de las Sierras de las Villuercas que le hacen ser un paraje incomparable.

Son muchos los recuerdos que se me vienen a la cabeza recordando el pasado, pero ahora mismo el momento más antiguo que recuerdo es el fallecimiento de mi bisabuela Narcisa con 91 años, yo entonces tenía unos 3 años y pasaba mucho tiempo con mis abuelos que entonces tenían un bar muy cerca de la plaza del pueblo y que lo llevaba mi abuelo Abraham y entonces estaba con ellos en ese momento del fallecimiento.

Empecé a ir a la escuela, pero en esos primeros años los conocimientos que adquirí fueron mínimos puesto que el maestro, Don Miguel, que tuvimos entonces no estaba muy bien preparado para ser un buen maestro y no llegué a adquirir unos conocimientos mayores hasta que no me apuntaron mis padres a clases particulares.

Eran tiempos donde los inviernos eran bastantes más duros que ahora, con mucho frío, nieve y lloviendo mucho y los medios que utilizábamos para abrigarnos pues eran bastante más rudimentarios que los de ahora donde los muchachos llevábamos gorra y pantalón de pana, un jersey y una camisa y en verano con pantalones de pana fina hasta las rodillas. Pero en invierno para ir a la escuela recuerdo que como hacía mucho frío en clase mi madre me compró como unos calentadores con unas brasas o unas ascuas para que lo llevara a la escuela y estar algo más calentitos hasta que duraran las brasas, lo mismo duraba 20 minutos. El maestro también tenía un brasero similar, realmente esto fue muy novedoso en la época y que no todos los chicos podían llevar y hacía por ello que muchos de mis compañeros se arrimarán allí para poder entrar un poco más en calor.

Entonces yo contaría con 6 ó 7 años y utilizábamos en clase un pizarrín (llamado así porque era de pizarra) para escribir en una pizarrita pequeña las tareas que nos mandaba el maestro junto con un trapito para borrar de la pizarra, el maestro contaba con una pizarra grande donde nos mostraba sus enseñanzas. Todo lo que necesitábamos para ir a la escuela, es decir la pizarra, el pizarrín, el trapito y la cartilla de los números y las cuentas lo llevábamos en un cabás, que tenía un asa y era como una caja de madera y hacía la función de lo que hoy conocemos como cartera o mochila del niño.

Tengo un mal recuerdo también de este momento pues el maestro era muy duro con nosotros ya que nos castigaba mucho, era muy desagradable porque nos pegaban con la vara de madera en la mano cuando hacíamos algo que no le gustaba. Era un maestro que venía de la época de la República y cuya preparación para ejercer era baja, apenas los conocimientos más elementales. Al acabar la guerra todo se quedó mal y fueron recabando maestros las autoridades de entonces y para ejercer en esta profesión pues no exigían prácticamente nada. Era un maestro muy autoritario, en fin como lo era también la época, un reflejo de ella desde luego y que años más tarde fue alcalde del pueblo durante unos años y además es curioso que este hombre diera clases a padres y años después a sus hijos. Era una escuela donde había una separación por sexos en las aulas, es decir que las niñas iban a una escuela y los niños a otra, entonces Don Miguel estaba con los niños y Doña Crescencia con las niñas.

Era una norma impuesta por las autoridades e igualmente me acuerdo muy bien como también nos obligaban a ir a misa todos los domingos, pero en este caso era el maestro el que imponía esta obligación y además muy severa porque si faltabas a misa rápido iba a tu casa para preguntar porque habías faltado a ella. Incluso cuando acudíamos a misa separaban a los niños y las niñas, cada uno con su maestro o maestra respectiva en grupos nos ponían en la parte del coro de la Iglesia, pero es que también las personas adultas que acudían a misa se separaban, a un lado los hombres y al otro las mujeres. La disciplina estaba metida en todos los sitios y hasta por la calle si coincidía que veías a tu maestro pues tenías que saludarle y darle los buenos días o las buenas tardes como una obligación de cortesía impuesta.

En mi casa mientras tanto con mis padres y mis otras dos hermanas y otro hermano iban las cosas regular pues contábamos con un comercio que llevaban mis padres y al que yo acudía de forma más o menos habitual a ayudar desde bien pequeño y aparte mi padre tenía algo de ganado que había que atender. En el comercio era donde hacíamos nuestra vida ya que cuando nos levantábamos lo abrían y un rato antes de acostarse lo cerraban. En el comercio vendíamos de todo: alimentos, calzado, electrodomésticos, tabaco y hasta telas y ropa pues mi madre había hecho algún tipo de curso de corte y confección en Madrid y a veces por encargo confeccionaban ropa con ayuda de dos mujeres que tenía contratadas para realizar estas tareas y con una máquina "Tricotosa" para coser. Teníamos algo de ganado con cerdos para que luego nos sirviera para hacer la matanza y una cabra que nos surtía de leche en casa. La cabra la llevábamos al corral del concejo todos los días por la mañana como lo hacía mucha gente con sus cabras para que luego un cabrero se las llevara al campo a pastar durante el día y al llegar la tarde noche volvíamos al corral a por ella y entre todos pagábamos al cabrero que realizaba esta tarea.

Mi padre fue una persona muy trabajadora que estuvo además 18 años de alcalde y fue el último alcalde de la Dictadura, tenía inquietudes sociales pues aparte de estar en el comercio pertenecía a la Junta de la Hermandad, que era una institución local que llevaba a cabo actividades relacionadas con la ordenación de los recursos de todo lo relacionado con la agricultura, la ganadería y la caza. Estaba en ella también la Comisión de Pastos como la comisión que gestionaba el uso de la tierra (las diferentes hojas que había en cada momento). En la Hermandad se contrataban a los guardas del pueblo para que estuvieran en el campo vigilando, uno estaba en la zona de los olivares y otro en la zona de la Dehesa mirando que nadie se metiera en tierras de otros y se recorrían toda la jurisdicción todos los días y si había algún conflicto de algún tipo, siempre causas menores, se resolvían desde aquí. En mi casa como mi padre era un hombre muy ocupado sobre todo cuando fue alcalde apenas le veíamos, tenía que ir a reuniones a Cáceres o a Madrid a tareas relacionadas con la alcaldía. Por tanto esos tiempos fueron muy especiales para todos en mi casa, me dejaban ir gratis al baile de los domingos "En cá Tía

Colasa".

Con doce o trece años me fui a Navalmoral de la Mata a continuar mis estudios y parecía entonces que Navalmoral estaba lejísimos, fue la primera vez que salía del pueblo para dejarlo en un tiempo y fue duro pues sabía que me separaba de mi familia durante un tiempo y me costó un llanto mientras veía como se alejaba "La Empresa", fue realmente muy traumático. Me fui en el mes de Septiembre y hasta Nochebuena no podía volver al pueblo porque tampoco había muchos medios de transporte para hacerlo y cuando lo hacía me venía en "La Empresa" de los Pérez que era una compañía de autobuses de la época que hacían esa ruta, pero es que valía mucho dinero el hacer la ruta todos los días del pueblo hasta Navalmoral y por ello me tuve que quedar en Navalmoral.

Nos quedamos en una casa de un hombre de Bohonal que vivía allí, junto a otros dos o tres muchachos más que habían venido conmigo del pueblo. Estábamos en sistema de pensión pero el pago no era con dinero sino en especie, es decir que cada uno de los que estábamos en esa casa teníamos que llevar aceite, legumbres, algo de matanza...y de ahí es donde la mujer que llevaba la casa nos hacía la comida a todos. Nos juntábamos para cenar y también para estudiar en una mesa grande que tenían en el salón del piso. Durante el día íbamos a clase y por la noche regresábamos a cenar todos juntos a la pensión. Realmente este sistema de pago en especie o de trueque era lo más habitual de la época porque apenas había dinero en circulación en el sistema, yo además lo viví muy de cerca en el comercio de mis padres que la gente pagaba sus compras con aceite o con huevos por ejemplo y con el caso del pan era curioso ya que la gente se llevaba el pan del comercio durante todo el año y cuando era la temporada de recogida del trigo me iba con mi padre a visitar a todos los deudores para ajustar la cantidad proporcional de trigo que nos tenían que dar en función de la cantidad de pan consumida durante el año y que mi padre tenía muy bien apuntado. Había una proporción que se media con las fanegas de trigo que nos tenían que dar en base a la cantidad de pan consumida.

Allí estuve hasta los quince años, momento en que opté por estudiar una carrera en Madrid muy influido por la opinión de mis padres. En Madrid me fui a casa de unos tíos míos y esto fue muy diferente al momento que viví al salir del pueblo a Navalmoral, ya que entonces era muy jovencito y con quince años en Madrid ya era un hombre y además estaba en casa de unos tíos que además tenían unos hijos que eran de mi edad y que me ayudó a que me adaptara bien a esta ciudad. Aquí en Madrid empecé a estudiar Magisterio porque mis padres así lo quisieron, y lo hice en la Escuela Número 1 de Magisterio de Madrid y que estaba en la calle Santísima Trinidad. Hice el ingreso primero a la Universidad y luego estudié la carrera, todo durante cuatro años y siempre estuve en casa de mis tíos. En esos tiempos también iba al pueblo algunos fines de semana y sobre todo en época de vacaciones escolares.

Cuando iba para el pueblo lo hacía con muchas ganas y alegría porque allí iba a ver a mi familia y a estar sobre todo con mis amigos, esta realmente era mi obsesión el pasarlo bien con mis amigos, pero claro todo no iba a ser en plan ocioso sino que allí ayudaba en el comercio de mis padres y en las tareas de casa y de un huerto que teníamos, justo en este momento era cuando mi padre estaba ya de alcalde y eso suponía que cualquier ayuda en casa era poca.

Al terminar las tareas del día me juntaba con los amigos y nos íbamos por ahí de "ronda" en busca de las chicas y cuando llegaba los domingos pues nos íbamos al baile. Esto del baile de los domingos por la tarde era un momento muy agradable que pasábamos después de la semana de trabajo. La música era muy buena ya que tocaban en directo un saxofón, una batería y un acordeón. Entonces ya empezábamos a tontear con las muchachas y el baile era un lugar muy bueno para hacerlo, recuerdo muy bien como sonaban los pasodobles y las jotas pues esta era la música que escuchábamos entonces.

La forma de divertirse era de otra manera, por ejemplo en época de Navidad se vivía mucho por la calle haciendo rondas con los amigos con las panderetas y la zambomba, que nosotros mismos elaborábamos con la "pellica" del cerdo, y cantando las canciones navideñas para que luego el dueño de la casa rondada nos invitara a tomar algo. Había también grupos de rondas de guitarreros pero esto se daba más en los bares. En otras épocas como en las Fiestas de San Bartolo (24 de agosto) también eran muy especiales por el baile y por la diversión pero para mí sin duda lo que más me entusiasmaba era el día de la Capea, siempre el día antes del patrón. Esto de la Capea era todo un acontecimiento para el pueblo pues se tenían que juntar los mozos del pueblo la noche antes para ir a por los carros de labranza que servían para hacer el contorno donde se iba a celebrar la Capea, carros que pesaban una barbaridad y que armaban un ruido de escándalo al llevarlos desde el corral hasta la zona de la Capea porque eran de madera y las ruedas estaban rodeadas de una chapa de hierro muy fuerte que al rozar con el suelo de "rollos" saltaban hasta chispas. Además las vacas que se iban a torear también eran de la "Boyá" del pueblo y el mismo día de la Capea se iban a por ellas al coto y se llevaban en manada a la plaza, normalmente en esos tiempos se celebraba en los Charcones. De San Bartolo desde luego era lo que más me gustaba.

Después de terminar mis estudios en Madrid de Magisterio, me puse a trabajar de maestro pero dando clases particulares durante dos años y la opción de opositar la fui madurando y me presenté dos veces sin éxito, a partir de ahí me fui al Servicio militar que tenía pendiente a los 21 años, durante 18 meses.

Al llegar de la mili me fui a Toledo a trabajar en

una empresa de fabricación de teléfonos, en el que yo desarrollaba labores de administración pero también durante algún tiempo estuve dando clases particulares en Toledo a chavales, pero mi labor profesional la he desarrollado en esta empresa hasta que me casé a los tres meses de llegar aquí en un día de Reyes con Tomasa, que también es de Bohonal. En esta ciudad manchega he participado en movimientos sociales de reivindicación en el barrio donde yo vivía, coincidió justo con los últimos años de franquismo y entonces la gente joven estábamos echados a la calle para pedir lo que nos parecía justo para todos, sobre todo en mi caso en un barrio donde faltaba todo porque no había más que pisos y estaba todo por hacer como colegios, centros culturales, ambulatorios, hospitales...

A nivel de relacionarme con extremeños tampoco había muchos y no estábamos muy organizados. Aunque hace un tiempo si fundaron la Casa de Extremadura pero yo estoy viniendo mucho para el pueblo y mi dedicación a estos asuntos la tengo más en el Bohonal que en Toledo a través del centro extremeño. Vengo regularmente por el pueblo no sólo en momentos festivos o de vacaciones sino que muchos fines de semana me vengo para estar con los míos. Además ahora me siento muy involucrado en la tarea de colaborar con la cooperativa "Las Eras" de molturación de aceitunas de Bohonal de Ibor de la que soy miembro de la Junta Directiva que la gestiona y de la que estamos muy orgullosos en el pueblo pues es la única cooperativa que hay aquí y además a la que acuden muchos olivareros de la comarca a traer sus aceitunas porque está modernizada y porque se presta un servicio muy bueno.

Por tanto yo sigo viniendo al pueblo, de hecho no he dejado de hacerlo sin que pasara más de un mes de tiempo, por motivos familiares, que es muy importante, puesto que tengo a mis padres aquí y con mis hermanos es donde más fácil nos podemos ver, pero también por el asunto del olivar que es algo que hemos vivido de muy pequeños y que llevamos en la sangre, de ahí que me apetece involucrarme en las tareas de ayudar a que la Cooperativa tenga un buen funcionamiento. Mis momentos de ocio se basan en tomarme algunos "chatos" de vino en la taberna y en pasar el mayor tiempo posible con mi familia.

Siempre he encontrado buena sintonía con la gente del pueblo y es como si nunca hubiera salido de allí, la he tenido en mi mente continuamente y me he sentido como uno más, yo siempre me digo "que pienso en bonalo" con todo lo que ello significa y no me he sentido nunca como un emigrante aunque sí lo haya sido y me hace plantearme que en unos años cuando mi mujer se jubile nos vengamos a Bohonal a vivir. Por el momento no puedo venirme porque tengo una hija todavía en casa y hasta que ella no se emancipe pues no podremos retornar. Lo que si tengo claro es que en mi pueblo se dan las condiciones para que yo pase los últimos días de mi vida, aunque espero que esto tarde en suceder.

Sí me gustaría resaltar que si la Junta de Extremadura promueve alguna iniciativa para ayudar a que los emigrantes extremeños podamos retornar pues la vería con muy buenos ojos.

Trabajando duro

Soy Juan Carlos F.S. Tengo 42 años y nací en un pueblecito muy pequeño de la provincia de Cáceres llamado Mesas de Ibor. Bueno digo pequeñito porque tiene pocos habitantes pero en el fondo para mí es el mejor que existe en toda España. Estamos cerca de Navalmoral de la Mata y relativamente cerca también de la Central Nuclear de Almaraz, a la que me veré relacionado en mi vida laboral, y está integrado en la Comarca conocida como de los Ibores y que le da nombre por el Río Ibor que es el que viene de las Sierras de Guadalupe hasta la zona de Bohonal y de Mesas que es donde desemboca en el Río Tajo. El Río

Ibor da nombre también a otros pueblos de la Comarca como Navalvillar de Ibor, Castañar de Ibor, Fresnedoso de Ibor y Bohonal de Ibor y es un río disfrutado y utilizado desde antaño por los habitantes de estos pueblos como río de pesca y también como zona de recreo y disfrute en verano. Tenemos además la satisfacción de tener el único molino de agua que puede ser utilizado para moler y al que no le faltan visitantes escolares. Estamos en una zona de Sierra que hace que sea un típico pueblo donde parece que no pasa el tiempo.

Nací en una familia de ganaderos, somos dos hermanos varones y desde muy pequeño me acuerdo muy bien como aún las calles no estaban asfaltadas, eran de tierra y en las casas no había ni agua siquiera para poder asearse o para beber. En tiempo sobre todo de lluvias y en invierno al salir de casa nos encontrábamos con un gran charco de agua y teníamos que poner unas cuantas piedras grandes para poder salir de él y si volvías a casa por la noche pues era mucho más complicado ya que tampoco existían unas farolas como hay ahora que te alumbraran bien el paso, lo mismo había una sólo por cada esquina de las calles y prácticamente pasabas a oscuras.

El invierno era muy crudo pues a la dureza del clima propio de la época se unía la escasez de medios como la ausencia de agua en las casas, la falta de buena iluminación y ya por no hablar de que para calentarse sólo teníamos la lumbre de casa. Tampoco teníamos cuarto de baño, ni en casa ni en la Escuela y había que ir a hacer las necesidades al corral o bien por ahí a alguna cerca, esto tampoco lo viví muchos años afortunadamente pero ya era un buen mozo cuando los pusieron. Para asearse era una cosa difícil ya que sobre todo en invierno había que calentar el agua a la lumbre en un pote y con ella poder asearte, pero esto lo mismo se hacía una vez a la semana solamente. En verano era más fácil y con agua en un bidón, te metías y te aseabas y si no te ibas al Río Ibor y te dabas una baño, pero si eras joven porque el agua estaba muy fría y la gente mayor decía que no se bañaba porque le hacía daño.

Desde bien chico acompañaba a mi padre con las vacas, teníamos unas 30 vacas, por la mañana las llevábamos al campo para que estuvieran pastando durante todo el día y luego por la noche sobre las nueve las acercábamos al corral para echarles la "postura" y a continuación llevarlas a la cerca para que durmieran allí, claro esto era en primavera o verano pues en invierno con los fríos las guardábamos en el corral. En un principio eran vacas de monte, pero luego con el tiempo compramos unas lecheras y las llenábamos de leche que luego recogían en un camión para la venta. También ayudé a mi padre en las tareas de cultivo del tabaco, en los "criaderos", a secarlos, a colgarlos, a "amanillarlos" y luego los tenías que llevar a TABACALERA a Navalmoral y allí te lo clasificaban y te abonaban un dinero según su valor, en fin, una labor bastante compleja pero que en mi familia junto al ganado y algo de más de cultivo que teníamos nos hizo salir hacia adelante.

Empecé la escuela con 5 años y como sólo había una escuela y además éramos pocos muchachos pues nos juntaban a todos en un mismo aula, aunque tuviéramos edades distintas, de hecho como cosa curiosa recuerdo bien que yo a los otros chicos, que lo mismo me sacaban unos cuantos años, los veía muy grandes y además coincide que de mi edad solo había otro muchacho y claro el resto pues eran como personas adultas para mí.

Los primeros días era muy revoltoso porque no quería ir a clase y en cuanto se despistaba el maestro me escapaba a mi casa con mi madre. El dar la clase para un maestro con 30 muchachos de distintas edades era muy difícil pero la verdad es que yo me di cuenta enseguida que los muchachos más grandes tenían "dominado" al maestro y hacían lo que querían con él. Era un maestro bastante duro con nosotros y se llamaba don Casto ya que utilizaba mucho el método de la vara para que le hiciéramos caso y para que pagáramos por las travesuras que realizábamos, e incluso había veces que el maestro mandaba a por un palo de olivo para hacer una vara a los muchachos más grandes y cuando volvían con una de higuera eran ellos los primeros en probarla. Además era un poco proclive a beber y algunas tardes llegaba un poco subido de alcohol a clase, pero los más mayores preparaban la situación para que se quedara dormido. En fin, esto es una anécdota pero era lo que sucedía.

Entonces estábamos en una escuela donde aún se separaban a los chicos de las chicas en las aulas y cada uno iba a una planta distinta de la escuela que estaba situada en la plaza del pueblo, la del "rollo" y junto al ayuntamiento, nos juntaban únicamente para dar la clase de religión los viernes por la tarde. Utilizaba una cartera de material, me acuerdo perfectamente donde metía todas las cosas que necesitaba para ir a clase y en clase ya teníamos una mesa para cada uno y algunos muchachos se llevaban también como una especie de bote con brasas para calentarse en invierno pues por entonces no había calefacción y nos reíamos todos mucho porque enseguida se empañaban los cristales de las ventanas.

Otros momentos que teníamos para divertirnos era el recreo, en aquellos tiempos los muchachos no jugábamos al fútbol o deportes con balón sino que lo hacíamos en juegos colectivos donde participábamos todos los muchachos como el "cinturón quemao" que consistía en que uno escondía un cinturón en un sitio y los demás tenían que buscarlo y mientras se acercaban o se alejaban del cinturón pues tú se lo ibas diciendo caliente o frío; otro juego eran las "cuatro esquinas" donde uno se quedaba en medio y mientras los otros chicos que estaban en las esquinas se cruzaban pues éste del medio tenía que aprovechar para quitarle el sitio. Otros juegos eran los bolindres, la taba o el clavo que desde luego no tienen nada que ver con los de hoy, eran mucho más imaginativos.

Desgraciadamente para mí yo apenas aprendí nada con este maestro y estuve 3 años haciendo primero hasta que este maestro se jubiló y vino doña Teresa, que venía de Salamanca y con la que marché muy bien y aprendí bastante más que con don Casto y me empezó a gustar mucho el estudio. Con doña Teresa estuve hasta los 10 años y después me fui a Navalmoral de la Mata a seguir los estudios. Este año fue el último que precisamente hubo escuela en marcha en el pueblo, pues entonces la emigración ya había hecho mucho daño al pueblo y por ello la escasez de niños causó que ya trasladaran a los más pequeños a la Escuela Hogar de Navalmoral.

Fue la primera experiencia de salir de casa durante un tiempo aunque volvíamos los fines de semana a casa pues iba mi padre a por nosotros, pero fue extremadamente duro y yo además tuve que cuidar de mi hermano pequeño que se vino allí también, pero lo que peor llevaba sin duda era la noche. Estuvimos en una especie de Residencia de Estudiantes alojados que llamaban la Escuela Hogar, y en estos tiempos ya, sobre el año 74-75, las clases sí eran mixtas. Estuve hasta los 15 años en esta Escuela Hogar l que fue cuando acabé la EGB.

Recuerdo que en ese tiempo que estuve en Navalmoral estudiando cuando volvía los fines de semana al pueblo me conocían aún los perros y los gatos como cosa curiosa y se volvían locos cuando nos veían. Me dedicaba a ayudar a mi padre también en ordeñar las vacas o en las labores del campo entre ellas a "gavillar" el cereal, que consistía en hacer haces de cereal y se ataban con gavillas, que eran como una especie de cuerdas. Por esto cuando venían los de fuera (los emigrantes) me daba envidia de ellos pues a mí me tocaba trabajar siempre hasta bien tarde. Entonces es que teníamos los críos otra mentalidad en cuanto a las responsabilidades, sabías que se estaba pasando una época difícil y había que arrimar el hombro para salir adelante ayudando en casa para todo lo que fuera, te sentías responsable; realmente para entender esto hay que haberlo vivido.

Cuando acabé EGB estudié también en Navalmoral el BUP y COU pero ya no me quedaba allí para dormir sino que iba y venía todos los días al pueblo en un coche de línea que pusieron para recoger a todos los muchachos y muchachas de esa edad de los pueblos de alrededor que estudiaban BUP o COU, aunque también había personas que también usaban este medio de transporte para ir a Navalmoral pero de manera puntual. Un recorrido de más de una hora por la cantidad de pueblos en los que paraba. En esta última época me volví un poco vago y aunque lo saqué me costó porque no me acababa de centrar en los estudios ya que me gustaba más irme a tomar cañas o buscar a las chicas.

Desde este momento me planteé ir a la Marina de voluntario y al final en el momento de hacer la inscripción me entraron muchas dudas y me eché atrás y resulta curioso que yo mismo animé a compañeros míos de Navalmoral a irse a la Marina y al final fueron ellos los que acabaron allí y se hicieron militares profesionales y yo cogí otro rumbo. Estuve un poco tiempo por el pueblo ayudando a mi padre, hasta que me tuve que ir a la mili a Cádiz, y curiosamente me tocó en la Marina el año que también la hizo El Príncipe y que la bajaron de 15 a 12 meses y estuve de cocinero un tiempo y después a un barco.

Nada más acabar la mili volví al pueblo y estuve de cartero por los pueblos de alrededor durante un mes, otro tiempo estuve sacando corcha de los alcornoques a los camiones para sacarlo de la sierra con una mula a los caminos y a continuación me puse a trabajar en la Central Nuclear de Almaraz, que supuso una experiencia para mí. Por mi buen hacer me mandaron a la Central de Trillo en Guadalajara y de ahí me quisieron mandar a la que hay en Tarragona para hacer unas tareas muy sencillas, pero a la vez especiales ya que había que meterse en sitios con mucha exposición a la radioactividad y en la que ofrecían mucho dinero, pero me lo pensé muy bien y no lo acepté porque conllevaba muchísimo riesgo y además tengo conocimiento de personas que entraron a hacer esa tarea y que lo han pagado muy caro con el tiempo.

Estando en Trillo, unos conocidos del pueblo me dijeron que echara una solicitud a la fábrica de Michelín en Vitoria pues ellos estaban trabajando allí y necesitaban gente y al cabo de poco tiempo, unos meses, me llamaron de la Michelín para hacer un examen y lo hice. Aprobé este examen y comencé el viaje a la que hoy es la ciudad donde resido, Vitoria. Aunque antes de irme para allá investigaron muy bien en mi pueblo para asegurarse que tipo de persona iba a trabajar en la Michelín, y es que el proceso de selección lo llevaba una empresa a la que le habían encomendado esa tarea y tenían que tener claro, más allá del curriculum y del examen, a quién iba a meter a trabajar, el caso es que mandaron a Mesas a dos personas que estuvieron preguntado por mí y que se dejaron ver de tal manera que a mí me resultó raro y casi llegamos a las manos por tanta mirada y gestos raros hacía mí. Creo que lo que hicieron fue ponerme a prueba para ver cómo reaccionaba ante ciertas circunstancias, esto ya lo deduje con el paso del tiempo trabajando allí en la empresa.

Allí me fui a vivir en casa de unos amigos del pueblo, aunque al poco tiempo me fui de alquiler, al principio fue muy duro pues sentías ganas de volver al pueblo pero rápidamente me integré en Vitoria con la vorágine de trabajo pues nos integraron en lo que llamaron "quinto equipo", que hace referencia a un quinto turno más de trabajo en la empresa que tenía que someterse a rotación en el puesto de trabajo. Fue un sistema de trabajo duro pues no respetaba ni días festivos ni fines de semana, la fábrica no paraba las 24 horas.

Me ayudó el carácter de los vitorianos, pues ellos siempre nos decían que allí nadie tiene que sentirse forastero a pesar de que había un montón de emigrantes de toda España, los que entramos en esta fecha éramos de la misma edad prácticamente y nos considerábamos muy atrevidos, creo que rompimos esquemas a mucha gente por nuestra fuerza y nuestras ganas. Allí me forjé en luchas laborales, reivindicaciones, comités, grupos de trabajo..., en fin, abriéndome paso y tratando de ascender en la empresa.

El hecho de coincidir con gente de mi pueblo en la empresa tampoco me favoreció demasiado pues estaban en otros equipos de trabajo y con la competencia tan salvaje que teníamos entre los equipos pues hizo que nuestra relación fuera más bien fría, muchos de ellos eran cabecillas de las revueltas laborales que hubo y además fueron los que crearon el Centro Extremeño de Vitoria lo que provocó que apenas fuera a esta Asociación.

En esos tiempos estaba deseando venirme al pueblo en agosto para pasar las vacaciones, pero es verdad que también a veces tenía la percepción de que cuando íbamos al pueblo me sentía como forastero porque creo que los que vivían allí lo consideraban sólo suyo y esto a la par con la sensación de que en Vitoria me llamaban el extremeño, uno al final era forastero en todos los sitios.

En Mesas tengo a mis padres y a mi hermano, al igual que mi mujer que tiene allí a toda su gente (ella es de Bohonal) y por tanto este es uno de los motivos importantes para que vayamos a Extremadura y además a mis hijos les encanta ir allí y relacionarse con sus amigos extremeños. Actualmente sigo yendo al pueblo en tiempos de vacaciones de Navidad, de Semana Santa y sobre todo de agosto, es verdad que al final estás pensando en el pueblo sin querer y que si tienes un dinerillo ahorrado pues que tampoco te importaría invertirlo allí, porque al final lo sientes como algo tuyo a pesar de todo y pensando en cuando me voy a jubilar para volver a la tierra.

Cuando voy al pueblo no voy de ocio sino que estoy siempre haciendo cosas, ayudo a mi padre con las vacas y las ovejas, estoy arreglando un corral que hemos comprado y también se lleva buena parte del tiempo en las tareas del cuidado del olivar. A veces me planteo que por qué trabajo tanto en el pueblo, si es que a veces trabajo más que en Vitoria, pero bueno es que esto es así es la naturaleza de cada uno y es que no puedo estar quieto ni estar todo el tiempo en el bar y lo concibo como algo que hago porque quiero y no por obligación.

Cuando nos vamos a Vitoria creo que la gente del pueblo nos echa de menos a los emigrantes y es que el pueblo se queda sólo y en el fondo están deseando que volvamos de nuevo, aunque no lo expresen claramente. Tengo la sensación también cuando vuelvo a Vitoria que si los extremeños defendieran lo suyo como lo hacen los vascos "otro gallo nos cantaría" seguro que nos irían mejor las cosas, lo tengo clarísimo, se percibe una unión muy grande para defender cualquier situación que les pueda afectar negativamente a ellos, los suyo es admirable. Me da mucho coraje ya que en Extremadura tenemos muchas posibilidades que no sabemos explotar como el corcho, el tabaco, el pimiento... en los que tenemos la materia prima pero que vienen de otros sitios del país y se lo llevan para transformarlo en sus diversas formas obteniendo así unos grandes beneficios y con esto nuestra región queda fuera en definitiva de todos los procedimientos de trabajo y de sus consiguientes beneficios económicos.

Es que me enojo mucho con esto, creo que alguien se debería de plantear esta situación para evitar toda esta fuga de materias primas que tenemos en la tierra y que esto cambie en beneficio de todos los extremeños, si esto hubiera sido así mucha gente no se hubiera visto en la necesidad de emigrar. Yo ahora pienso esto no sólo por el pasado sino también por el futuro para que la gente deje de emigrar y porque mis hijos por ejemplo pudieran plantearse la posibilidad de venirse a la tierra si aquí se presentar buenas o por lo menos iguales perspectivas que en el País Vasco, además es que mi hijos sienten Extremadura como si fuera su tierra también y eso influye mucho. Mi hija, que tiene 16 años me dice que incluso se quiere venir a estudiar a Cáceres.

Y es que visitando otros lugares de Extremadura me doy cuenta de que somos una región que tiene muchas posibilidades para crecer, aunque también hay zonas que están más desarrolladas en sus recursos como por ejemplo la zona de las vegas del Guadiana o la zona de Almendralejo que me sorprendieron gratamente. Hay cosas también que no me gusta como lo de las subvenciones tipo PER porque acomodan a la gente, no las motivan a trabajar y mejorar y además se llevan dinero mucha gente que yo sé que no lo necesitan, sería mejor que ese dinero lo emplearan en crear puestos de trabajo reales.

No sé que pasará cuando tenga que plantearme el regreso años más tarde, cuando los chicos estén más independientes, pero creo que al final siempre voy a tener el pensamiento de volver, antes o después. Estuve a punto de regresar, pidiendo un traslado a otra fábrica de la Michelín en la provincia de Toledo, pero al final lo descarté porque aunque tendría más cerca el pueblo tampoco iba a estar en casa y volveríamos otra vez a otro movimiento de cambio de residencia y de entorno social con todo lo que eso conlleva no sólo por mí y mi mujer sino también por los hijos. Y claro es que piensas en el futuro de tus hijos y crees que allí tienen más opciones de desarrollarse que en Extremadura porque en el País Vasco, a pesar del problema que todos sabemos, se vive muy bien en todos los sentidos: económico, educativo, sociales, sanitarios...

No quisiera olvidarme de decir que cuando tomé la decisión de emigrar no pensaba tanto en el futuro como en ese presente, de buscar un trabajo y una casa y asentarme, pero claro luego la vida te va cambiando con la mujer, los hijos y es que sólo tenemos una vida y hay que disfrutarla plenamente, y ves que tus hijos no han estado apenas con sus abuelos y su familia y me planteo si realmente ha merecido la pena todo esto de salir de la tierra, y es que al fin y al cabo en todos los sitios se trabaja para lo mismo para tener un piso y un coche y unos estudios para los hijos y que pena de que no hubiera más fábricas o más trabajo en su momento para no tener que haber emigrado.

Procedía de una familia muy humilde

Mis padres me pusieron de nombre y apellidos Pedro B.C., unos apellidos un poco peculiares y originales la verdad, pero es lo que nos toca por herencia. Nací en un pueblo de la provincia de Cáceres llamado Alía y está situado en plena sierra de las Villuercas y en las estribaciones de los Montes de Toledo. Aunque en realidad tenemos un poco de todo, ya que en la parte del norte es donde están las montañas de las Villuercas y en la parte del sur de la jurisdicción nos encontramos con las llanuras y con las vegas, tierras estas más aptas para el cultivo de cereales. Digo que tenemos un poco de todo porque nuestro término municipal es el tercero de España con 65.000 hectáreas, lo que significa que abarcamos una porción de terreno muy grande y por eso tenemos de toda clase de tierras. Pasan dos ríos como son el Guadalupejo y el Guadarranque, los dos van a desembocar a las aguas del Guadiana después de su nacimiento en las Villuercas.

Ha habido siempre grandes latifundios, la tierra era de unos pocos solamente, que la empleaban en tener ganado pero actualmente todas esas fincas se han convertido en fincas de caza únicamente. Tenemos una Ermita dedicada a Santa Catalina que es un orgullo para todos nosotros por su estilo. Lo que más se trabaja en nuestro pueblo desde el punto de vista agrícola es el olivar, que ocupa una superficie grande del pueblo y también el cultivo de cereales. Para la elaboración de ambas labores tenemos una almazara de aceite de oliva y para los cereales un Silo, que actualmente se ha reconvertido en un local para la juventud y como garaje para el SEPRONA.

Yo nací en el seno de una familia muy humilde, con dos hermanos más, donde mi madre trabajaba en la tahona del pueblo y mi padre era jornalero del campo, aunque también compartía una yunta con su hermano y con ella podían labrar sus tierras en los momentos libres que les quedaran de su trabajo.

El trabajo que realizaba mi padre dependía de la época del año, pero por ejemplo en la época de invierno se dedicaba a la recogida de la aceituna y su poda posterior, o a segar el cereal o a "esmochar" encinas o sea a podar encinas para hacer leña. Aunque también estuvo yendo a Francia por temporadas a trabajar en el bosque a cortar madera, con él se fue mucha gente del pueblo a trabajar fueron los primeros emigrantes en salir a trabajar de Alía.

Desde bien pequeño empecé a ir a la Escuela, porque mis padres trabajaban y porque estaban empeñados en que nos dedicáramos a estudiar y por eso me apuntaron antes de la edad obligada a estudiar a clases particulares con 3 ó 4 añitos. Allí íbamos más muchachos pero esto fue poco tiempo y empecé la Escuela Nacional obligatoria con 5 ó 6 años. Realmente el hecho de que yo siempre de pequeño estuviera estudiando fue una excepción en relación a los demás muchachos pues muchos de ellos dejaban de ir a clases porque tenían que ayudar a sus padres en las tareas del campo o de ganado, cosa que no permitió mi padre. Lo llamaban Escuela unitaria porque estábamos todos los muchachos juntos aunque tuviéramos distintas edades, eso sí los niños y las niñas cada uno en clases diferentes y no coincidíamos para nada. Allí recuerdo nos enseñaban cantando, me acuerdo de canciones que hablaban de Hernán Cortés y de los conquistadores extremeños y que los puntos cardinales y la geografía lo aprendíamos cantando también. Tuve maestros como don Catalino, que había sido guardia civil y don Vicente, que fue con el que más tiempo estuve, o don Isidro y don Fernando y tenían en común que la disciplina nos la querían imponer a base de "palos", esto de pegar en las clases era cosa común entonces.

La escuela era muy rudimentaria y no tenía medios para llevar a cabo una buena enseñanza, eso sí teníamos nuestros pupitres de una o dos plazas había una pizarra donde el maestro nos explicaba la materia y yo llevaba una carterita primero y luego una cartera de cuero que me trajo mi padre de Francia, donde metíamos el pizarrín y la pizarra, que tenía un marco de madera, y el cuaderno. Me acuerdo del tintero de barro que usábamos para escribir y que el maestro se encargaba de rellenar cuando se vaciaba, muchas veces nos poníamos perdidos porque tirábamos la tinta y luego al llegar a casa teníamos bronca. En la pizarra y con el pizarrín hacíamos las cuentas y en el cuaderno los dictados.

Hubo un hecho importante que cambió la situación de la Escuela y es que con motivo de la inauguración del pantano del Cíjara vino el dictador Franco y uno de los maestros de la Escuela se acercó a él rompiendo el protocolo de seguridad y le hizo saber la mala situación en la que encontraba el edificio que albergaba la Escuela. Tomarían nota de la situación y a través del Gobernador Civil de Cáceres don Licinio de la Fuente se hizo la Escuela nueva en una finca donde estaba proyectado ya desde la República. Hicieron un edificio con agua y baños incluidos y buena iluminación y por tanto la calidad de la enseñanza iba a ser en mejores condiciones. Se hicieron cuatro aulas para chicos y otras cuatro para las chicas. Aunque un año antes de inaugurar la nueva Escuela, cambió también el sistema educativo y se pasó a llamar Escuela Graduada donde se separaban a los muchachos en función de su edad y sus conocimientos y no como antes que estaban todos juntos. Había cuatro niveles, el preparatorio, el elemental, el medio y el superior pero para mí llegó un momento en que no aprendía nada porque ya era mayor y lo que hacía era repetir conocimientos.

Tendría 10 años cuando inauguramos esta nueva escuela, fue una gran alegría para todos, pero los muchachos seguíamos acudiendo a la escuela con pantalones de pana cortos, tanto en verano como en invierno, y recuerdo que usaba unas sandalias con calcetines, pero que en invierno al llover mucho había múltiples charcos y a los muchachos nos gustaba meternos en ellos sin los calcetines. Era una manera de divertirnos que teníamos entre otras.

Tengo dos recuerdos muy bonitos de esta época que creo merecen ser destacados: resulta que teníamos una vecina de unos 80 años que era ciega y que se llevaba muy bien con mis padres y me tocó hacer la tarea de Lazarillo con ella. La verdad es que la mujer se defendía muy bien para ir a la compra o a los sitios más cercanos, pero cuando tenía que ir a sitios lejanos de su casa o a por agua al pozo la tenía que acompañar, pero sólo para llevarla allí pues cuando había que sacar el agua ella misma lo hacía y acarreaba con el cántaro de agua hasta su casa. Tenía la costumbre también de pedir limosna, porque era una manera de sustento para ella pues la mayoría de la gente que le daba algo se lo daba en especie, es decir con aceite, una morcilla, chorizo, tocino...pero siempre le pedía a los más pudientes del pueblo los domingos por la mañana, y entonces me tocaba acompañarla también, esto fue lo que a mí me daba más apuro y esto hizo que con 9 ó 10 años dejara de acompañarla a pesar de la insistencia de mis padres.

El otro hecho que me marcó mucho fue que, aunque era un crío sabía leer y escribir, algunas vecinas me pedían que escribiera cartas para sus familiares que estaban lejos del pueblo porque ellas no sabían hacerlo y depositaban en mí toda su confianza para que transmitiera a sus familiares lo que ellas me decían. Esto me hizo sentir muy útil ante el vecindario y de gran satisfacción, raro era el día durante una época en que no escribía alguna carta cada día, la Tía Emilia en particular que tenía a todos los hijos en Madrid me tenía especial cariño por esto. Además de que me lo agradecían mucho, incluso me regalaban plumas estilográficas que yo luego llevaba a la escuela para envidia de los demás compañeros. Fue una experiencia simpática de la infancia.

En aquella época nos divertíamos como podíamos con los medios y recursos más bien naturales, nada de juguetes y esas cosas. Recuerdo el juego del cinto escandio, la peonza, el aro, los bolindres, al abejorro, la pídola (que era parecido a churro), al aviso y una de las mayores diversiones era irse a "níos" y es que al final te convertías en un especialista de los pájaros, recogíamos las crías o bien para comerlas o bien para criarlas como es el caso de las tórtolas. Irse en busca de lagartos también nos entusiasmaba y teníamos una puntería bárbara para cazarlos a palos normalmente y después comerlos, aunque a mi la verdad es que no me gustaban mucho... en fin una serie de juegos muy sencillos que nos hacía divertirnos mucho aunque también tenían un poco de gamberradas. Se practicaba el fútbol también, pero era muy rudimentario con pelotas de goma y trapos y sin porterías porque para esto poníamos unas piedras y a jugar.

En la Escuela Graduada estuve hasta casi los 14 años, me faltó un mes para tenerlos y entonces lo dejé porque ya no aprendía nada y porque era el mayor y le dije a mi madre que ya no quería ir más a la Escuela. A partir de aquí estuve unos días en casa sin hacer nada hasta que me solicitaron para estar cuidando con unos corderos en una cerca del pueblo y estuve un mes solamente, recuerdo además que ese mes estuvo lloviendo todos los días y me puse de agua perdido, fue duro.

Nada más terminar de estar con los corderos mi

padre me dijo que tendría que salir del pueblo porque allí no iba a estar bien ya que era todo muy mísero y no había futuro. Así un 26 de marzo me acompañó mi madre en el autobús camino de Madrid a casa de unos familiares que previamente ya me habían encontrado un trabajo.

De esta manera con poco más de 14 años me encontraba en Madrid en casa de unos familiares y para incorporarme a trabajar al día siguiente en un taller de cerrajería en Usera. Aunque yo estaba en casa de familiares los primeros tiempos fueron duros y me acordaba del pueblo, si me hubieran propuesto volver a Alía para trabajar al poco tiempo de estar en Madrid seguro que me hubiera vuelto, pero esto no sucedió y me pasé un año en este taller. Trabajé muchísimo de 8 de la mañana hasta las 10 de la noche, si en Extremadura se trabajaba de sol a sol en este taller lo hacía de luna a luna, yo no veía el sol nada más que los sábados y los domingos por la tarde. Fue una experiencia muy dura que me forjó en la dureza de la vida en Madrid y poco a poco me iba relacionando con gente del pueblo que también emigró a Madrid y con el tiempo fui conociendo a más gente y así me fui abriendo paso.

Cuando terminé en el taller de Cerrajería, mi Tío que trabajaba en Barreiros me dijo que hiciera un examen para entrar a trabajar allí, lo hice y comencé a trabajar de aprendiz con 15 años y en esta empresa hasta el día de hoy que sigo trabajando en ella, aunque actualmente es la Peugeot, son ya 45 años de trabajo. Durante este tiempo sobre todo al principio me preocupé de ampliar mi formación para que me sirviera para ascender en la empresa e hice la oficialía durante 3 años, que era como una especie de FP, fue duro porque tuve que hacerlo al salir de trabajar, pero con el tiempo me sirvió para mejorar en mi empresa y aún así me quedé con las ganas de hacer el curso de maestría pero ya con 18 años me gustaba salir y lo abandoné, aunque sí me matriculé no lo llegué a estudiar.

Estuve viviendo en casa de mis familiares hasta

que me casé a los 26 años. Previamente me compré un piso en Leganés que es donde me fui a vivir con mi mujer. En aquellos tiempos apenas podía volver al pueblo puesto que las vías de transporte eran muy malas y no facilitaban que se pudiera viajar fácil. Entonces sólo acudía en ocasión de días festivos o de vacaciones para ver a mis padres y disfrutar de los amigos, por tanto iba en un plan de descanso y de ocio para mí casi siempre. Solamente en época de recogida de la aceituna, en Navidades, era sagrado que tuviera que echar una mano a mis padres en la recolección. En todo caso cuando más me gustaba ir era en época de vacaciones de verano, por la virgen de agosto pues allí se está muy bien, no hace tanto calor y es donde nos juntamos con muchos amigos emigrantes también no sólo en otras partes de España sino también del extranjero como de Holanda, Francia o Bélgica.

La forma que teníamos de comunicarnos también era muy difícil y solo mediante las cartas que enviábamos de vez en cuando sabíamos algo los unos de los otros, ya existían los primeros teléfonos, pero el problema estaba en que en mi casa no lo tenían. Así solo cuando íbamos al pueblo estábamos informados de cómo estaba todo.

Aquí en Leganés con el paso del tiempo me he ido relacionando con los paisanos de la Casa de Extremadura de Leganés y es la que me hace recordar muchas veces mi pasado en Extremadura, y que cuando se organizan viajes siempre prefiero ir a cualquier parte de Extremadura a otras de España. Tengo también paisanos del pueblo que viven cerca pero no me relaciono especialmente con ellos. Participo en el Grupo de Coros y Danzas y también en el de Teatro dentro de la Casa de Extremadura aparte de colaborar en actividades durante todo el año. Y como aquí estoy muy vinculado con este centro extremeño no me permite ir al pueblo mucho, si lo hago de vez en cuando para ir a ver a mi madre pero como no tengo casa propia pues tampoco resulta muy cómodo ir con toda la familia. Cuando vamos en familia es en las fiestas de agosto porque ya ni siquiera tengo olivos como teníamos antes que me hacían tener alguna atadura más que me hiciera ir más. Además, como mi mujer no es de allí (es de Toledo) pues tengo que compartir el tiempo entre mi pueblo y el suyo.

Sí estoy observando que en los últimos años está acudiendo más gente al pueblo a las fiestas, en especial a las de la Virgen del Asunción el 1 de Mayo y de nueva creación, (10 o 15 años) a la que se acude en plan romería con familia y amigos para pasar el día en el campo, con misa y baile incluido aprovechando la Ermita que allí existe desde siempre. Esta era una virgen que antiguamente las sacaban para las rogativas de la lluvia.

Pienso que el pueblo parece que va a más, se están haciendo casas rurales para dinamizar el turismo de interior de la zona y hasta una fábrica de quesos que produce el queso de los Ibores, y que tiene denominación de origen. Se trata de un paisano del pueblo que retornó precisamente hace unos años, compró unas cabras y creó esta fábrica y con ello una riqueza no solo para el pueblo sino para los de la zona, pues acuden a comprar la leche de cabra a cabreros de la zona de los Ibores. Hay gente incluso que había vendido todo y están volviendo para comprarse allí una casa y hasta olivos para tener no sólo su aceite de oliva de muy buena calidad sino también porque les sirve de entretenimiento tanto para los que no se han jubilado como para los que si lo están, y es que creo que la tierra tira y la gente al final tira a sus raíces. Raras son las ocasiones en que te encuentras algún paisano que reniega de ello, pero alguno hay y con ellos siempre acabo discutiendo por este motivo. Cuando voy al pueblo sin embargo me encuentro siempre con las puertas abiertas y perfectamente integrado, también porque la mayoría de la gente tiene algún familiar emigrante y eso sensibiliza al personal para apreciar a los emigrantes.

Cuando pasen unos años y me tenga que plantear

el retorno lo veo difícil que regrese por varios motivos, el primero porque mi mujer no es de allí y eso lógicamente lo dificulta, en segundo lugar por las comodidades que tenemos aquí y me refiero por ejemplo a que en cuestión de médicos aquello no está bien ya que tenemos el hospital en Cáceres a 150 Km. que es el que nos pertenece por zona aunque tengamos algo más cerca el de Navalmoral de la Mata y por último porque no tengo casa. Entonces pienso que no es fácil que suceda el retorno, aunque no lo descarto, pero de momento es un asunto que no nos hemos planteado. Si he visto que hay gente que ha retornado a mi pueblo incluso algunos han vuelto en edad de trabajar sin esperar a la jubilación. Yo de momento esperaré unos añitos y ya veremos que nos depara el futuro.

Recuerdo y retorno a la infancia (historia de un retorno)

Me llamo José Antonio y nací en Valencia de las Torres (Badajoz) el 27 de octubre de 1946, el año que iba a cumplir once emigré con mis padres como les ocurrió a tantos y tantos extremeños en los años cincuenta y sesenta.

Fui a parar junto con mis padres y mis siete hermanos (yo con once años era el mayor) a un pueblo de Aragón (Maella) próximo a Cataluña donde se habla un dialecto del catalán. Sé bien lo que significa el desarraigo de la emigración a una tierra extraña con una lengua extraña. Mi madre que tenía entonces treinta y cinco años lloraba y lloraba todos los días. La recuerdo con los 35 años que tenía entonces más triste y más vieja que ahora que tiene 87. Seguramente tenía una gran depresión. Escribía casi a diario a su padre y a las vecinas y se lamentaba de la diferencia entre las costumbres de Extremadura y las de ese pueblo de Aragón fronterizo con Cataluña. Sobre todo sufría porque allí se habla catalán, lengua que ella no entendía. Yo viéndola tan angustiada por el tema de la lengua le dije "mama no te apures que esto que habla esta gente lo aprendo yo enseguida".

Pero todo se supera en la vida. La emigración también tiene aspectos positivos. Mejoró nuestra situación y tanto mis hermanos como yo tuvimos unas oportunidades, sobre todo de estudios, que quizá aquí no hubiésemos tenido. Con veintitrés años y la carrera de maestro hecha en Aragón me trasladé a la provincia de Barcelona, a Sant Cugat del Vallés donde permanecí veinte años antes de mi retorno a Extremadura.

En Valencia de las Torres asistí a la escuela unitaria de don Emilio. Siempre he recordado a don Emilio con cariño. Hace unos años murió a avanzada edad en Llerena. Asistí a su entierro. Él estaba orgulloso de que un alumno suyo fuese inspector de educación. En Maella tuve otro maestro muy significativo en mi vida, don Vicente, él fue quien me preparó de forma desinteresada para el ingreso de bachillerato y quien me encarriló por el camino del estudio.

Mi vida laboral se ha desarrollado a lo largo de cuarenta años de trabajo siempre en el mundo de la educación realizando tareas muy diversas. Empecé en 1966 como maestro de la llamada Campaña de Alfabetización en un pueblo aragonés de habla catalana, Fabara (Zaragoza). Como alfabetizador tenía clase sólo por la tarde noche. Durante el día daba clase en un colegio municipal de bachillerato sostenido económicamente por el ayuntamiento y por los padres de los alumnos. En aquel colegio municipal se preparaba a los muchachos para el bachillerato elemental. Se examinaban como alumnos libres en el Instituto Gaudí de Reus. Allí di clases de Lengua, de Matemáticas, de Física..., de todo menos de Latín que lo daba el cura del pueblo. Preparaba bachilleres de día y alfabetizaba adultos de noche. Fue una época de trabajo intenso. Con veinte años llegué a ser director de aquel colegio municipal. De allí me fui a servir a la Patria, donde también fui maestro de alfabetización de los muchos soldados analfabetos que todavía quedaban en España en los años sesenta.

Luego estuve en otro pueblo aragonés también de habla catalana, Calaceite (Teruel). Allí tuve la suerte de coincidir con una maestra mayor, Carmen, que había estudiado Magisterio en Barcelona con el Plan Profesional de la República. Ella tenía las niñas y yo el curso paralelo de niños. Carmen me abrió los ojos a otro mundo educativo distinto del que yo había estudiado en la Escuela Normal. ¡Cuánto sabía aquella mujer! ¡Con qué naturalidad se manejaba con sus niñas! ¡Qué manera más fácil de mantener la disciplina, de implicar a las muchachas en su propio aprendizaje! ¡Cómo las hacía observar las plantas, con qué rigor! ¡Qué manera más sistemática tenía de trabajar! Aprendí mucho de ella. Me suprimieron la escuela porque con la Ley General de Educación llegaron las famosas concentraciones y transportes escolares para aplicar la segunda etapa de la EGB.

Yo quería estudiar Pedagogía y entonces eso sólo era posible en Madrid o en Barcelona. Me fui a Barcelona aprovechando un concurso de traslado especial para maestros de escuelas suprimidas. Estudié Pedagogía a la vez que trabajaba y era director de una escuela de treinta maestros. En Barcelona, en Sant Cugat del Vallés tuve la experiencia más bonita de mi vida profesional: fui maestro de primero. Yo ya tenía cierto manejo en la difícil tarea de enseñar a leer por mi experiencia con los analfabetos y me lancé sin red a enseñar a leer a los niños con el método global natural de Freinet. Sin libro, sin cartilla, sin casi nada. Los niños, folios blancos, la pizarra y yo ¡Qué atrevido era yo entonces! Allí descubrí los matices del oficio de enseñar. Primero es un curso difícil pero muy gratificante, eso lo saben todos los maestros que lo han experimentado. Siempre digo que un docente que no haya trabajado con alumnos de primero de primaria no tiene la alternativa, no es torero de verdad, en todo caso es un buen novillero, pero torero, torero, no.

Luego he vivido de las rentas de aquella experiencia. Los muchos años que fui director daba clase de lengua castellana y catalana en la segunda etapa de la EGB. Eso era mucho más fácil que enseñar a leer en primero. Durante doce años simultaneé la escuela con clases de Pedagogía a los estudiantes de Magisterio en la Universidad Autónoma de Barcelona. Dar clases en la Universidad es mucho más fácil que dar clase a los niños en la escuela. Hice el doctorado en Pedagogía. Fui directivo de la Escuela Universitaria de Formación del Profesorado para lo cual me dieron comisión de servicios porque no podía simultanear la Escuela de niños y la dirección de la Escuela Universitaria.

Vino la democracia y con ella la autonomía. Cataluña era un clamor. Había mucha alegría y mucha esperanza en la sociedad catalana. Los ciudadanos de Cataluña esperábamos mucho de la democracia y de la autonomía. Yo estaba contagiado de aquel ambiente de euforia. Vino Tarradellas del exilio. Yo tenía 30 años y me nombró miembro de su Consejo de Educación y Cultura. Participé en la negociación de las transferencias de educación para Cataluña, en la Comisión Mixta para aplicar la enseñanza del catalán y en prácticamente todas las iniciativas educativas del gobierno de Tarradellas. Luego con Pujol, una vez conseguidas las transferencias, fui Delegado de Educación de la Provincia de Barcelona, que acoge el 80% de la población de Cataluña y el 100% de la conflictividad social. Una tarea apasionante. Tuve la satisfacción de contribuir a que mejorase la situación escolar de miles de niños andaluces y extremeños que poblaban las grandes ciudades del llamado "cinturón rojo" de Barcelona.

Viví unos años intensos con responsabilidades

importantes en el campo de la gestión de la educación. Durante el curso 1984/85 viajaba en el puente aéreo cada viernes de Barcelona a Madrid para participar en una famosa Comisión de Expertos que elaboró por encargo del Ministro Maravall unas Bases para el Estatuto del Profesorado. ¡Qué gran persona y qué gran Ministro fue Maravall! En mi opinión el mejor Ministro de Educación de la democracia.

Entre todos nos lo cargamos. Con él se fueron las esperanzas de que la democracia trajera una reforma en profundidad del sistema educativo español, tan necesaria por otra parte. La LOGSE, promulgada siendo Ministro alguien de cuyo nombre no quiero acordarme, ya nació con plomo en el ala. Las circunstancias políticas no le fueron propicias. El gobierno estaba debilitado por los casos del GAL, Roldán etc. y las prioridades económicas del país eran en aquel momento las Olimpiadas de Barcelona y la Expo de Sevilla y la financiación de la LOGSE se resintió de ello. La prueba más clara de lo que digo es que la LOGSE se ha derogado sin que se aplicara en la práctica ni en el 15% del potencial de transformación pedagógica y social que llevaba dentro.

Vista la deriva política cada vez más conservadora de los gobiernos de González y Pujol (que malo es que alguien permanezca tantos años en el cargo), yo me dije a mi mismo que ya la democracia no iba a traerle al sistema educativo más que paños calientes. Pensé que yo no vería nunca hecha realidad la educación con la que tanto había soñado y por la que tanto había luchado y tanto me había arriesgado en la época clandestina. Tomé una decisión importante y a punto de cumplir los 40 años me trasladé con mi familia a mi tierra extremeña. Me retiré del mundanal ruido y entré en la Inspección de Educación porque era una manera fácil de venir a Extremadura que era donde yo quería vivir el resto de mi vida. Vine por eso y no tanto porque la Inspección me resultara especialmente atractiva.

¿Por qué volví? Me lo han preguntado muchas veces y cuando lo explico a la gente le cuesta entenderlo. Vine porque de adultos no somos mucho más que el niño que fuimos, porque los olores, los sabores y los sonidos de la infancia los llevamos siempre muy dentro. Me vine porque la eterna patria del hombre es la infancia como dice el gran poeta Rilke y mi infancia transcurrió hasta los diez años jugando con el aro y el repión comprado en la Feria de Zafra, en las calles, en las plazas y en el arroyo de mi pueblo, Valencia de las Torres. ¡Qué ricos estaban los berros del arroyo de mi pueblo cuando yo era niño! Me vine y de ello hace ya veinte años que sumados a los diez que pasé aquí niño son treinta, justo la mitad de los sesenta que tengo. El año que viene ya llevaré aquí un año más de los treinta que pasé "por ahí".

Estos veinte años de Extremadura han sido los más tranquilos y apacibles de mí vida tanto en lo profesional como en lo personal. En Extremadura se vive muy bien cuando se tiene de qué vivir y los funcionarios en eso somos unos privilegiados. Me duele muy hondo saber que todavía hay extremeños que no tienen lo suficiente para vivir desahogadamente disfrutando de las envidiables condiciones naturales de nuestra tierra. A pesar de los indudables progresos de los últimos años, la justicia social y la educación de calidad son todavía una meta a conquistar en Extremadura.

En mis visitas a las escuelas siempre veía a los niños de octavo para escuchar sus expectativas y animarles a seguir estudiando. ¡Qué pena me daba constatar escuela tras escuelas, pueblo tras pueblo que la expectativa de más de un tercio de los niños era tener dieciséis años para apuntarse al paro y la de la mitad de las niñas quedarse en casa ayudando a su madre!. Ahora con la secundaría seguimos teniendo un 35% de alumnos que no alcanzan la titulación y que su expectativa de vida es apuntarse al paro. Entre todos tenemos que hacer algo. Yo creo que la mejor solución para ello es proporcionar nuestros niños más y una mejor educación.

Yo he pasado aquí veinte años tranquilos con la sensación de trabajar poco si lo comparo con el ritmo vertiginoso de mis años de Cataluña. A mí me apasiona el mundo de la educación desde que con trece años vi claro que quería ser maestro. La Inspección es una atalaya privilegiada para observar el hecho educativo. Un inspector tiene acceso fácil a cualquier escuela, a cualquier instituto a cualquier clase, a cualquier servicio educativo, a cualquier documentación. El ejercicio de la inspección me ha dado una visión muy amplia y creo que muy matizada respecto de cómo funciona la educación en Extremadura. Ahora aprovecharé mi jubilación para escribir sobre ello, quizá algún día lo que yo escriba pueda interesar a alguien...Hace dos años me jubilé de trabajar por la educación profesionalmente, pero no de la devoción de seguir trabajando por la mejora de la Educación por Extremadura. Dedicaré parte de mi tiempo a colaborar con sus padres en la educación de mi nieto extremeño (mis hijos nacieron en Cataluña).

María, o la lucha por volver al pueblo (otra historia de retorno)

Nací el 18 de mayo de 1960 en Badajoz y tengo un hermano que nació en Lieja (Bélgica), que años después volvió a España cuando pudo y vive en Badajoz. Antes de emigrar a Bélgica, en el año 1967, vivía en Salvaleón, en la calle san Atón.

Los recuerdos que tengo de mi pueblo antes de marcharme son muy escasos, me gustaba recorrer las casas de las vecinas de mi calle y otras cercanas y me encantaba escuchar las historias que los mayores me contaban. Recuerdo que tenía una amiga y que en la calle jugamos a la tanga, y unos amigos los hermanos Joaquín y Juan que se burlaban de mí y me hacían perrerías, otra anécdota que también recuerdo era que una vecina llamada Nicolasa me pelaba los granos de la espiga verde de cebada y me los comía y a la paja verde le hacía unos agujeros y sonaba una especie de silbido con el trozo de paja que se llamaba "pita"; también jugaba con mis primos los Cacheras que eran mayores que yo y se divertían a mi costa. De la escuela recuerdo muy poco, sólo a una maestra que me trataba bien.

Salí de Salvaleón a la edad de 6 años, en enero de 1967. Mi madre debía ir embarazada por que en agosto de ese mismo año nació allí mi hermano al que antes he aludido. Mi padre ya estaba en Bélgica. Mi madre, otro vecino de Salvaleón y yo nos montamos una mañana en una furgoneta que hacía viajes a Madrid, nuestro equipaje era una maleta de cartón como existían entonces, con pocos enseres y productos del cerdo además de algún queso, eso lo recuerdo porque el trayecto de Madrid (donde nos esperaba una hermana de mi madre, que debió de verme con frío, pues me compró un abrigo rojo y unas botas) hasta Lieja, que hicimos en tren, cuando queríamos comer tanto nosotros como los demás que viajaban, sacábamos la fiambrera y el pan que no importaba que estuviera duro y comíamos.

En el tren viajaban muchas personas, sobre todo hombres, eso sí me llamó la atención. También recuerdo llevar miedo antes de llegar a la frontera de Irún pues oía decir que nos abrían las maletas y nos quitaban las cosas que llevábamos, y porque allí había muchos guardias civiles. Hicimos más de un trasbordo, yo no entendía por qué nos bajábamos de un tren y nos subíamos a otro, por cierto yo antes nunca había visto un tren, tengo que contar que nos perdimos y nos apeamos en una ciudad belga que estaba a cuarenta o cincuenta kilómetros de nuestro destino, gracias a un taxista que como pudo nos explicó que aquello no era Lieja, esperamos unas horas en la estación y volvimos a coger otro tren que nos llevó a nuestro destino donde nos esperaba mi padre y un amigo.

Cuando llegué a Lieja me pareció todo muy diferente. Las casas, yo vivía en una de cinco plantas y en cada planta vivíamos dos familias, todos extranjeros. Cada planta tenía un cuarto de baño muy rústico que compartían las dos familias, también es verdad que yo era la primera vez que veía un cuarto de baño. La forma de calentarnos, cada piso tenía en el sótano una especie de trastero, que le llamaban carbonera, porque se utilizaban para guardar el carbón vegetal que comprábamos en las tiendas y utilizábamos para una estufa que nos calentaba y a su vez tenía una especie de fogones que nos servían para cocinar.

La comida era muy distinta, aunque mi madre intentaba cocinar a estilo español, era muy diferente de lo que yo conocía: el pan, los dulces, el chocolate, las galletas y sobre todos los yogures. Allí se comía mucho frito, para freír se utilizaba la mantequilla, no aceite y el pan no se comía seco sino que se le untaba mantequilla, era muy típico de allí. En todas las calles había tiendas que vendían cucuruchos de patatas fritas con mostaza, mayonesa, etc. Las calles, con las tonalidades grises, eran muy limpias y el clima, más oscuro y triste.

Al día siguiente de llegar me llevaron a la escuela, me dejaron a las ocho de la mañana y me recogieron a las cinco de la tarde, allí casi era ya de noche, yo me sentí ese primer día muy sola, me miraban como a un bicho raro, por mi forma de vestir supongo y por mi forma de hacer las cosas, ni mi madre ni yo sabíamos cómo se hacía un bocadillo así que cortó dos trozos de pan y metió dentro unas lonchas de jamón muy gordas que cuando intenté comer no me cabían en la boca, además yo no era capaz de masticarlas y el resto de las niñas se reían de mí, así que lo guardé y estuve todo el día sin comer.

La escuela estaba regentada por monjas. El segundo día conocí a una española que me servía de traductora, en pocos días me integré, nunca sentí que me rechazaran ni las alumnas ni los profesores, al acabar el curso ya hablaba francés perfectamente y saqué el curso sin ningún problema. Sí me daba cuenta que en general se discriminaba a los turcos y a los marroquíes, pero a los españoles no se nos discriminaba en Bélgica, o por lo menos yo nunca lo percibí. Algunas de mis amigas contaban que sus padres estaban separados, pero lo decían con toda naturalidad, yo no lo comprendía.

A los 12 años pasé al liceo donde hice el primer ciclo de secundaria y posteriormente en otro instituto el segundo ciclo, para entonces ya estaba muy integrada en un grupo de seis amigas que lo compartíamos todo: dos españolas, una italiana y tres belgas. Cursaba los estudios en francés como es lógico, pero cada viernes iba tres horas a un colegio español y nos convalidaban los estudios, de hecho la selectividad para poderme venir a estudiar a España, tuve que hacerla en Bruselas.

El sistema educativo belga daba mucha más importancia que el español a los idiomas. En mi instituto por lo menos a las tres mejores de la promoción las colocaban en empresas, cuando acababan el bachillerato, yo quedé la segunda y me mandaron a la fábrica Nestlé, pero no me incorporé y regresé con 18 años a Málaga para hacer magisterio, mis padres se quedaron allí hasta la jubilación.

Estudié magisterio por vocación, siempre me gustó la enseñanza, no jugaba con muñecas, sino con pizarras y libros. Cuando volví lo que me resultaba más difícil era entenderme en español, pues pensaba en francés y tenía que traducir. Hasta los 18 años venía a España cada dos años y cada vez que me volvía a Bélgica me iba resultando más complicado, nunca pensé quedarme definitivamente allí, añoraba España, pero sobre todo mi pueblo, aunque también reconocía que sería muy complicado volver a vivir en él.

Regresé a España, a la ciudad de Málaga, en 1979, para cursar los estudios de magisterio, lógicamente la especialidad de idioma moderno, concretamente francés. Al principio de regresar vuelvo a tener problemas con el idioma, como cuando salí de mi pueblo para Bélgica, pero ahora los solventé más rápidamente. Coincidí con una amiga que curiosamente regresó de Francia ese mismo año para cursar magisterio. Mis padres y mi hermano permanecieron en Bélgica unos años más.

Durante los tres años que dura la carrera, me sucede lo que a cualquier estudiante, poco que destacar, me adapto bien a la vida española, que me gusta más que la belga y viajo por navidad, semana santa y verano a Salvaleón donde suelo pasar todas las vacaciones, conozco a Leandro y al más o menos tiempo entablamos una relación de pareja que dura hasta ahora.

A la vez de cursar magisterio me saco el título de francés en la Escuela de idiomas de Málaga. El curso siguiente me traslado a Sevilla para realizar Filología Inglesa, comienzo el curso puente pero no lo termino y antes del verano por necesidad de cuidar a mi abuela y algún motivo más me voy a vivir a Salvaleón y me doy cuenta que ahí es donde me gustaría vivir. Ese mismo verano me caso, y en las navidades, por el mismo motivo que emigraron mis padres tengo que hacer las maletas y nos trasladamos a vivir a Madrid; es distinto a la primera emigración, voy con mi marido. A los nueve meses de casada tengo mi primer hijo, no es tan duro pues mis padres tienen una vivienda en Leganés y conocemos allí a muchos paisanos, pero desde el principio tanto mi marido como yo, en eso coincidíamos plenamente, sabíamos que aquella no sería nuestra última estación.

Los tres primeros años yo no trabajé, trabajaba mi marido, pero no en lo que a él le hubiera gustado, él había cursado magisterio en Badajoz y tras presentarse dos años a las oposiciones y no aprobarlas, (eran unos años muy difíciles, estamos hablando de los 80), encontró trabajo en una cocina, así que trabajó esos tres años de pinche de cocina, aunque siempre repetía que la realidad hay que aceptarla y que ya vendrían tiempos mejores, vivíamos felices, pero sin conformarnos.

En el año 1987 yo encuentro trabajo en un colegio privado en Alcorcón, y al mes siguiente mi marido deja la cocina y se pone a estudiar oposiciones de la Administración general. Después de mucho insistir termina aprobando, pero tardan en llamarlo más de un año, cuando le dan plaza volvemos a hacer las maletas y nos vamos a Coria del Río (Sevilla), de nuevo vuelvo a Sevilla, era el año de la Expo, 1992, ya estamos más cerca de Salvaleón, casi todos los fines de semana nos vamos al pueblo y las vacaciones por supuesto.

Tengo una hija en el 1994. Seguimos teniendo claro que cuando podamos nos vamos a Badajoz, de todas maneras compramos un piso en Sevilla pero cuando llega la oportunidad y en un concurso mi marido tiene posibilidad, pide Badajoz y se lo dan. Hacemos de nuevo el equipaje y en julio del 2000 nos vamos a vivir a Salvaleón, mi marido se desplaza diariamente a trabajar a Badajoz, ese mismo años comienzo a trabajar en Salvaleón en educación de adultos, hasta ahora.

Mis hijos están integrados en el pueblo y se consideran porrineros o sea de Salvaleón a pesar de haber nacido uno en Madrid y la otra en Sevilla, notros también estamos integrados, mi marido se presentó en la elecciones municipales y hoy es el alcalde de su pueblo que siempre tanto hemos añorado.

Tanto él como yo hemos conseguido volver al sitio que nos vio nacer y que por necesidades de la vida tuvimos que abandonar varias veces, pero yo creo en el destino y cuando alguien lo tiene claro, si no se da por vencido, al final lo consigue antes de jubilarse. Los sueños algunas veces se hacen realidad, pues yo siempre soñé con vivir en mi pueblo y lo he conseguido.

Manuel, nacido para emigrar

Nací en diciembre de 1960 en Badajoz. Somos cinco hermanos, cuatro hembras y un varón (yo). Mis padres Julián y Soledad decidieron irse a Alemania en el año 1961, cuando yo sólo contaba seis meses de edad, así que yo no tuve consciencia de la emigración. Para mí lo normal fue conocer a chicos alemanes y jugar con ellos. Nos fuimos a Bonn, que entonces era la capital de Alemania, y allí estuvimos todo el tiempo. Mis padres trabajaron siempre en el mismo sitio. Vivíamos en la misma fábrica, había como una especie de barracones que la misma fábrica tenía dentro y allí vivíamos todos los que trabajaban en ella: turcos, españoles, italianos, etc., pero cada uno tenía su vivienda. Eran como apartamentos pequeños pero que disponían de todo lo necesario e incluso tenían sus pequeñas comodidades.

En Alemania comencé a ir a la guardería muy pronto y después al colegio. En él estuve hasta quinto y no estudié más, yo sólo tengo lo básico, porque quería trabajar para ganar algún dinero. Todos mis estudios fueron en alemán, el cual hoy día conozco perfectamente. En el colegio era el monaguillo, ayudando al cura del colegio porque en el colegio había una iglesia y yo era el que le ayudaba. Después me salí para ponerme a trabajar, primero para ayudar a mis padres en una fábrica de pan que era donde ellos trabajaban, pero no cobraba un sueldo porque no tenía la edad, aunque me daban un dinerillo para mis gastos. Yo le ayudaba a mi madre a empaquetar pan.

Al cumplir los dieciséis años ya me contrataron y aseguraron. Posteriormente trabajé en una fábrica de chocolate, donde me contrataron gracias a unos paisanos que me conocían, haciendo figuritas de mazapán.

Allí estuvimos hasta el 1979 que nos vinimos todos a España, porque ya éramos todos mayores y empezábamos a tener amigos y casi novios y novias y mi padre no quería que mis hermanas "tonteasen" y se pudieran casar con alguien de allí y quedarse a vivir en Alemania. A nosotros nos costó venir, al principio lo pasamos algo mal, pero poco a poco nos acostumbramos y la verdad es que nos ha ido bien.

Al volver aquí mi padre montó un negocio con el dinero que había ahorrado de Alemania. Por la estación montó una churrería y un bar y al principio yo estuve ayudándole y aprendiendo un poco el oficio del bar. Después de un año, me fui a la mili que hice en Alicante. Si me hubiera quedado en Alemania habría hecho la mili desde los veinte a los veinticinco años; duraba cinco años, pero allí no tenías que ir a cuarteles ni nada, sólo trabajar en el país durante cinco años y te valía como la mili. Nada más que tenías que hacer de vez en cuando alguna revisión y nada más. Cuando vine de la mili empecé a trabajar en la hostelería que era lo que a mí me gustaba, pero ya no con mi padre, con la esperanza de tener algún día mi propio negocio.

Ya hace muchos años que me vine de Alemania, pero todavía me acuerdo de las diferencias que había cuando yo me vine. Esto estaba más atrasado. En Bonn que era donde vivíamos había centros donde se podía ir gratis y podías disfrutar de piscinas climatizadas, de salas de boleras, etc. Cada barrio solía tener su centro donde se reunía la gente joven y yendo a esos sitios sabías que te encontrabas con la "peña" y te lo ibas a pasar bien. Cuando volví yo me daba cuenta que esto estaba más atrasado porque películas que yo había visto en Alemania las ponían aquí dos o tres años después. Y también la forma de divertirse que en Alemania estaban más adelantados, la gente se juntaba e iban a casa de sus amigos y amigas para relacionarse, no se escondían de los padres, etc. más o menos como lo que pasa ahora en España.

Otra cosa interesante de Bonn era el centro español donde echaban todas las películas en español, sobre todo las de Manolo Escobar y Concha

Velasco. Nos reuníamos muchos españoles, iban además de los de la capital, otros españoles que trabajaban en los pueblos de alrededor; eso era como el centro español, como si fuese la embajada española, pero sin serlo. Allí había productos españoles: jamón, queso, chorizo, etc. se hacían paellas. Los que trabajaban en el centro eran españoles. Al poco de volver a España fui a visitar a mis amigos alemanes y a otros españoles que estaban por Bonn, estuve por allí un tiempo recordando cosas y pasándolo bien, pero desde que regresé no he vuelto a ir y la verdad es que ya que ha pasado tanto tiempo, aunque me acuerdo de aquello no tengo ganas de ir. A los dos o tres años de estar aquí sí me dieron ganas de irme otra vez, sobre todo por lo que veía aquí y acordándome de cómo vivía allí, pero una vez que pasó eso ya me acostumbré a vivir aquí y no me acuerdo tanto de aquello porque ya he montado mi negocio, la cafetería que tengo desde hace 14 ó 15 años y la compré hace 8 años. Yo ya estoy "estancao" aquí, tengo mi negocio y un "cacho" campo con el que disfruto mucho, sobre todo los fines de semana.

Ya estoy casado y mi mujer me ayuda en el negocio. A mi mujer la conocí cuando volví a España, sus padres tenían una pastelería que estaba cerca del negocio que puso mi padre cerca de la RENFE. Empezamos a salir después de venir yo del servicio militar. Tengo dos hijos, una niña chica que va al colegio y mi hijo que está haciendo un módulo de carpintería y también nos ayuda aquí en la cafetería de vez en cuando. Cuando nosotros volvimos nadie nos ayudó ni nosotros sabíamos. Espero que cuando me jubile reciba alguna cosilla por haber trabajado en Alemania, lo mismo que ya le pasa a mi padre que tiene una paga.

Hace unos años recibí la visita de un amigo mío alemán que salió en el periódico "un alemán visita a su amigo Manolo después de 23 años". Él dijo que vendría a visitarme y aunque tardó al final lo hizo, consiguió dar conmigo a través de los medios de comunicación, porque él lo único que tenía era mi nombre y apellidos y que vivía en Badajoz. Desde entonces mantengo contacto con él. A mis hermanas también las visitó una alemana que se había casado con un español.

El mayor contacto que me queda de Alemania es cuando algunos alemanes entran en mi cafetería y hablo con ellos algo; además puedo decir que yo los conozco por la "pinta" y cuando dicen que son alemanes echamos un rato. En Alemania aún tengo familia sobre todo primos hermanos que se fueron más tarde que nosotros, ya en el año 70. Nosotros somos del 60 de los primeros que es cuando se llevaban a los emigrantes en los trenes como a los borregos, según me cuenta mi padre.

Mis primos vienen de vacaciones pero se han quedado a vivir allí porque se han casado con alemanas y les ha ido bien, viven en Badem Badem. Últimamente me cuentan que ahora (estamos en 2008-09) aquello está muy mal, que hay mucho paro, que también allí hay crisis y que los quieren echar de sus trabajos. Cuando yo estaba allí era todo lo contrario, había trabajo a "punta pala", el que quería trabajaba. Había familiares que llegaban y sin contrato de trabajo ni nada, pero iban a una empresa y de momento encontraban trabajo. El problema para venirse mis primos y otros que se han quedado es que los hijos son prácticamente alemanes y les gusta aquello y no se quieren venir a España porque la mayoría de su familia está en Alemania, aunque a las mujeres de mis primos les gusta más España sobre todo por el clima y por la forma de divertirnos.

Ordeñar vacas no era lo que yo esperaba

Mi nombre en Ángel S.T. y llevo en Suiza desde el 11 de junio de 1961 hasta hoy. Con un período de

12 años que hemos estado en España. Me vine por una falta de perspectivas de futuro en España en esos años.

Yo estuve en la universidad de Salamanca, estudié tres años de económicas, murió mi abuelo porque a mi padre lo mataron en la guerra, y mi abuela era el que me subvencionaba los estudios. Y entré en el Ministerio de Agricultura, en España, en Plasencia, se llama Servicio de Fermentación del Tabaco. Entonces estaba debajo del Ministerio de Agricultura. Estuve ocho años esperando unas oposiciones, con un salario de 28 pesetas al día, pero eso sí, nos pagaban los domingos, es lo que decían. Y eso es lo que me hizo tomar la decisión de venir a trabajar al campo en Suiza. Para mí el campo, ni en postal lo había visto.

En la estación, ya en Cáceres, me hicieron cargo de un grupo, no lo sé por qué, qué motivos tomaron, seguramente porque mi historial decía que yo era un rebelde, me hicieron cargo de 82 personas. Llegamos a Madrid esas 82 personas, a la Estación del Norte en Madrid. Llegamos a las 10 de la mañana, toda la noche en el tren, y allí nos dijeron que teníamos el día libre hasta las 5 de la tarde.

Yo me fui y al volver me avisaron por los micrófonos que me presentara al jefe de estación. Yo me presenté allí y me dieron un billete colectivo para 1.315 emigrantes. Con ese billete colectivo que a mí no me lo pidió nadie, nos montaron en un tren con destino a Barcelona. Viajamos durante toda la noche. Llegamos a Barcelona y en Barcelona lo primero que hicieron fue apartarnos del tren, y allí empezó el primer jaleo. Empezaron los primeros palos para mí que yo era el representante de todos los emigrantes, porque era el que llevaba el billete colectivo de 1.315 emigrantes. Muchos empezaron a decir que tenían hambre porque llevábamos dos días de viaje ya, y había quién llevaba algo de dinero y otros que no llevaban absolutamente nada. Después de mucho rogar nos dieron a cada uno la bolsita, un bollo de pan y una lata de sardinas además de una botella de vino.

A las cinco o seis de la tarde nos metieron en el mismo tren, nos llevaron hasta la frontera, en la frontera había que cambiar de tren porque las vías de España tenían otro ancho que el europeo. Llegamos a Suiza, a Ginebra, y en Ginebra nos mandaron a la frontera italiana, a pasar un control médico, y yo porque había aprendido algo de francés durante mis estudios, me tuve que hacer cargo con los médicos en la frontera italiana que hablaban italiano, pero hablaban francés también, pasar a 1.315 emigrantes, el control médico, que era una radiografía, expirar, aspirar, expirar, aspirar.

Al terminar nos metieron en otro tren y desde el sur de la frontera italiana nos subieron hasta Lucerna, y por el camino íbamos dejando a gente en cada estación, porque ya llevaba cada uno su destino. Llegamos a Lucerna a las 11 de la noche del cuarto día. Y la primera decepción para mí, y es la primera vez que cuento esto, nos metieron en la sala de espera de Lucerna. Nos pusieron a todos en la pared, a los treinta y tantos que quedábamos, llegaban los labradores que eran los que habían contratado nuestro servicio, y al que veían un poco fuerte por señas, te señalaban y tú tenías que ir con él. Luego ya ellos con la policía. A mí me dejaron casi para lo último.

Después 30 kilómetros en coche, y en un cruce de carretera nos estaba esperando un tractor, y yo con la maleta en una mano, agarrado al tractor porque el tractor no tenía cabina, pero en las colectas del tractor tenía una especie de asiento, me senté. Lo primero que me enseñaron fue la cuadra. Y yo, qué cara pondría yo, qué cara pondría yo que me dijo _______ todo por señas.

Y allí empezó mi estancia en Suiza. Naturalmente el labrador me tuvo dos semanas, porque decía, me preguntaba, todo por señas, ordeñar y yo entraba a la cuadra y me ponía un pañuelo por el olor que me daba. Entonces para ellos aquello era una cosa que no comprendían. Me tuvo dos semanas, y a las dos semanas me echó fuera. Entonces estaba la policía de extranjeros aquí en Lucerna y había una chica que hablaba español, por suerte, y esa chica es la que me ayudó, porque estaba prohibido cambiar de trabajo.

Tú venías con un contrato temporal, aproximadamente de unos seis meses desde marzo hasta septiembre-octubre, y tenías que pasar cuatro o cinco años hasta que te dieran el permiso anual, y eso casi nunca se cumplía, porque o bien las empresas que te contrataban no estaban dispuestas, o bien la policía si había mal tiempo y trabajabas en la construcción te mandaban antes de tiempo. Entonces nunca cumplías esos 42 ó 44 meses, y había gente que estaba 7 u 8 años viniendo de temporero, casi sin ningún derecho y ahí empezó todo. Yo gracias a esta chica, logré colocarme en una serrería, cortando leña.

Y yo lo primero que pedí fueron unos guantes, porque además estaba en un pueblo que hacía un frío del carajo, en el invierno, por lo menos aquellos inviernos, ahora me parece que está el tiempo más templado. Y el de la serrería me dijo que o a mano o me iba, y me tuve que quedar, luego ya fui cambiando.

Conocí a mi mujer, mi mujer es suiza, luego ya volvimos a una empresa muy grande, he tenido suerte, claro, yo tenía una base un poco mejor que el 95% de los que venían en aquella época. Estuve en esa empresa 37 años, en la empresa que yo me he jubilado antes de tiempo.

Yo en España tenía trabajo, pero tenía un trabajo de 28 pesetas al día, y yo tenía 26 años y qué porvenir esperaba yo, casarme, con 174 pesetas a la semana que me pagaban. Y aquí mejoramos porque el franco estaba a 14 pesetas, y nos pagaban 180 en la agricultura, 180 francos suizos al mes era mucho, aunque yo en la agricultura estuve dos semanas solo, pero la gente que trabajaba en agricultura, empezaban a trabajar a las 4 de la mañana y terminaban a lo mejor a las 10 de la noche en el verano, recogiendo, y pensábamos que en el sueldo no estaba incluidas las horas extraordinarias que en España se pagaban entonces ya las horas extraordinarias. Pero nada. Los 180 euros, eran unas 3.000 pesetas aproximadamente, que era bastante más que lo que yo cobraba en una oficina del Ministerio de Agricultura, porque yo estaba allí para calcular el peso del tabaco, qué precio tenía,...

Tengo dos hijos que han nacido aquí en Suiza.

Historia de dos amigas en Alsasua (duetto)

July: Hablo yo de mi vivencia y después tú hablas de la niñez y luego yo, y luego tú de la adolescencia y luego yo, porque así tú me complementas y me haces recordar cosas porque si no me va a quedar muy cortito.

Isa: Vale. Tú primero, pues tú tienes muchas más vivencias.

Llegada y niñez Isa

July: Lee un poco a ver lo que tienes.

Isa: mi nombre es Isabel Salgado, nací en Piedras Albas, Cáceres, el 4 de enero de 1953.

Mis padres me trajeron al norte, en concreto a Alsasua (Navarra), en septiembre de 1956, por lo que llevo más de 52 años en Navarra. Según cuenta mi madre, mi padre se vino siguiendo a sus hermanos, él no necesitaba salir de Extremadura puesto que tenía un trabajo de capataz administrador de una hacienda, bien remunerado, pero era el mayor de los hermanos y eso pudo más.

Nos arrastró a toda la familia, mujer y tres hijas. Cuando vino fue contratado en la RENFE. En esa fecha se estaba haciendo el desdoblamiento de la vía de Irún Miranda, pero a los dos meses o por ahí, tuvo la desgracia de ser atropellado, arrollado por el tren cuando arreglaba una de las vías. El accidente no le mató, pero lo dejó secuelas físicas y psíquicas, tenía una minusvalía parcial que le impedía hacer muchos trabajos, fueron unos años muy malos para nosotras, sin dinero pasando hambre.

Cuando llegamos a Alsasua nuestra primera casa fue en el monte, en la "fuente la salud" le llamamos aquí; después nos cambiamos a San Juan, donde en una vivienda convivíamos tres o cuatro familias, cada una en un cuarto con derecho a cocina y baño.

July: ¡claro!

Isa: Nuestras madres se turnaban para las comidas, traían la leña, etc. Me recuerdan a los hispanos, que vienen ahora aquí y se ven obligados a compartir un piso aunque ellos tienen más apoyos que teníamos nosotros cuando veníamos. De ahí nos fuimos a vivir a la Plaza España, ahora Plaza de los Fueros.

No recuerdo tener amigas en esta época de mi vida, solo nos relacionábamos con las hijas o hijos de otras familias que también habían venido de Extremadura. Se apoyaban unas a otras, éramos una piña, pasados algunos años a mi padre le dieron la plaza de conserje en las escuelas Domingo Lumbier con una contrata en la que teníamos derecho a vivienda pero con dedicación exclusiva las veinticuatro horas, y toda la familia trabajando en la limpieza pero con un sólo sueldo, el de mi padre. Mi hermana mayor tenía diez años más o menos, yo siete y la pequeña cuatro años. Me costó mucho tener amigas, la mayoría eran extremeñas como yo, pues las del pueblo nos insultaban y no se mezclaban con nosotras "extremeños cara de hambre, pata de alambre" era uno de los insultos preferidos. Fue muy dura nuestra niñez.

Adolescencia Isa

Isa: Una cosa positiva de la gente del pueblo, la verdad es que algunas personas nos ayudaron por medio de Cáritas, dándonos ropa, nos dieron comida, nos mantuvieron durante un tiempo, aportaron casi todo el pueblo, o al menos la mayoría del pueblo, eso sí que era positivo.

Alsasua era un pueblo ganadero y agrícola, al menos cuando nosotros vinimos, con dos o tres empresas grandes que fueron las que atrajeron a gran parte de los emigrantes extremeños: RENFE, Cementos y Vagones, para mí eran las que más se oían. Y la fundición que era anterior.

De mi tiempo en la escuela recuerdo que tenía que demostrar que sabía más que los demás para conseguir buenas notas, por eso de ser la hija del conserje, pues siempre conseguían los premios los hijos de las maestras, la sobrina de tal, de cual, todas las de aquí pero al final lo conseguí, no tuvieron más remedio que reconocerlo, es verdad, y al final me dieron un segundo premio en la clase de doña Isabel. Después me dieron un cuarto premio que era una pluma que me daban cuando estaba la señorita Josefina Aguirre, así es que por lo menos eso que saqué.

Mi adolescencia fue más dura, con doña Carmen me acuerdo que no, no estuvo por la labor y me quitó todos los puntos, porque antes te daban puntos cuando estudiabas toda la lección y te la sabías de memoria.

July: Si, es verdad, daban puntos

Isa: Te daban unos puntos y a mí me pillaron ayudándole a una en el examen, a Brígida y doña Carmen me quitó todos los puntos, me puso la última de la clase y no me dejaba recuperarlos por más que me aprendiera todas las lecciones y no me dieron el premio y estaba la primera, así es que había de todo. Mi adolescencia fue más dura si cabe, sin amigas fijas, empecé a estudiar con beca en el Colegio Nª Sª de la Compasión, donde iban las hijas de los ricos, de los pudientes, lo que ahora se llama la clase media alta. Sola, pobre y marginada. Me acuerdo de haber estado sentada en las escaleras de las monjas yo sola allí en los recreos y sin que nadie quisiera jugar, sí que recuerdo, ya que tenía catorce, dieciséis años eso sí que me acuerdo, que lo pasé al principio.... ¡pero mal!

July: Yo en la escuela me di cuenta que había discriminación de unas personas y otras, algo que no entendía pero que con el tiempo vas viendo.

Isa: Sí, las de Arregui, la de Salle, todas estas eran las niñas bonitas, si es que siempre, es que era así, la verdad es que nos costó, nos costó que nos reconocieran los méritos que pudiéramos tener. Luego he hecho amigas entre esas mismas. Y algunas maestras han tenido que claudicar y reconocer que el trabajo que hemos hecho la verdad es que ha sido mejor que los que ellas estaban apadrinando.

Fin de la adolescencia

Isa: Poco a poco fui ganándome a las profesoras, que fueron las que me abrieron las puertas hacia la relación con un grupo de alumnas, con las que terminé haciendo una amistad que todavía hoy perdura, y eso es cierto, de ello Mayte Goicoetxea que va con nosotros a los viajes por el centro y Rocío, y toda esta gente, estuvieron conmigo. Con los chicos de aquí no pude tener relación puesto que para ellos era un deshonor y hacían la vida imposible a los que se relacionaban con extremeñas. Hoy sí tengo amigos, y muy buenos, aprendieron a valorar nuestro trabajo y nos ven de otra manera, los que nos ven...hay de todo.

July: Anda que les ha costado ¿eh?

Isa: Hay algunos que sí que valoran, me acuerdo por ejemplo de Javier Uribe y de todo esta gente que es de aquí, de aquí y que verdaderamente saben.

Me casé con un salmantino, tengo tres hijas y una nieta. Mi vida está aquí, aunque necesito ir a Extremadura a coger aire, por lo menos dos veces al año. Les he inculcado a mis hijas el amor a mi tierra y el respeto a las demás culturas. Les gusta mucho Extremadura pero para ir a vivir allí tienen que cambiar todavía muchas cosas: trabajo y sanidad sobre todo; ellas están integradas aquí, con amigos y amigas, estudios, ambiente de aquí. Cuando contamos cosas del pasado les parece como una película, no lo han vivido ni sentido gracias a Dios, a pesar de que el ambiente político tenga dividido al pueblo en dos.

Nosotros ¿irnos a vivir a Extremadura? creo que no, nos ha costado tanto echar raíces aquí, que volvernos a mover es algo que no nos parece, que nos parece descabellado e irrealizable. Queremos a Extremadura desde la lejanía, pero volver a empezar, imposible. No somos ni de aquí ni de allá, si estamos aquí somos extremeños pero si estamos allá somos los navarros, lo importante es que nosotros nos sintamos extremeños y navarros aquí y donde estemos.

Isa: Yo al contrario que July he tenido la libertad de poder trabajar en los puestos y en los sitios que más o menos he querido. He disfrutado de trabajar sin tener que llevar ningún escolta, y también del trabajo que he desempeñado porque me gustaba. Estuve trabajando durante casi veinte años en una farmacia y tenía relación con toda la gente del pueblo. Los dueños eran de aquí, eran navarros, incluso alguno había que hablaba euskera, pero a mí nunca me pusieron pegas y me trataron como de la familia, y para mí la verdad es que fue muy enriquecedor el tiempo que estuve trabajando allí.

Después trabajé en una residencia de ancianos sin ningún problema, con muchas compañeras de todo tipo, de aquí y de allá, pero... la verdad es que me gustaba, no he tenido que pelear con nadie.

El único problema que tuve fue trabajando en el centro de salud, en el mostrador de información, que después de trabajar tres meses no me renovaron el contrato por no saber euskera, era uno de los problemas que en esta zona tenemos, si no sabes euskera no puedes trabajar en casi ninguno de los puestos, incluso para barrendera casi ya te lo exigen. A nosotros no nos dio tiempo a aprender euskera porque cuando estábamos en la escuela no se hablaba y cuando estábamos estudiando en los institutos tampoco y ahora ya con la edad tampoco nos ha apetecido y es un dilema que tenemos con ellos de no poder expresarnos a veces, porque vas al ayuntamiento y lo primero que te contestan es en euskera, pero bueno, lo demás hemos vivido bien.

También me he dedicado, después de dejar de trabajar y tener a mi tercera hija, por completo a mis labores como suelen decir, que nunca he estado en casa, que siempre he estado haciendo cosas.

Desde el 2002 que se fundó el centro cultural, hemos estado al pie del cañón, fui la presidenta del centro durante dos años y medio casi tres, porque tuvo que dejarlo el otro presidente por circunstancias y la verdad es que hemos desempeñado un papel para nosotros muy valioso, porque ha cambiado la mentalidad de la gente en este tiempo, sobre los extremeños y sobre la forma de hacer las cosas, de pensar, de trabajar, ha cambiado totalmente, ahora se nos valora, se nos tiene en cuenta, a nivel de ayuntamientos o de instituciones culturales y siempre cuentan con nosotros, saben que podemos aportar cosas, ideas, y durante estos seis años, tanto mi marido ahora que es el que está de presidente como yo cuando lo cogí hemos intentado dar a conocer todo el programa y como es ahora Extremadura, no como era cuando estaban después de la posguerra como decimos nosotros. Hemos dado muchos vídeos para que la gente vea que verdaderamente merece la pena, que sí que se puede vivir allí, lo único que para nosotros el problema es la falta de puestos de trabajo y la falta quizás de las comodidades que tenemos aquí a nivel sanitario, que nos preocupa mucho; los hospitales están aquí muchísimo más equipados de lo que pueden estar allí, a pesar de que allí se están haciendo muchos progresos y están investigando, pero todavía están en un poco de desventaja.

Sabemos que nos ganan en informática, porque allí están los colegios mejor preparados, pero nosotros ya no tenemos hijos en edad escolar y tenemos nuestras raíces y nuestros hijos, nuestras hijas y nuestras nietas aquí y es un problema difícil de resolver; el intentar volver allí, va a ser, es muy difícil para la gente, además con lo que nos ha costado arraigarnos en la tierra esta.

Con July vamos juntas a muchas cosas, pero no podemos ir a tomarnos un café a gusto, a mí no me importa el que me miren que voy con una socialista o esto, lo que pasa es que me preocupa por su seguridad, y entonces, te limita, y creo que en cierto modo el tener nuestro centro, nuestro pedacito de tierra aquí en Alsasua pues nos ha favorecido para podernos relacionar porque habíamos perdido contactos con gente y creo que eso es bueno.

Vivencias July

July: me llamo Julia Cid, tengo en este momento cincuenta y cinco años, nací en el 1953. Llegamos a Alsasua a últimos del 55; nos vinimos porque era en ese momento donde había alguna empresa donde se podía trabajar y mi padre al ser el mayor de los hermanos pues arrastró a sus hermanos y a sus padres para Alsasua. Empezó a trabajar en la fábrica de cementos, que está en Olazagutia, el pueblo de al lado de Alsasua, y a los tres o cuatro años de estar en cementos, pues ya les sobraba gente, echaron a gente, les dieron una indemnización que en aquel momento eran cuarenta mil pesetas, justo lo que pedían para entrada en un piso de protección especial, de las casas baratas que les llamaban, y nos vino como anillo al dedo, porque cuarenta mil pesetas pues era....

Isa: Era mucho

July: Lo que había que dar en el sorteo de las casas baratas y tuvimos la suerte de que nos tocó una casa y allí vivimos, y yo hasta que me casé. Mi madre sigue viviendo porque mi padre ya murió.

La casa está en la plaza Zumalacárregui y la vivencia que yo recuerdo cuando llegamos es que teníamos que vivir en una casa varias familias, compartíamos la cocina y eso pues me recuerda a la gente que viene ahora de otros sitios y que también tienen que compartir vivencia y piso, porque la vida es cara y al final pues el trabajo no da para tanto. En aquellos momentos recuerdo que el alquiler de las casas era pero muchísimo, muy caro.

Isa: Yo no me acuerdo ¿eh?

July: Yo sí porque estábamos, por ejemplo en casa, la abuela tenía sus hijos y mi madre con mi padre pues entre todos, pues se pagaba el alquiler porque una sola familia era imposible que pagara el alquiler de una vivienda.

Isa: Pero por eso vivían cuatro o más, dependía de las habitaciones que había, una familia para cada habitación.

July: Dependía de las habitaciones, y normalmente procurábamos siempre ser familiares, pero cuando había más habitaciones pues se cogían pupilos, había gente que vivía de ellos. Se venía mucha gente con familia de Extremadura pero también había gente que venía sola.

Isa: Eran los primeros.

July: Sí, y luego pues se traían a la familia si tenían un poco de dinero o posibilidad de entrar en una vivienda, porque también escaseaban; en aquéllos tiempos había muy pocas casas en Alsasua, la gente que vivía aquí necesitaba toda la casa, porque claro, necesitaban una cuadra que era donde metían los animales, cosa que hoy no existe: De esas casas en muchas ocasiones se han hecho dos plantas, dos pisos.

Isa: Pero tú, ¿vosotros habéis vivido muchos años en las casas, en alquiler, en las casas, en casas así?

July: Pues seis años, porque yo tenía dos años cuando llegamos,...

Isa: ¿Seis?

July: Y con ocho nos dieron la casa donde después vivimos todo el tiempo en la Plaza Zumalacárregui.

Recuerdos escuela July

July: Viviendo en casas varias familias y poco a poco, cuando los hijos podían acceder a algún trabajo pues claro ya tenías más dinero y podía quedarse la familia sola en la casa.

Isa: No, yo no, nosotros no hemos estado nunca solos, siempre hemos estado compartiendo.

July: También recuerdo cuando íbamos a la tienda, ¿te acuerdas?

Isa: ¡Ah sí! Si es verdad, sí.

July: Íbamos con la cartilla, pagábamos a la quincena, hacíamos la compra, nos la apuntaban en la cartilla y a la quincena pues se pagaba lo que habías consumido; que cuántas veces llegaba el sobre, ibas a la tienda, pagabas y te quedadas prácticamente sin nada.

Isa: Te quedabas sin nada o debiendo casi ya otra vez porque tenías que empezar a comprar.

July: Eso es algo que llama mucho la atención y no se me borra así como así.

Isa: No, había... unas tiendas, yo me acuerdo que había unas tiendas de muebles por lo menos, y dos, nosotros por la zona en que vivíamos, una de muebles y dos de alimentación que eran las que normalmente nos hacían el pago a plazos.

July: Sí, a plazos todo. Y nada pues tuvimos, yo venía con un hermano gemelo y aquí tuvimos otros ochos hermanos, o sea, somos diez, y la vida pues la recuerdo bastante pobrecica porque no llegaba para comprar muchas cosas.

Recuerdo cuando iba a la escuela, que a la hija de una maestra todos los días su mamá le pelaba una naranja, cuando iba a ir al recreo, le pelaba una naranja y aquél era su almuerzo, y yo pues decía, "pero jó" pues que suerte tiene que se puede comer una naranja todos los días. En mi casa teníamos suerte si había naranja el domingo, el domingo había postre y era una naranja y aquello me chocaba, porque esa diferencia entre unas personas y otras, por qué unas niñas podían estrenar ropa de vez en cuando y nosotras pues a lo mejor una vez al año y con suerte.

Isa: O te daban ropa y te la arreglaba tu madre como nos hacía mi madre a nosotras.

July: Sí, bueno eso era muy habitual que te daban algo de ropa y la aprovechabas, pero eso de comprar pues era ya raro, pues no se podía, así como así no se podía hacer.

Isa: ¿Y tú... tú viviste también lo de cuando traían la leche en polvo de los americanos que le decían aquí y todo eso? Porque yo me acuerdo que mi madre sí que la solía hacer en ollas grandes, abajo en el cuarto de la leche que decíamos, cuando estaba de conserje mi padre.

July: Sí, sí, yo me acuerdo.

Isa: Y me acuerdo que era el almuerzo nuestro, el vasito de leche que te preparaban con los polvos y arreando, o el quesito, un quesito también, me acuerdo que...

July: Eso fue después, primero vino lo de la leche, y en el recreo nos daban un vaso de leche pero como a mí la leche no me ha gustado nunca, entonces yo le ponía en la fila a mi hermano y entonces él se tomaba dos veces la leche, una por cuando le tocaba a él y otra cuando me tocaba a mí, entonces yo pasaba de leche no había almuerzo para mí. Si era tiempo de manzanas, como había manzanos en el recreo, en el patio, pues algunas veces me mangaba una manzana pero que no me viera el conserje que era tu padre, porque sino, pues claro, a manzana por crío o cría pues les dejábamos los árboles pelados. No les daba tiempo a madurar.

Isa: Me acuerdo que a final de curso todos los años recogíamos con mi padre las manzanas de los manzanos.

July: Y se repartían.

Isa: Sí, se repartía a todos los niños que iban en una fila saliendo y se les daba una o dos manzanas, de eso me acuerdo yo.

July: Después sí, y además dejaron de traer leche porque traían queso y eso sí, me acuerdo de haber comido queso y estaba buenísimo, ¡ay! ese sí que no se lo daba yo a mi hermano, luego con el tiempo pusieron el comedor en la escuela.

Isa: Sí, en la escuela, sí sí.

July: Y ahí si tuve suerte de poder acudir al comedor.

Isa: Y yo también, de comer mejor porque comíamos abajo.

July: sí, y luego había colonias…

Isa: ¡Ah sí!, las de Fuenterrabía, la de la Caja de Ahorros

July: Que a los niños y las niñas, les llevaban a Fuenterrabía me parece que eran quince días, a la que no acudí nunca, porque claro, como era la mayor de todos en casa, pues decían "no, no, tú no, que tienes que ayudar a tu madre".

Adolescencia July

July: Yo no iba porque era la mayor de mis hermanos, eso me sentaba muy mal. Ahora entiendo con el tiempo que hacían una discriminación hacia mí por ser la mayor de los hermanos. Y también era por ser chica que tenía que ayudar a mi madre. Y, es curioso, pero eso lo decidían las profesoras porque mi madre en ningún momento dijo que yo no podía ir, y creo además que de habérselo preguntado a ella seguro que me hubiera mandado, pero no…

Isa: No le dieron la opción.

July: No, no, las profesoras decían que tenía que ayudar a mi madre. Otra cosa también que recuerdo que cuando alguna vez no iba a la escuela, porque claro, mi madre cada dos por tres estaba dando a luz, pues en algún momento me tenía que quedar yo al cargo de mis hermanos, y claro cuando volvía a la escuela pues la profesora me reñía, que por qué no había ido, y yo le decía: "es que mi madre ha tenido un niño, tenía que quedarme en casa a cuidar a los otros", y me contestaba: "pues eso no puede ser, aunque tengas que venir con tu hermano pequeño a la escuela" y más de una vez recuerdo haber ido con alguno de mis hermanos pequeños a la escuela para no perder clases.

Isa: Hacías de segunda madre

July: Claro, para, para no perder nada. Y al final pues había tal necesidad en casa que yo con doce años hice el examen, o lo que hacían en aquél momento en la escuela para que me dieran el certificado de estudios, sin terminar la última clase, ¿recuerdas que era doña Carmen la última....?

Isa: Sí.

July: Bien, pues yo a doña Carmen no llegué, yo me quedé con Isabelita y el día que hicieron el examen en el curso de doña Carmen que era el último para el certificado pues yo hice con aquellas chicas y con doce años salí y me fui a trabajar. Me fui a trabajar porque, aunque no me empujaba nadie yo veía la necesidad que había en casa y empecé de niñera, y luego después ayudando en una casa, es decir que me pasé la vida trabajando, que no fue muy larga porque claro con dieciocho años me quedé embarazada y me tuve que casar.

Isa: Si te tuviste que casar, ¡te obligaban!

July: Sí, era tapar ese pecado que habíamos cometido, era obligado el....

Isa: El casarse

July: El casarse y me casé con dieciocho años.

Isa: Lo cual quiere decir que amigos y amigas de andar por ahí así ¿qué?

July: Pues amigos y amigas la verdad es que con la gente del barrio que éramos.

Isa: Que la mayoría eran extremeños en tu barrio.

July: La mayoría sí, la mayoría, había gente que habían venido de otros sitios pero si oía, porque mi hermano salía más por otras zonas del pueblo, que los chavales, o sea, no se querían arrimar a nosotras porque éramos extremeñas.

Isa: ¡Nada!

July: Y en casa les decían que, nada de nada, con las extremeñas nada...y yo me casé con un murciano, un chico muy majo pero... en tres años tuve tres hijos, bueno en dos, porque eran una niña y al año siguiente tuve gemelos.

Isa: Tres

July: En dos años tuve tres hijos y... nada pues la vida no me fue muy favorable porque claro son tres niños pequeños.

Isa: Y te fuiste fuera además ¿no?, ¿no viviste fuera?

July: No, primero estuve aquí en Alsasua y después poco antes de que mis hijos tuvieran cinco y seis años nos fuimos a Orduña porque la empresa, donde trabajaba mi marido, la iban a trasladar a Málaga; y en ese momento irnos a Málaga no era viable.

Isa: Era imposible

July: Sí, y entonces nos fuimos a Orduña que es donde vivían mis suegros y allí había una empresa que cogieron a mi marido y eso fue en mayo, y en diciembre veníamos a Alsasua a pasar las navidades en casa de mis padres y tuvimos un accidente de coche y es donde se mató mi marido.

Isa: Por eso me acordaba yo que estabais fuera, porque el accidente fue en la carretera de Salvatierra o de...

July: De Vitoria para acá, sí, antes de llegar a Salvatierra

Casada viuda July

July: Me quede con los dos chicos que tenían, iban a hacer en febrero cinco años y mi hija en enero hacía seis, o sea, los tres pequeñitos. Y las pensiones ni entonces eran grandes ni amplias, ni ahora tampoco; pero bueno me puse a trabajar en una empresa y entre la pensión y lo que ganaba en la fábrica, pues bueno, pude salir.

Isa: Sacar adelante.

July: Sí, me compré un piso que me costó pagarlo quince años pero lo pude hacer yo solita y saqué a mis hijos adelante.

Isa: ¿De cuadrillas así, nada? ¿No tienes recuerdos?

July: No, no,porque pasé de la niñez a la adolescencia y a casarme, o sea que no, no viví mucho la adolescencia, sólo recuerdo que las extremeñas sólo iban por un lado y no se juntaban, vamos, el domingo que era el baile en la plaza, pues sí que bailaban allí todo el mundo, pero claro, extremeñas con extremeños, navarras con navarros.

Isa: Yo llegué a tener una cuadrilla con gente de aquí, que duró poco tiempo la verdad. Tuvimos una cuadrilla, pero vamos que éramos, venían yo creo que con nosotras porque había dos o tres que también eran de aquí, entonces sí que venían algunos chicos y se acercaban a nosotras, pero si no, la mayoría de las cuadrillas, yo recuerdo haber tenido amigos todos, amigos y amigas la mayoría extremeños y eso que ahora tengo una amiga íntima que es de aquí y es la mejor amiga que tengo, eso sí que es cierto, pero nos costó Dios y ayuda.

July: Yo estuve quince años viuda, a los quince años conocí a un chico, el Juan, era soltero, nos casamos, ya entonces mis hijos eran mayorcitos y poco a poco fueron saliendo de casa, nos quedamos los dos solos. A los siete años pues tuvimos la mala suerte de que bueno, bebía mucho, tuvo un problema....

Isa: Tuvo un problema con la bebida

July: Y murió, por lo que otra vez me volví a quedar viuda.

Vida política

Isa: ¿Cuándo empezaste tú con lo de la política? Porque eso sí que verdaderamentete lo ha hecho pasar mal a ti...

July: Sí, pues empecé, recuerdo que cuando conocí a Juan a la vez que el grupo socialista de Alsasua, pues me llamaron para que si quería ir en la lista con ellos para las siguientes elecciones, las del año 1995. Recuerdo que les dije: "pero ¿y yo que tengo que hacer?", y me dijeron: "nada, te ponemos en una lista y si sales de concejala pues estar en el ayuntamiento y..." y yo les pregunte: "¿pero qué es una concejala?"

Isa: Sí, porque no sabías nada

July: Nada, yo de política absolutamente nada, y entonces me explicaron qué era una concejala, que no me preocupara, que había cuatro años, que en el primero no me iba a enterar, el segundo iría aprendiendo algo, para el tercero que empiezas a soltarte se pasa rápidamente, llega el cuarto y te vas a la calle, o sea, bueno pues nada; me lo tomé con paciencia, fue una época un poco estresante, porque claro, había empezado a salir con Juan, me casé, el ayuntamiento, etc. De repente empecé pues fui presidenta de la Comisión de la Mujer, de la Mancomunidad de Servicios Sociales, del Consejo de Salud, de la Comisión de Bienestar Social, en fin, fueron muchos cargos a la vez y estuve más tiempo aprendiendo que...

Isa: Que desempeñándolo.

July: Sí, porque la verdad es que no sabía muchas veces ni por donde andaba. Poco a poco me fui soltando y después a la siguiente legislatura volví a salir, de manera que estuve tres legislaturas como concejala en el ayuntamiento con el Partido Socialista, casualidad que siempre que he estado en el ayuntamiento, la mayoría de las veces, los tres o cuatro concejales que estábamos en el ayuntamiento todos extremeños

Isa: ¿De socialistas?

July: Sí.

Isa: ¿No estuviste con Bulandier que no era extremeño?

July: En la primera sí.

Isa: Ah, en la primera.

July: Sí, en la primera sí, las otras dos eran Mariano, Juan Miguel, y yo.

Isa: Pero estuvo también Mayte, esa no es extremeña.

July: No, no pero yo no estuve con Mayte. Cuando yo entré Mayte salía, y bueno pues estuvimos.

Isa: Pero eso te ha dificultado, porque al principio teníais problema con los de HB, los de Herri Batasuna y todo eso....

July: Sí, sí, sí problemas

Isa: ¿Desde el principio habéis tenido? Pero no teníais ni escoltas ni nada.

July: No, no. En un principio pues sí que ponían carteles contra los socialistas, además coincidió con aquélla época de tantas movidas. Y entonces nos ponían carteles, hacían pintadas, iban a algún pleno y también...

Isa: Pero con referencia a lo que se había robado, de que erais unos ladrones pero no metiéndose físicamente con vosotros....

July: No, no, físicamente no, eran alusiones pues a "socialista ladrón", entonces en ese sentido estábamos muy mal mirados, pero después aquello se fue pasando poco a poco, y llegó el tema de la política, y entonces ya en plan serio empezaron a hacernos amenazas de manera que tuvieron que ponernos escoltas, porque la cosa se puso muy difícil, hubo algún grupo que cogieron por aquí que tenían una serie de listas que habían estado vigilando a personas en la cual estábamos algunos, por lo que el Ministerio del Interior decidió que nos tenían que poner escoltas para prevenir más que nada en plan disuasorio.

Yo nunca he pensado que a mí me iban a pegar

un tiro, pero bueno ... sí que estaban cayendo muchos concejales tanto de la parte del País Vasco como en Navarra, y ya te digo, llevo ya seis años con escolta y, bueno, te cambia la vida porque no puedes hacer ciertas cosas, no puedes ir a ciertos lugares,...

Hubo amigos y amigas que creías que eran amigos y amigas...

Isa: Y te dejaron en el camino.

July: Sí, y dejaron de saludarte porque tenían miedo, miedo pues de que si ocurría algo les pillaba al lado. Eso también fue alejando un poco a la gente de nuestro lado y bueno pues te habitúas a que tienes cuatro amigos y punto pelota. Procuramos no ir cuando hay fiestas.

Isa: Sí, donde hay aglomeración de gente

July: A algunos bares tampoco vamos, porque parece que molestamos. En fin, es una vida totalmente diferente a la que puede hacer una persona que no vive con escolta.

Isa: Y eso dificulta en la vida, en la vida que tenéis vosotros de pareja o de cualquier relación que tenéis con los hijos, ¿te dificulta mucho, verdad?

July: Pues sí, dificulta la relación de pareja, las relaciones familiares, las relaciones con hijos e hijas porque todos no somos de la misma manera de pensar. Yo he tenido la mala suerte de que a mí me ha salido un hijo batasuno, batasuno, batasuno pero siendo hijo de extremeña, él en su ambiente tenía que demostrar que era más que los demás, y esto le ha llevado a meterse a fondo en....

Isa: En cosas que a lo mejor no...

July: En cosas que no debería de haber estado, de hecho pues ha estado en la cárcel tres años por presunta colaboración con banda armada, no ha salido juicio, todavía no se ha demostrado que eso sea así, pero...

Isa: ¿Pero está en la casa?

July: Sí, pero ha estado en la cárcel y esto para una madre socialista, tener un hijo de esta catadura, pues haya hecho o no haya hecho, pues ya te revuelve mucho la vida.

Isa: ¿Y os enfrenta?

July: Sí, tenemos un enfrentamiento continuo: En casa llegó un momento en el que estaba prohibido totalmente hablar de política porque era llegar a un enfrentamiento muy fuerte, entonces decidimos que él haga su vida, yo la mía y cada uno que piense y haga lo que quiera sin meterse con el otro. Pero es muy fuerte y duele mucho el pensar que tienes que ir protegida porque hay gente que no tiene cabeza y te puede pegar un tiro y que uno de ellos sea tu hijo. No es que él te vaya a pegar un tiro, pero con que diga la vida que llevas, dónde vas, dónde vienes...pues ya te la ha jugado. Si lo hace un vecino pues casi que lo entiendes, ¿eh?...porque es posible que no seamos de la misma rama política, porque no nos pueden ver, por lo que sea...pero cuando es un hijo es, es muy....

Isa: Muy doloroso

July: Te duele mucho y te marca mucho, a mí me ha marcado.

María...un sueño cumplido por pocos

María[4] se remonta a genes extremeños desde generaciones, apenas recuerdan esos ancestros ubicados en los campos de León. Debieron llegar con alguna mesta o quizás cruzada en busca de ensanchar prados o conquista, de uno u otro modo María forma parte de las entrañas de esta tierra, y así se siente.

Su nacimiento, allá por los años sesenta y cinco, fue uno de tantos en tiempos de escasez para muchos pero amortiguada en su caso por provenir

---

[4] Relato construido por Domingo Barbolla a partir de las descripciones de la protagonista.

de una familia de medianos agricultores que con todo, las dos hijas que tuvieron, esfuerzos requirieron para darles estudios superiores; aún se recuerda en casa como la venta de la vendimia suponía el pago de matrícula de una u otra hija en sus respectivos colegios.

La localidad, aún cercana a Cáceres, requería movilidad para formar a los hijos de los pocos agricultores ganaderos que podían permitirse el lujo, y además apostaban por ello, de conseguir un colegio en la ciudad para sus hijos.

Así ocurrió en el caso de María, Cáceres requería un trayecto de ida y vuelta semanal para formarse en el Instituto. Más tarde la juventud universitaria forzada era pasarla en la provincia vecina, suerte había con esa vecindad a pesar de las cuatro horas de trayecto hasta Salamanca.

Llegado a la capital los cinco años de licenciatura en una rama sanitaria fueron muy distintos a los anteriores merodeados en la provincia de nacimiento. Los recuerdos se tornaron merecedores de esa juventud en la sede del conocimiento, Salamanca siempre es lugar de privilegio para pasar esos años en la Universidad, esa primera emigración necesaria sería una apuesta enriquecedora de nuestra extremeña. A Salamanca siguieron otras ciudades españolas como destino en el itinerario laboral, Valencia, Sevilla y Barcelona ocuparon espacio en el recorrido vital de María, la especialización de su formación seguían requiriendo de este tránsito, Extremadura no disponía de esos estudios, aún hoy tampoco, pero sí de la especialidad.

Una vez formada en licenciatura y especialización la diáspora se produjo por desierto laboral, intentó a través de una y otra sustitución, una beca sin finalizar y la mirada puesta en otras zonas de España en donde su formación era bien recibida. Las Islas Canarias recibieron a María como lo hacían con otras licenciadas de la península. La playa, el sol, el continuo verano no cubrían la distancia, el retorno era obligado, a la primera ocasión la mirada continua hacia su tierra y hacia los suyos la llevaron a cubrir la primera vacante posible en una clínica privada. Dejo un buen trabajo para volver, sabía que el retorno podría ser difícil y conseguir otro trabajo en la Administración como el que tenía en Canarias casi imposible, pero aún así decidió volver. Tiempo habría para luchar por ocupar los privilegios que dejo, se imponía su gente, su tierra, colores y sabores cercanos, los de su piel.

La vuelta no fue fácil, su trabajo en Badajoz tampoco cubría sus expectativas, ni en salario ni en perspectivas de futuro pero ya estaba con los suyos, relativamente cerca de su tierra chica, a tan sólo hora y media de su casa. Cinco duros años fueron necesarios para volver definitivamente a Cáceres, a su trabajo deseado: la sanidad pública. No fue fácil, las redes sociales profesionales eran poco sólidas, otros en ese tiempo de destierro habían ocupado los puestos deseados y ella era una "extraña" en la profesión, de nada servía el querer volver a su tierra, el ser extremeña..., otras prioridades eran tenidas en cuenta a la hora de competir, pero..., existen los milagros, milagros en forma de necesidad de profesionales de su especialidad, en forma de tiempos de bonanza económica, en paro cero en su profesión, sumatorio de posibilidades que hicieron real el deseo. Ahora Maria con su marido y dos hijos nacidos ya en Extremadura da por bueno el exilio y el retorno, a pesar de tener que desplazarse a trabajar a un pueblo alejado de Cáceres, último reducto de su lejanía consiguió estar con los suyos y en su tierra, trabajar en lo que quiere..., su último deseo, trabajar en la ciudad, en esa en la que vive.

María representa a una categoría de extremeños que se formaron en otra tierra, no había en su momento posibilidad en la suya. Continuaron en el exilio forzados por la falta de trabajo y aun consiguiéndolo su corazón estaba en el comienzo por lo que decidieron volver sabiendo que el retorno laboral no sería un camino de rosas. Volvieron afrontando el riesgo de lo nuevo y confiando en las posibilidades de su tierra pero el orden establecido generaba un desafío mayor al imaginado. En el ámbito laboral nadie le preguntó el por qué retornaba, nadie dibujo una mueca de sonrisa...ya formaba parte del pasado, mejor en el olvido que en la presencia competitiva de quien llegando de lejos parece exigir su herencia. Si en el imaginario colectivo el retorno es aclamado y bendecido, en el orden cotidiano ellos representan lo nuevo y se forjan normas para retenerlo ¡cuántos desisten por este mismo freno cultural!, pero María, si bien a punto estuvo de volverse a ir, reiteró su voluntad y quemó definitivamente sus naves. María batalló contra aquellos que ya tenían un espacio que defender o un amigo a quien aupar, funcionamos así, es el constante hacer, de ello se quejan todos los llamados "cerebros" perdidos en tierras lejanas, aquellos a los que España (y Extremadura) formó y emprendieron el camino de la diáspora.

Por designio divino: la otra emigración

Aunque inicialmente no se había previsto realizar grupo de discusión en Uruguay, una vez en Argentina surgió la posibilidad, mediante contactos entre migrantes locales, de realizar un grupo con algunos extremeños de origen residentes en Montevideo. Finalmente un imprevisto impidió su realización, pero la disponibilidad de dos de ellos, ambos religiosos, para realizar sendas entrevistas nos permitió disponer así no sólo de voces ubicadas en otro país, sino sobre todo voces de un tipo de emigración muy particular: la de las misiones religiosas. No aportaban, por la elevada edad, mucho en relación con el objeto de la investigación, pero no hemos querido que se pierdan esas notas autobiográficas.

Juana Gregoria M.P. (monja)

¿De dónde es usted, dónde nació?

De San Martín de Trevejo, en la zona de Gata;que después está otro pueblo, Coelza, y El Fresno, sí, una zona muy bonita. Son tres pueblos que hablamos…

¿La fala?

Sí, la fala, fala mañega. Yo escribí una vez una carta a la revista Sementera y la pusieron, y hablaba algunas palabras enfala, que es muy antiguo, parecido al portugués y al castellano antiguo. Ahora lo reivindican mucho, ahí en la universidad lo estudian y eso. Sí, sí, ahora está muy cuidado. Hay libros y todo, antes no, se hablaba y en la escuela aprendíamos…

Entonces usted ¿cuándo sale de Extremadura?

Yo en el pueblo estuve hasta los 19 años, después entré en la congregación. Fui a Azpeitia, que está cerca de Loyola, cerca de San Sebastián.Ahí estuve el noviciado hasta que nos forman, dos años y medio. Después fui a Madrid que tenemos varias casas, pero un colegio muy grande en Martínez Campos y ahí estuve cuatro años y medio y después me destinaron a América.

¿Eso en qué año fue?

En el año 44. Primero fui a Chile y en Chile estuve 38 años, y antes no íbamos nunca a España…

¿En los 38 años no fue a España nunca?

Cuando el Concilio Vaticano, no me acuerdo qué año fue, sesenta y tantos. Entonces ya nos mandaban ir cada tres o cuatro años a ver a la familia. Yo fui el año 1976, la primera vez que volvía desde el 1944.

¿Y pudo volver al pueblo y todo?

Al pueblo, Sí.

¿Y lo encontró muy cambiado después treinta años?

Uh, como de la noche al día. Cuando yo entré en la orden era todo a lo antiguo, las casas, las costumbres, no había gas, ni de uno ni de otro. Las cocinas todas generalmente eran de leña o de carbón, y luego las casas enormes, las cocinas arriba y los dormitorios abajo. Cuando fui la primera vez ya habían cambiado todo. Habían cambiado.

¿Antes las cocinas eran arriba y los dormitorios abajo?

Sí, en mi pueblo sí.

Qué curioso.

No sé, pero así era. Cuando volví disfruté mucho y después ya he ido varias veces, como por lo menos como cinco veces.

¿Y ha ido notando los cambios?

Claro, muchísimo.

¿No se ha arrepentido nunca de haberse ordenado y haber salido de su pueblo?

No. Y eso que es lindo porque el pueblo está como en un hoyito, ¿sabe?

Si es precioso…

¿Usted lo ha visto?

Sí, claro, muy bonito.

Esto es Zálama, la sierra más alta, después está la sierra de Elfas, después está otra sierra que tiene castaños, pinos, después más abajo olivos. Es una zona muy bonita.

Hay mucho turismo ahora por ahí.

Sí, da gusto, alguna vez que yo he ido he visto que hay gente ya. Antes no, era un pueblo olvidado por ahí, chiquito y...

Sí, ahí perdido en la frontera además y con malas carreteras y eso, pero es que ahora está muy bien.

Y... bueno, entonces ¿usted siempre ha mantenido la relación o se ha sentido de alguna manera en ese pueblo extremeña?

Nunca, España y el pueblo es otra cosa aparte. Siempre se recuerda.

Usted lleva ya muchos años fuera, pero esa diferencia entre España y Extremadura la tiene de alguna manera o no, ¿se siente más identificada con España en general, que con Extremadura?

Bueno, las dos cosas porque como España española, pero siempre la región y el pueblo siempre...

Más el pueblo incluso que la región, ¿no?

Sí, siempre tira más.

¿Y qué relaciones mantiene? ¿Se escribe habitualmente? ¿Se llama por teléfono?

Yo escribo mucho. Ayer me llamó una sobrina, pero sabe que mi hermana y mi hermano, con la pareja, con el matrimonio se fueron a vivir, a trabajar a unos sanatorios que hay en la sierra de Madrid.

Ah, o sea que emigraron también toda la familia.

Bueno, fueron, y estuvieron allí cuarenta años hasta que se jubilaron, después cuando se jubilaron tuvieron la suerte, porque mi hermano había hecho una casita muy linda en la sierra, y mi hermana habían hecho dos casitas y las tenían alquiladas. Hicieron una universidad autónoma allí en la sierra. En la pura sierra de Madrid. Importante porque hicieron el metro hasta allá.

Sí, ahora llega el metro hasta allí, sí.

Y aquello está muy poblado, había una casa de Hermanas de la Caridad, después hicieron esta, después había otro sanatorio particular, el SEA, después este sanatorio donde trabajaba mi hermano y mi cuñado trabajaba en uno que era del Gobierno, que era un sanatorio muy grande. Y ahí estuvieron 40 años, y la suerte que tuvieron es que cuando hicieron esa universidad, ya muy acá... les expropiaron las casas, les dieron mucha plata. Mi hermano se compró un piso en Valencia, porque la hija...se había ido a vivir a Valencia... se le casó con un valenciano. Mi hermano ya murió, yo ya soy muy mayor, soy la única que queda ya de los hermanos.

O sea, pero entonces, ¿todos salieron del pueblo?

Sí, todos.

¿Y no volvió ninguno al pueblo ya después?

No, no, nunca.

¿Ni hijos ni nada?

Nunca pensaron volver, es que es un pueblo muy pequeño, que no hay mucha cosa. Nunca pensaron volver. Así que bueno.

Muy bien. Y del retorno. No sé si se ha encontrado por ahí por el mundo con más hermanas extremeñas, ¿se ha encontrado alguna vez?

Alguna vez, más con una vasca y con algunas españolas así. Ahora hay una extremeña que está en Buenos Aires, pero hace muchos años que ha estado ahí con su familia y es de un pueblo grande, de Plasencia, bueno población.

Si les dice pueblo se enfadan a los de Plasencia, que es una ciudad.

No, una ciudad vieja, pero es población. Plasencia y el mismo Coria. Plasencia es muy bonita, porque tiene una catedral, bueno... Tiene una catedral preciosa.

Bueno, pues ya está, esto era, esta es mi historia...

Gonzalo B. (sacerdote)

Yo salí de Badajoz hace muchísimos años, la familia era extremeña toda ella, por lo menos los abuelos y lo que uno conoce de siempre, salí siendo un niño a los14 ó 15 años.

¿Qué edad tiene ahora?

81.

Está muy joven, 81 años no parece

7 bypass.

Vamos, sesenta y tantos al verlo. No lo diría yo

Hace mucho tiempo que no estoy en Badajoz, pero tengo ahí toda la familia, y los primos y demás, familia directa me queda una hermana nada más.

¿En el mismo Badajoz?

En el mismo Badajoz, siempre ha vivido en el mismo Badajoz. De allí fui a Salamanca con 13 ó 14 años, y de Salamanca a Sevilla.

¿A estudiar?

Sí, en Salamanca, allí estuve hasta cuarto año de Facultad de Medicina y luego fui a Sevilla donde terminé la carrera el año 51, y luego en el 53 es que me fui para Roma y en el 56 me ordené de sacerdote.

¿Con la Medicina?

Sí, y desde entonces ya me vine para acá, he estudiado con don José María Escrivá, soy de la prelatura del Opus Dei, vine con otro, con un aragonés a instalar el Opus Dei en Uruguay, que gracias a Dios hoy día somos los dos únicos españoles que estamos, los demás todos son uruguayos y están en todas partes, así que no... hay incluso algún sacerdote uruguayo del Opus Dei que está en España, en Barcelona.

Y estoy acá desde el año 56, por lo tanto me he sentido siempre muy integrado, pero eso va un poco en la mentalidad, mi motivo no fue un motivo de emigración, sino simplemente un motivo de tipo espiritual. Ya venía con la mentalidad de incorporarme totalmente, de quedarme acá y de fundirme con el país. Eso no quita que lógicamente, teniendo amor a la patria chica y a la patria grande, las dos cosas, ¿no? Pero yo soy uruguayo y me siento...

¿Nunca ha tenido ningún tipo de problemas de integración, de rechazo con nada de... o de gallegos ni con...?

No, no. Al principio había un poco esta cosa de los gallegos, y la cosa de la España de Franco, pero eso todo ha cambiado totalmente hoy día. Antes estaba el exilio y la emigración, y hoy día todo eso está más que superado, ¿no? Esto... y, por lo tanto, no he tenido nunca ningún... al principio como en España, por desgracia, pues un poco lo de *gallego* es un poco... ahora lo de *gallego*, uno saltaba en seguida: "no, yo no soy gallego, yo soy extremeño". Y después me doy cuenta que aquí español es gallego, porque la emigración fue fundamentalmente de gallegos. Tanto es así que yo no conozco ningún extremeño aquí en Montevideo. No sé si existe tal. Solamente he visto por ahí por el Palacio Legislativo una calle que se llama la calle Badajoz.

¿Hay calle Badajoz?

Si, Calle Badajoz. Pero no sé ni por qué ni dónde está, me acuerdo que la vi un día, la calle Badajoz, me metí allí en el barrio.

No sé por qué sería, bueno, así como en Argentina sí, en Buenos Aires, concretamente en San Miguel creo que hay una... en fin...

Sí, hay varias casas regionales allí.

Regionales y demás, que incluso me comentaron que les habían enviado cuando la crisis del 2002, le habían enviado plata de España a los extremeños, no me acuerdo... por un zapatero amigo conocido que me comentaba eso, pero yo aquí no he tenido, no tengo ningún contacto con ningún extremeño porque no he tratado nunca con ningún extremeño.

Y entonces ¿después de 50 años, eso que decía antes que le queda de sentimiento de... porque claro, habiendo salido tan pronto cuando ni existían los sentimientos regionales ni nada...?

Yo la verdad que la cosa regional sinceramente, comprendo si quiere un regionalismo catalán o vasco pero extremeño no lo entiendo, porque nunca Extremadura ha seguido estas cosas, pero bueno, es una región de España, hasta lengua y todo, que yo sepa lo único que hay es *Miajón de los Castúos*, que no lo ha leído ni el que lo escribió yo creo. Y creo que no hay ninguna otra cosa, así como zonas... pero cosas, me imagino que no hay ninguna mentalidad separatista ni cosas por el estilo...

No, no, hay regionalistas, sólo algunos, pero son minoritarios, muy minoritarios.

Bueno, pero yo en ese sentido me siento español de origen, muy desvinculado de todo lo que hoy es la España de hoy día sinceramente, todas estas cosas además de los matrimonios de homosexuales, de la memoria histórica, y todo este tipo de cosas que la verdad que no con la ______ de España, siendo española que esto, pero en fin, eso cada país, cada uno es como es, ¿no? Pero, me siento eso, lógicamente... no sé, cuando paso por la embajada y veo la bandera española pues lógicamente, pero por otro lado espero que mis huesos descansen acá.

¿Aquí?

Sí, me siento totalmente integrado al país, porque además de entrada me sentí perfectamente acogido, hasta en un pequeño detalle, cuando me venía para acá: *"ah, vas a notar el aceite de oliva, porque allí hay aceite de soja"*. Yo no noté ninguna diferencia, es más, el aceite de oliva me resulta hasta demasiado fuerte.

Bueno, he visto que están poniendo olivares

por aquí, ayer viniendo de Colonia vi un campo que estaban unos olivares como de cuatro o cinco años, digo: "mira...".

Sí, parece que sí, que están tendiendo a eso, ¿no?, pero eso que yo digo, en cuanto que luego como ves el país es muy distinto que haber ido a otros países de América Latina donde hay más presencia indígena y demás, pero aquí se olvida uno que está en América.

Claro, muy europeos los rasgos de los...

De todos, ¿no? Me hizo gracia que no hace mucho tiempo vino un español por acá y me comentó qué pocos negros se veían en Uruguay, se veían más en España que en Uruguay.

Sí, bueno, ahora en España hay muchísimos.

En ese sentido me hizo gracia, ¿no?, pero yo nunca... no me sentí nunca emigrante. Es decir, bueno, estaba en Uruguay como podía estar en eso, en Cáceres, o en Salamanca, o en Sevilla.

Claro, porque estar vinculado a la tarea más de la vocación que a lo otro, claro. ¿Y la relación con la familia y con todo eso, se mantienen las relaciones?

Sí, eso sí.

¿Y ha ido, va habitualmente, ha ido habitualmente?

Habitualmente no, no he ido, y siempre que han sido viajes muy cortos. Bueno, lo mismo, vengo a trabajar acá, pero sí he ido algunas veces, entre otras cosas la primera operación de corazón me la hice en Pamplona. La segunda fue aquí, dije que no... ¿Por qué me voy a ir hasta allá, si aquí me la hacen exactamente igual de bien, ¿no? Pero luego fui a las bodas de oro de mis padres, estuve en Galicia y cuando la canonización de San José María, que lógicamente pasé a ver, era una hermana nada más, ¿no?, mayor que yo, y estuve en Badajoz claro, fui a Badajoz.

¿Lo notó cambiado?

Sí, en ese sentido claro, quitando el Badajoz que yo dejé, fíjate el año 45.

Claro, estaría el casco viejo hasta el Hospital Provincial y poco más.

Sí, nada más, estaba todavía la muralla, parece ser que algún loco la tiró abajo, me parece una barbaridad, podía haber sido una ciudad turística estupenda.

Bueno, entre los años 60 y 70 machacaron toda la muralla.

Una cosa absurda, lo iban a declarar además, creo, monumento nacional, es que si una muralla se mantenía perfectamente, y lo poco que quedó le metieron edificios tan pegados que solamente ves por ahí por cerca del puente hay un lugar donde se ve un poquito lo que era la muralla. Yo recuerdo de niño...

Claro, me hizo gracia cuando estuve viendo la Alcazaba. Fíjate en ese desconocimiento, yo ahora cuando estuve la última vez me enteré que la primera catedral de Badajoz estuvo en el cerro. Pero en cambio la catedral era una catedral.

Por dentro, claro, porque la gente ve por fuera, pues bueno, es una catedral chaparrita, que es, pero por dentro es una maravilla, es un claustro que es una maravilla.

Y además la antigüedad que tiene. O sea, pero yo sobre todo me imagino eso, o sea, Badajoz podía haber sido otro Ávila, si simplemente hubieran dejado unos metros de muralla.

En Elvas, que lo han mantenido, ahora el centro turístico es Elvas, todo el que viene a Badajoz va a ver Elvas, porque lo han conservado perfectamente toda la muralla.

Yo no sé quién fue ese animal, porque es el único nombre que le queda, ¿no?, esto... haber destruido esa muralla.

Realmente, es lógico que había que abrir la ciudad, ¿no?, bueno y en ese sentido incluso en la brecha de la muerte que había abierto un alcalde anterior, y es lógico, para esas dos que había...Pero una cosa era haber abierto, es que tampoco tendría necesidad de haber roto, sino con haber abierto un buen hueco en la muralla habiendo dejado el resto de la muralla. Pero en fin, eso ya no se puede reconstruir, ¿no?

Pero yo me siento vinculado, tengo sobrinos, primos y demás, claro, los sobrinos y los sobrinos-nietos los conozco de nombre. Pero en cuanto a volver si ahora me dijeran: *"¿quieres volver a España?"*, me quedaría aquí. Yo vine porque quise, pero vine queriendo quedarme, esto lo único que tardé mucho en ver es donde está la tumba, eso no me gustaba ir a ver, dónde está el mausoleo que tenemos aquí en Montevideo de la Prelatura.

Claro, porque en el País Vasco o en Cataluña, salvo los que viven en zonas de mucha calidad de vida, pues están soñando con jubilarse y volver, eso está claro.

Ah, claro, sí, porque están en un lugar totalmente distinto, totalmente, pero aquí uno se siente, yo incluso hay una cosa que la comento porque recién llegado me acuerdo que el administrador de la casa donde vivía, era una casa de apartamentos, era un italiano que llevaba diez años y hablaba todavía un *popolichi* italiano. ¿Pero cómo es posible que en diez años este hombre no haya, en fin, no se haya ya integrado también lingüísticamente? Y yo llevo 52, y cuando abro la boca me dicen: ¿y usted cuándo vino de España?

A los 52 años traté de... también incluso en eso, y me acuerdo que la gente me decía: *"además, padre, no intente cambiar de modo de hablar, usted tiene su modo de hablar y se nota que está queriendo forzar las cosas, así que hable como le sale normalmente"*.

Lo único que conseguí queriendo agarrar bien el'

lenguaje de acá es que esta hermana mía mayor, cuando yo llevaba unos pocos meses aquí escribía utilizando toda la dialectología uruguaya y demás. Me envió una vez un paquete y era un diccionario de la lengua, diciendo: *"para que no destroces el castellano"*.

Me hizo gracia porque es lo único, ¿no?, un diccionario, un buen diccionario de la Academia, esto... y el resto, ya te digo, ninguna cosa, esto... cierto es, no tengo ninguna vinculación.

Porque es curioso, o sea, que aquí hay asociación de emigrantes de Ibiza.

¿De Ibiza, de la isla, no de Mallorca, no de Baleares?

Sí, y de extremeños nada, nunca yo he visto ningún lugar, ninguna manifestación de cosas de Extremadura.

Aquí toda la emigración española eran gallegos que habían bajado de la montaña, se habían montado en el barco y habían llegado. Entonces: *"ah, no, es que en mi casa hay una gallega que no sabía manejar el teléfono"*. Bueno, sí, claro, pero ¿de dónde bajaba la pobre? Y los extremeños me imagino que también eran parte lo mismo, así que esa es la historia.

Bibliografía citada

Arjona, A., & Checa, J. C. (1998). Las historias de vida como método de acercamiento a la realidad social. *Gazeta de Antropología*, N° 14, Artículo 10

Baigorri, A., Chaves, M. et al (2015), *Diáspora y retorno*. Lulu Press

Balán, J. (1975). *Las Historias de vida en ciencias sociales: Teoría y técnica*. Ediciones Nueva Visión.

Barbolla, D. (2008). *El cáncer: investigando desde otro paradigma. Factores psicosocioculturales como desencadenantes*. McGraw Hill/Interamericana de España.

Bertaux, D. (2005). *Los relatos de vida: Perspectiva etnosociológica*. Editorial Bellaterra.

Bourdieu, P. (2011). La ilusión Biográfica. *Acta Sociológica, 56*, Article 56.

Del Valle Orellana, N., Gálvez González, D.(2017). Microbiografías y estudios de memoria en Chile: Observaciones metodológicas desde la investigación social. *Cultura-hombre-sociedad, 27*(1), 159-181.

Checa, J.C. & Arjona, A. (1997). Las historias de vida como técnica etnográfica: su aplicación a las migraciones. *Las transiciones políticas*. coord. por José Miguel Santacreu Soler. Club Universitario. págs. 261-273

Escudero Espinalt, E. (2014). Las historias de vida como herramienta para el empoderamiento. *El empoderamiento de las mujeres como estrategia de intervención social, 2014, ISBN 978-84-15759-46-1, págs. 27-38*

Jimenez Díaz, J. F. J. (2012). Reflexiones sobre la metodología biográfica en perspectiva sociológica. *Interacción y Perspectiva Revista de Trabajo Social, 2*(1), 27-45.

Lulle, T., Vargas, P., & Zamudio Cárdenas, L. (1998). *Los usos de la historia de vida en las ciencias sociales*. Anthropos.

Microbiografías archivo. (2020). Todos (...) los Nombres_.
https://todoslosnombres.org/microbiografias_listado/

Pino, M. & Verde, C. (2006). Emigración de retorno. Análisis de la situación a través de historias de vida. *Migraciones*. N° 20. págs. 200-230.

Prat. J. (2007). En busca del paraíso: historias de vida y migración. *Revista de dialectología y tradiciones populares*. Tomo 62. Cuaderno 2. págs. 21-61.

Pujadas, J. J. (1992). *El método biográfico: El uso de las historia de vida en ciencias sociales*. Centro de Investigaciones Sociológicas.

Quintero, J.L. (2021). Las historias de vida como perspectiva metodológica en el análisis de los procesos migratorios. un estudio con inmigrantes radicados en Barcelona. *Políticas públicas en defensa de la inclusión, la diversidad y el género III: migraciones y derechos humanos* coord. A.V. Parra, N. del Álamo y E.M.Picado. Ediciones Universidad de Salamanca. págs. 555-567

Rock, P. (1979). *The Making of Symbolic Interactionism*. Palgrave Macmillan UK.

Sautu, R. (Ed.). (1999). *El metodo biografico*. Editorial de Belgrano.

Thomas, W. I., & Znaniecki, F. (1958). *The Polish peasant in Europe and America*. The Gorham Press.

Vallés, M. (1999). *Técnicas cualitativas de investigación social*. Síntesis.

Sobre los autores

Artemio Baigorri Agoiz es licenciado en CC. Políticas y Sociología, especialidad de Psicología Social (UPSAM), doctor en Sociología (UNED) y diplomado en Ciencias de la Información (UAB). Profesor Titular de Sociología en la Universidad de Extremadura.

https://textosdeartemiobaigorri.blogspot.com/

Domingo Barbolla es licenciado en CC Políticas y Sociología (UPSAM) y Antropología (UCatM), y doctor en Sociología (UPSAM). Profesor Titular de Antropología en la Universidad de Extremadura.

Manuela Caballero, es licenciada en Sociología (UNED), diplomada en Relaciones Laborales (UCLM) y doctora en Sociología (UPSAM). Es profesora contratada doctora de Sociología en la Universidad de Extremadura

Santiago Cambero es licenciado en Derecho y en Sociología (UNED), y doctor (UEx). Es gestor de la Fundación La Caixa y profesor asociado de Sociología en la Universidad de Extremadura.

Miguel Centella es licenciado en Derecho y Ciencias Políticas y doctor (UCM). Es profesor contratado doctor de Sociología en la Universidad de Extremadura

Mar Chaves es Diplomada en Trabajo Social (US), Licenciada en Sociología (USAL) y Doctora (UEx). Es profesora contrada doctora de Sociología en la Universidad de Extremadura.

Georgina Cortés es licenciada en CC Económicas y Empresariales (UEx) y Doctora (URJC). Profesora Titular de Economía en la Universidad de Extremadura.

Ramón Fernández es sociólogo, Licenciado en CC Políticas y Sociología y profesor colaborador de Sociología en la Universidad de Extremadura

Pedro García es maestro, licenciado en Historia y en Sociología (UNED), y doctor en Educación (UEx). Fue profesor de Educación Secundaria y profesor asociado de Sociología en la Universidad de Extremadura.

María José López es licenciada en Sociología (UDC) y doctora (UEx). Profesora contratada doctora de Sociología en la Universidad de Extremadura.

Otros títulos del proyecto transeditorial LCS

1 ¿Quién apaga la luz? Generaciones y Medio Ambiente (Editamás)

2 Modelo europeo de Bienestar (Editamás)

3 Ciudadanía y voluntariado senior (Editamás)

4 Allah (Alá) en Europa (Editamás)

5 Sociología de los Recursos Humanos (Amazon)

6 Innovación en docencia de la Sociología *(en preparación)* (Editamás)